¿Fin de la pandemia y nueva normalidad? Una visión mutidimensional

¿Fin de la pandemia y nueva normalidad? Una visión mutidimensional

Gerardo Vázquez y Antulio Sánchez
Coordinadores

Topodrilo LIBROS

¿Fin de la pandemia y nueva normalidad? Una visión multidimensional
Primera edición 2020.
Diseño de cubierta, corrección de textos y maquetación en formato
digital y para papel: Ediciones Cultur@lia.
Fotografía de portada: Nik Anderson (bajo licencia *creative commons*:
https://creativecommons.org/licenses/by/2.0/).
ISBN:

ÍNDICE

Introducción
Antulio Sánchez

Desde fines del año 2019 el mundo empezó a sumirse en una pesadilla derivada de la propagación de la COVID-19; gracias a los mecanismos de comunicación y difusión con que contamos en la actualidad, muchas historias lejanas sobre esa enfermedad se tornaron muy cercanas para millones de personas. En un mundo interconectado, los efectos del virus SARS-Cov-2 se han podido seguir en tiempo real.

Este virus ha puesto de cabeza al mundo, lo ha llevado a una debacle económica, financiera y social, paralizando en todos los sentidos a las sociedades a escala global. El virus SARS-Cov-2 ha trastocado los hábitos humanos al grado que ya hemos dado vida a una «nueva normalidad», en donde las interacciones personales están desterradas, en donde el uso de cubrebocas, caretas, gel, desinfectantes y sana distancia se han vuelto partes esenciales de la vida cotidiana para el grueso de habitantes del planeta.

Las epidemias han acompañado a los humanos a lo largo de su historia, ejemplo de ello son algunas que han tenido un alto impacto sanitario, como la gripe, la viruela, el sida, la malaria y la tuberculosis. En los últimos tiempos, los virus de corte zoonótico se han multiplicado, al grado que se estima que el 75 por ciento de las nuevas enfermedades infecciosas en los seres humanos son de origen zoonótico.

Cuando las noticias sobre la nueva epidemia se empezaron a difundir en los diversos medios de comunicación, muchos señalaron sentirse consternados por la repentina aparición de la COVID-19, aunque para ser sinceros había desde tiempo atrás advertencias de muchos especialistas en salud pública, virólogos y otros investigadores sobre estos temas, de que se esperaba el surgimiento de un virus de consecuencias letales. Sin embargo, los gobiernos no escucharon y, de hecho, al iniciar esta pandemia, varios gobernantes minimizaron sus consecuencias señalando que sus efectos no serían tan severos y que no tendría mayores repercusiones que las de una influenza.

A pesar de esos desatinos, no cabe duda de que las condiciones en las cuales se enfrenta esta pandemia son muy distintas a las que se afrontaron en el pasado (Harari, Noah: 2020), ya que la COVID-19 no es como la peste negra, cuando se propagó y la gente se moría sin saber qué lo estaba ocasionando, cuando todos sus orígenes se basaban en supuestos y muchas personas acudían a los chamanes y brujos para que les dieran la respuesta correcta sobre sus causas.

Un ejemplo de lo mucho que ha avanzado la ciencia en los últimos tiempos lo tenemos en el caso de la pandemia de 1918-1919, la que es conocida como la gripe española, cuando nadie sabía lo que la originaba, aunque los supuestos e inferencias estuvieran en boca de muchos. Fue lo mismo que aconteció también con la epidemia de cólera, que afectó a Inglaterra y Gales en 1848 y 1849, cuando la batalla que libraba el cuerpo sanitario de ese entonces era contra un fantasma (Johnson, Steven: 2020).

La virología y la misma epidemiología hoy son ciencias robustas. Cuando surgió la gripe española no existían los microscopios electrónicos, por ejemplo, que han sido una herramienta poderosa para detectar los virus y bacterias. En el caso del virus de la gripe española, se identificó apenas hasta el presente siglo, en 2005, cuando se pudo saber con precisión que era una variante del H1N1. Las estimaciones indican que dicha gripe infectó a un tercio de la población mundial y que solo en Estados Unidos afectó al 25 por ciento de sus habitantes, pero nunca habrá datos precisos sobre sus efectos porque no existían en ese entonces pruebas de laboratorio que confirmaran los casos. Así que durante su surgimiento, propagación y descubrimiento como tal, el virus ya había matado a millones de personas en el planeta, porque la ciencia luchaba contra algo sin rostro y que es considerado el causante del mayor número de muertos en el menor tiempo desde que existen los humanos.

Una de las características de las pandemias es que provocan infinidad de muertes, dejando una secuela de tragedias e historias desgarradoras a su paso, al punto de que muchas esferas de la vida diaria son trastocadas de manera severa. Se puede decir que así como la práctica médica se ve sacudida, todas las disciplinas también se ven influidas por los derroteros que toman las epidemias con el fin de evaluar sus secuelas.

En esta ocasión, desde el Grupo Topodrilo consideramos que la coyuntura epidémica es propicia para reflexionar sobre el momento que vivimos; hemos recogido un conjunto de voces que reflexionan sobre los efectos que está generando este virus y sobre los derroteros del SARS-Cov-2. En un tema como el que nos ocupa, se hace más real aquello que en sociología se denomina «diferenciación funcional», es decir, en donde de acuerdo a cada disciplina se pone énfasis en determinados aspectos, que en parte derivan de las orientaciones académicas, escuelas o corrientes a las que se adscriben los investigadores y participantes en esta obra colectiva. Cada uno de ellos, equipados con sus respectivas experiencias, conocimientos, aparatos teóricos y conceptuales, nos ofrecen un panorama de lo que está aconteciendo y lo que será el devenir.

Si algo ha quedado claro en esta crisis, es que la misma revaloriza el saber de los expertos, que desde sus disciplinas tienen mucho que decir sobre lo que acontece y lo que tiene que efectuarse para enfrentar la actual situación que vivimos. Se entiende también que los datos últimos sólo los tendremos cuando la pandemia "haya concluido", situación que puede llevar a nuestros invitados a cambiar en el futuro algunas de sus hipótesis o reafirmarlas.

A lo largo de las próximas páginas, convergen diversos especialistas de distintas áreas y especialidades, que van desde las ciencias médicas, la salud pública hasta las ciencias sociales y humanidades, para abordar el panorama de lo que es y será un escenario

«Post-COVID-19». A cargo de este conjunto de reflexiones tenemos por orden de aparición en esta obra a Delia Vanessa López Guerrero, Iván Martínez Duncker Ramírez, Ramón A. González, Victoria Pando-Robles, María Elizabeth Santana, Emanuel Orozco Núñez, Ricardo de la Peña, Betty Zanolli, Luis Manuel Arellano, Maribel Vizárraga, Alejandro Toledo, Javier Santiago, Gerardo Ávalos, Delia Crovi, Carlota Guzmán, Arnulfo Arteaga, Guillermo Vega, Alejandro Pisanty, Jorge Alberto Hidalgo, Alma Rosa Alva de la Selva, Pablo Tepichín, Alejandro Espinosa, Jorge Javier Romero, Pablo Xavier Becerra, Daniel Adame, Erika Flores, Daniel Hiernaux, Antonio Paoli y Pablo Saravia.

Nuestros colaboradores lo mismo se refieren a la situación estrictamente científica y sanitaria que está detrás del SARS-Cov-2, que a sus efectos en la economía, la política, la psicología y la conducta, sus implicaciones en el campo educativo, en los usos que han tenido las nuevas tecnologías en esta pandemia, los trastrocamientos del espacio urbano y la misma vida municipal.

Se dice con frecuencia que las crisis solo son instructivas para quienes están dispuestos a aprender de las mismas, pero, como enseña la experiencia, a nuestras sociedades les cuesta mucho el aprendizaje. No es la primera ocasión que hemos enfrentado situaciones adversas en materia de salud pública, pero al final siempre hemos evidenciado una pereza enorme para comprender las enseñanzas que dejan las pandemias. Si lo hiciéramos, seguramente se hubieran puesto en marcha las adecuaciones políticas y normativas correspondientes para dar paso a modificaciones institucionales y financieras pertinentes, para enfrentar mejor equipados en todos los sentidos una situación como la que hoy atravesamos.

Hay que recordar que esta emergencia sanitaria que se originó en China, no es algo inédito sino que se encuadra en una sucesión de contingencias relacionadas que se remontan a tiempo atrás, y que mientras persistan las circunstancias actuales relacionadas con nuestros hábitos, seguirán presentándose situaciones similares en el futuro (Quammen, David: 2020). Tenemos que reconocer que la pandemia que vivimos actualmente es un reflejo de lo que hemos venido haciendo, no es mera contingencia lo que hoy nos ocurre; que, aunque algunos de los factores son por causas humanas, a muchos les parecen prácticamente como situaciones inexorables.

Es factible, como dicen algunos especialistas (y como lo está demostrando el avance que se tiene en distintos países para dar paso a una vacuna), que antes de mediados del siglo que corre contemos con herramientas y mecanismos que nos permitirán analizar la composición genética de una bacteria descubierta recientemente y, al mismo tiempo, a través de nuestros dispositivos científicos y tecnológicos, elaborar una vacuna efectiva o un fármaco antiviral en prácticamente pocos días (López, José: 2018). Sin embargo, antes de que eso sea posible, debemos entender que vivimos en una especie de «virosfera», en un vastísimo mundo de organismos que están ávidos de contar con huéspedes para propagarse.

Como algunos estudiosos han señalado (Elias, Norbert: 2015), el proceso seguido por la civilización le debe mucho al poder, ya que gracias a los mecanismos para civilizarlo fue que surgieron los comportamientos de los soberanos en la mesa y el uso diario de diversos utensilios con el fin de refinar a quienes lo ostentaban, pero también es verdad que de ciertas coyunturas y tragedias como una pandemia global, como la que enfrentamos en la actualidad, se podrían extraer enseñanzas positivas o darle un giro a las sociedades. ¿Será que entraremos en un nuevo proceso civilizatorio, que imprimirá en el imaginario colectivo nuevos hábitos y se traduzca en una serie de prácticas que nos acompañen más allá de cubrebocas, caretas y gel, que se han vuelto parte del decorado diario de las sociedades en la actualidad?

Antes de cerrar esta introducción también queremos recordar que fue hace ya varios ayeres, en 1988, cuando surgió en la UAM Iztapalapa la Revista Topodrilo, que entre sus objetivos no sólo estaba la publicación de una revista de divulgación, sino que se acompañaba de diversas actividades académicas. La publicación tuvo dos épocas durante las cuales dio cuenta de aspectos de actualidad en los campos relativos a la sociedad, ciencia y arte.

Hoy, empieza con este texto una nueva etapa, en donde algunos integrantes iniciales de dicho proyecto continuaremos editando publicaciones de forma digital, abordando aspectos coyunturales y centrales en terrenos propios de las disciplinas que siempre convergieron en el pasado en la publicación, aunque incorporando aspectos emergentes que demandan análisis y reflexión.

Por último, en estos momentos en que caminamos por los senderos de la incertidumbre, de las ausencias y las resonancias de los recuerdos, cuando la atmósfera está teñida de apelaciones al pasado, quisiéramos dedicar este trabajo editorial a nuestro compañero y amigo Rafael Montesinos, que estuvo al frente de la Revista Topodrilo en su segunda época y que falleciera cuando el año 2019 estaba a punto de concluir.

Bibliografía y referencias

Elias, Norbert (2015). *El proceso de la civilización*, Fondo de Cultura Económica, México, [ePub, Kobo Forma].

Innerarity, Daniel (2020). *Pandemocracia: una filosofía de la crisis del coronavirus*, Galaxia Gutermberg, Barcelona, [ePub, Kobo Forma].

Johnson, Steve (2020). *El mapa del fantasma*, Capitan Swing, Madrid, [ePub, Kobo Forma].

López, José A. (2018). *Virus. Ni vivos ni muertos*, Almuzara, Madrid, [ePub, Kobo Forma].

Macip, Salvador (2020). *Las grandes epidemias modernas*, Ediciones Destino, Barcelona, [ePub, Kobo Forma].

Noah Harari, Yuval (2020). "Coronavirus. Yuval Noah Harari: 'Esto no es la peste negra. No es como si la gente muriera y no tuviéramos ni idea de qué les mata'", en *BBC News*, 10 de abril. Disponible en: https://www.bbc.com/mundo/noticias-52247987 [fecha de consulta 13 de junio].

Quammen, David (2020). *Contagio: la evolución de las pandemias*, Debate, Barcelona, [ePub, Kobo Forma].

Inmunidad pospandemia: "Nuestro sistema inmune el mejor aliado"

Delia Vanessa López Guerrero*
e Iván Martínez Duncker Ramírez**

La autora es miembro del Laboratorio de Inmunología Viral, Facultad de Nutrición, Universidad Autónoma del Estado de Morelos (UAEM).

**El autor es miembro del Laboratorio de Glicobiología (Red Temática de Glicociencia en Salud), Centro de Investigación en Dinámica Celular, Universidad Autónoma del Estado de Morelos (UAEM).*

Una enfermedad nueva, un reto para la humanidad

Las pandemias son acontecimientos inesperados e impredecibles que tienen su origen en una enfermedad emergente, normalmente de origen zoónotico, es decir, una enfermedad infecciosa causada por una bacteria o un virus que inicialmente está en los animales y comienza a infectar al ser humano, adquiriendo la suficiente capacidad para transmitirse entre personas y alcanzando una gran diseminación entre la población mundial. En este último siglo se han presentado varios eventos pandémicos con consecuencias catastróficas cuyos efectos han sido motivo de alerta mundial, y aunque el porcentaje de mortalidad se ha reducido gracias a los avances tecnológicos, la globalización y la movilidad asociada a ésta han facilitado su diseminación y un aumento del número de casos. Por ello, es necesario tener estrategias preventivas y protocolos de emergencia que aumenten la capacidad de respuesta ante estos eventos, ya que la celeridad en la implementación de medidas adecuadas de contención es clave para salvar vidas y economías.

A lo largo de la historia las pandemias han transformado a las sociedades donde tuvieron impacto. La viruela, causada por la infección del virus variola, cuya afectación es conocida desde hace más de 10 mil años, era una enfermedad muy contagiosa con tasas de mortalidad de hasta el 30 por ciento. La viruela fue el arma más mortal de los españoles, diseminada en las poblaciones nativas cuando los primeros llegaron al "nuevo mundo", causando una catástrofe demográfica que llevó a la conquista de las segundas. Esta mortalidad selectiva en las poblaciones nativas se debió a que nunca habían tenido contacto con ese virus, a diferencia de los españoles que estaban inmunizados ya que habían sido expuestos a la enfermedad durante su niñez.

En Europa, la viruela tuvo un periodo de transmisión muy alto en el siglo XVIII, infectando y dejando con graves secuelas a las personas que llegaban a recuperarse. Todo este escenario cambió gracias a la vacunación que se implementó frente a esta enfermedad. Aunque la vacunación contra la viruela fue practicada originalmente de forma no segura en Medio Oriente con el virus virulento, se convirtió en un procedimiento seguro gracias al trabajo de Edward Jenner, quien utilizó un virus relacionado: el de la viruela bovina. Así se dio pie a la vacunación como uno de los más grandes avances tecnológicos en salud para lidiar contra las enfermedades infecciosas y que ha salvado millones de vidas. En 1977 se registró el último caso de viruela y en 1980 la Organización Mundial de la Salud (OMS) nombró al planeta libre de viruela humana.

Otra enfermedad viral pandémica fue la gripe española, cuyo nombre se refiere así porque en España se informó sobre ella de manera muy extendida, mientras que en otros países se ocultó; sin embargo, esta pandemia se originó en 1918 en un hospital de Estados Unidos. El virus causante de esta gripe fue el virus de influenza H1N1, el cual se estima que causó en esa época entre 20 y 50 millones de muertes, aunque hay algunas estimaciones que sugieren que pudieron llegar a 100 millones. Posteriormente, en 1957, surgió la gripe asiática, causada por una cepa del virus de influenza H2N2, que en menos de un año se había propagado por todo el mundo. El conocimiento y la preparación previa derivada de la gripe española ayudaron a la contención de este virus; aun así, esa pandemia registró aproximadamente un millón de muertos.

Desde 1948 la OMS instauró el diseño y la aplicación de una vacuna anual contra el virus de la influenza con el fin de prevenir el mayor número de contagios, sin embargo, esas vacunas no protegen contra virus pandémicos ya que éstos generalmente se generan a partir de una recombinación entre virus de animales, principalmente aves y cerdos, con virus humanos, dando como resultado virus totalmente nuevos para los cuales no tenemos ninguna inmunidad previa. Por esa razón en 1968 surgió la gripe de Hong Kong, causada por un virus de influenza H3N2 de origen aviar, con una diseminación muy similar a la de la gripe asiática, pero afectando principalmente a personas mayores de 65 años. Debido a la amenaza que el virus de influenza representa como originador de pandemias, una prioridad de salud pública es diseñar una vacuna universal contra todas las cepas del virus capaz de inducir una protección de la población en general.

Actualmente nos enfrentamos a una nueva pandemia de origen zoonótico, declarada por la OMS en marzo de 2020 y causada por un virus de la familia del coronavirus denominado SARS-CoV-2, causante de la enfermedad COVID-19.

Este virus, cuyo origen apunta a los murciélagos o a algún otro mamífero no humano, ha sido responsable de ocho millones de casos y de la muerte de más de 400 mil personas, hasta junio de 2020, cuyo avance ha sido implacable en el mundo debido a la globalización y la alta movilidad en la que vivimos hoy.

Los coronavirus son un grupo de virus de ácido ribonucleico (ARN) que al igual que los virus de influenza habían demostrado antes su potencial pandémico, aunque equivocadamente no se les dio la misma prioridad que a estos últimos. En febrero de 2003 se generó un brote epidémico en Asia con un coronavirus proveniente de murciélagos, denominado SARS-CoV-2; SARS proviene de *Severe Acute Respiuratory Syndrome* o Síndrome Respiratorio Agudo Severo, debido a la enfermedad pulmonar severa causada por la infección. A los pocos meses la enfermedad se propagó en más de 24 países de Norteamérica, Sudamérica, Europa y Asia, provocando más de ocho mil casos y aproximadamente 800 muertes. Gracias a las medidas de contención, y al aislamiento de los infectados y sus contactos, no se han reportado casos desde 2004, no obstante, la vigilancia epidemiológica no se ha detenido pues todavía no hay vacuna para ese virus. Posteriormente surgió un brote de otro coronavirus denominado MERS-CoV, causante del Síndrome Respiratorio de Medio Oriente, al parecer proveniente de los dromedarios, con una tasa de mortalidad muy alta, cercana al 35 por ciento. El primer caso reportado de MERS-CoV se presentó en septiembre de 2012 en Arabia Saudita, y a la fecha se han notificado un total de 2 mil 468 casos, de los cuales 851 han sido mortales, distribuidos en 27 países. En 2020 se han reportado 17 nuevos casos.

Los virus de influenza y los coronavirus, aunque de distintas familias, comparten características como las vías de contagio y los síntomas presentes en las enfermedades que causan, siendo la principal vía de contagio el contacto de las partículas virales con la mucosa respiratoria, que incluye ojos, nariz y boca. En ambas infecciones las personas contagiadas emiten pequeñas gotículas de secreciones nasales y de saliva, cargadas con partículas virales, que son expulsadas del organismo al hablar, toser o estornudar, contaminando superficies y manos, favoreciendo la transmisión a nuevas personas. Los síntomas de infecciones causadas por estos virus son similares; principalmente comienzan con un cuadro gripal, pudiéndo agudizarse y causar un cuadro de neumonía severa que puede llegar a ser mortal. Sin embargo, una diferencia notable es que existen antivirales diseñados para el tratamiento de la influenza, además de una vacuna preventiva, mientras que para las enfermedades causadas por el coronavirus no existe tratamiento específico ni vacuna, complicando la problemática asociada a la enfermedad.

Actualmente existen otras pandemias que son un problema de salud, tal es el caso del virus de inmunodeficiencia humana (VIH) causante del SIDA (Síndrome de Imnunodeficiencia Adquirida). Los primeros casos documentados de SIDA surgieron en 1981; desde entonces se extendió en todo el mundo. Se ha sugerido que el origen de este virus se dio en los primates; sus efectos son principalmente sobre el sistema inmunológico, por lo que las personas infectadas son susceptibles de desarrollar enfermedades infecciosas agregadas o cáncer. Su contagio se realiza a través de los fluidos corporales y, aunque es menos contagioso que los virus de influenza, ha causado alrededor de 25 millones de muertes en el mundo y el número de contagios va cada año en aumento; si bien hay medicamentos que pueden controlar la replicación viral, no existe una vacuna que prevenga la infección.

Las enfermedades emergentes representan un reto para nuestra supervivencia, ya que al ser causadas por agentes infecciosos con los cuales no hemos tenido contacto previamente, nuestro cuerpo presenta un esquema de defensas limitado, lo cual puede hacernos más susceptibles de ser infectados y de desarrollar una enfermedad más grave. En el caso de la actual enfermedad emergente COVID-19, causada por el virus SARS-CoV-2, la mayoría de la población infectada no desarrollará los síntomas, esto gracias a que, de manera innata, nuestro cuerpo cuenta con mecanismos para atacar a los virus en general y es altamente eficiente para contenerlos y eliminarlos, aunado a una posible inmunidad cruzada, generada por infecciones previas con otros coronavirus, los cuales causan resfriados comunes, aunque esto último todavía no ha sido demostrado. En la mayoría de las ocasiones, estos mecanismos son suficientes para mantenernos sanos, sin embargo, en algunos casos pueden fallar o ser superados por los virus, y es ahí cuando nos enfrentamos a las complicaciones de una enfermedad, que en el caso del COVID-19 pueden ser fatales.

Inmunidad en la enfermedad COVID-19

El sistema inmune humano tiene la capacidad de generar diferentes estrategias para defendernos de los agentes agresores. Las barreras físicas y químicas que actúan de manera inespecífica están formadas por nuestra piel y las mucosas, barreras que impiden que los microrganismos potencialmente patógenos entren a nuestro organismo y nos causen infecciones. Las mucosas se localizan en todo el tracto respiratorio, el sistema digestivo y el tracto genitourinario, en donde la producción de secreciones como el moco, la saliva o el ácido clorhídrico pueden contener de manera muy eficiente a potenciales patógenos; además, tenemos una microbiota nativa, es decir microorganismos no patógenos asociados, que forman una barrera al competir por el espacio y los nutrientes en las mucosas, limitando el desarrollo de otros organismos invasores. Estas barreras, aunque en la mayoría de los casos son suficientes, no son infalibles y pueden ser evadidas por los virus y causar infecciones.

Como segunda barrera de contención del sistema inmune humano, existen células capaces de eliminar todo lo extraño que entra en nuestro sistema de manera inespecífica, es decir, no importa si es un virus, una bacteria o una célula infectada. Estas células son parte de nuestra inmunidad innata; son los llamados macrófagos y neutrófilos, células que se especializan en fagocitar todo lo que encuentren a su paso y, además, detectar daño en los tejidos, ante lo que generan una señal de alerta en nuestro cuerpo, que conduce a la activación de las células de respuesta inmune adaptativa, la última y más fuerte estrategia que se tiene frente a las infecciones.

En la fase de inmunidad adaptativa participan linfocitos T y B que detectan y eliminan de manera específica a algún virus causante de infecciones. La respuesta inmune adaptativa requiere de más tiempo, pero es muy efectiva limitando las infecciones y eliminando a los virus; una característica muy importante de esta fase es que gracias a la inmunidad adaptativa se generan anticuerpos, moléculas capaces de protegernos de futuras reinfecciones, además de activarse una memoria inmunológica celular que puede ser de larga duración, lo que nos confiere una protección a largo plazo ante exposiciones futuras frente al mismo patógeno (Figura 1).

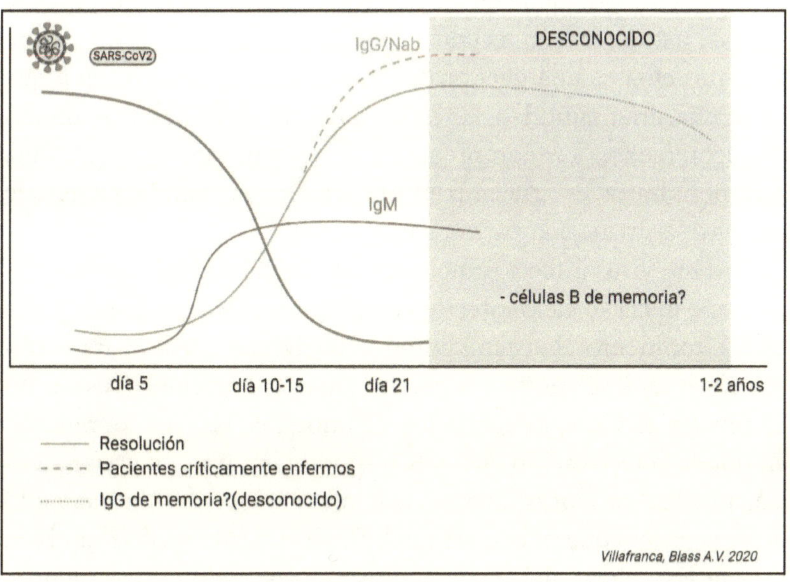

Figura 1. Cinética en la producción de anticuerpos contra el virus SARS-CoV-2 a lo largo del curso de la infección. Los primeros anticuerpos pueden detectarse entre los días 5 a 10, resaltando que al día 21 se mantienen títulos de anticuerpos IgG. Aún se desconoce la duración de los anticuerpos contra el SARS-CoV-2 en circulación.

La memoria inmunológica es quizá la característica más importante de nuestro sistema inmune, y consiste en que éste aprende a combatir una enfermedad para futuros encuentros. Cuando una persona tiene una infección o es vacunada, genera una serie de células —linfocitos T— encargadas de mejorar la respuesta inmune y eliminar células infectadas y anticuerpos; se trata de macromoléculas que circulan en la sangre y pueden neutralizar a los virus, es decir, impiden que éstos encuentren a su receptor ECA2, ya que se unen a las espículas de los virus, a la proteína S, impidiendo la entrada a la célula. Estos mecanismos quedan disponibles a lo largo del tiempo, listos para atacar a los virus en futuros reencuentros, facilitando su eliminación y evitando la infección.

El virus SARS-CoV-2 es capaz de infectarnos mediante una proteína viral que tiene en su superficie, llamada Spike o espícula (S), que reconoce a un receptor ECA2, estableciendo la infección. Esta proteína es una glicoproteína, es decir, es una proteína que tiene una gran cantidad de estructuras de carbohidratos unidas covalentemente. La comprensión de este binomio de proteína y carbohidratos es crucial para utilizarla como una proteína que permita ser manejada para la vacunación.

Este virus infecta principalmente las células del tracto respiratorio e inicia su ciclo infectivo en el epitelio de la garganta. Justo en ese momento el sistema inmune inicia una batalla para eliminar al virus. Este punto es crucial para la infección pues de no eliminarse el virus, infectará los neumocitos, células del pulmón en donde la replicación viral y la respuesta inmune, en consecuencia, pueden provocar una severa inflamación, desencadenando una neumonía que puede ser fatal. El virus SARS-CoV-2 también infecta las células del intestino, las células endoteliales, algunas células del sistema inmune y prácticamente cualquier célula que exprese el receptor ECA2.

Los síntomas más frecuentes observados en el COVID-19 son la fiebre, tos seca, dolor de cabeza y fatiga, aunque también puede aparecer diarrea, pérdida del gusto y del olfato, vértigo, confusión y dificultad para respirar. En la actualidad se sabe que en la mayoría de los infectados no se presentarán síntomas o éstos serán leves, y solo una pequeña proporción de la población infectada llegará a desarrollar síntomas graves, a consecuencia de la inflamación descontrolada, teniendo un impacto sistémico, lo que provocará coagulopatías e insuficiencia renal, complicando aún más la recuperación de esos pacientes.

La gravedad de la enfermedad está íntimamente asociada con la respuesta inmune que se genera como consecuencia del reconocimiento del virus y de las células infectadas, siendo el grupo de personas mayores de 65 años y personas con enfermedades pre-existentes, como diabetes, obesidad, hipertensión o enfermedad cardiaca, los grupos poblacionales con mayor riesgo de complicaciones graves. En la enfermedad grave del COVID-19, el sistema inmune es incapaz de responder de manera adecuada y lo hace de forma descontrolada. Esta respuesta disfuncional se conoce como "tormenta de citocinas", que es cuando los macrófagos, células de la respuesta inmune presentes en el pulmón, inician una respuesta desproporcionada, alertando a otras células como los neutrófilos, lo que provoca una infiltración en el pulmón, causa daño en el tejido sano, mata células de la respuesta inmune adquirida y causa una falla a nivel sistémico. En la tormenta de citocinas podemos observar que se genera una respuesta inflamatoria que puede promover otros padecimientos, como la microtrombosis vascular diseminada y la insuficiencia renal, por lo que un síndrome predominantemente respiratorio termina afectando gravemente a otros órganos, causando una falla multiorgánica y la muerte en aproximadamente el 2 por ciento de los infectados. Las moléculas que se han visto involucradas en esta inmunopatología son: la interleucina (IL)-6, el TNF (Factor de Necrosis Tumoral), la IL-1ß y la IL-8.

Se proponen algunas causas para esta inmunopatología: la primera es que los macrófagos residentes del pulmón no reciben una señal de alerta por parte de las células infectadas al inicio de la infección, por lo que el virus se replica en las células y cuando la infección por fin es detectada por los macrófagos residentes, ya existe mucho daño celular, lo que sobreactiva los macrófagos, causando una inflamación de manera desproporcional a la infección. Otra hipótesis es que los macrófagos se infectan con SARS-CoV-2, lo que es posible pues también expresan el receptor ECA2, alterando su función; una última se relaciona con un nivel elevado de citocinas proinflamatorias prexistentes, debido a la presencia de comorbilidades como la diabetes, obesidad, hipertensión o enfermedad cardiaca.

La determinación de los niveles de estas citocinas sugiere que se utilicen medicamentos que bloqueen algunas, como la IL-6 y la IL-1ß ya que existen medicamentos que se usan en otros padecimientos que pueden bloquear la función de estas citocinas, ayudando a inhibir el proceso de inflamación. Aunque estas estrategias han mostrado resultados variables, son esperanzadoras ya que en la actualidad se sabe que detener el proceso inflamatorio es clave para evitar llegar a situaciones que requieran atención en la unidad de cuidados intensivos.

Por otra parte, se sabe que los pacientes asintomáticos y con síntomas de leves a moderados, desarrollan una respuesta inmune funcional que induce la producción de anticuerpos y de linfocitos T, específicos contra SARS-CoV-2; aunque aún no se determina la duración de estos anticuerpos y de estas células, es muy probable que prevengan las re-infecciones en el corto plazo, por lo que es de suma importancia estudiar la respuesta inmune que se genera en las personas que ya superaron la enfermedad, pues del grado de inmunidad que desarrollen dependerá, en parte, el regreso a la "nueva normalidad", ya que una persona inmune genera un bloqueo en la cadena de contagios al no infectarse y no poder transmitir el virus.

Por lo anterior, es importante entender que la respuesta inmune es una ventaja evolutiva que nos ha permitido sobrevivir a las pandemias, además de que genera lo que se denomina inmunidad colectiva o "inmunidad de rebaño", efecto generado por los sobrevivientes de una infección, inmunes a futuras reinfecciones, que protegen de manera indirecta a otros miembros de la comunidad, fenómeno que describiremos más adelante.

Inmunidad pospandemia

Existen dos formas de generar inmunidad contra una enfermedad. Una es la inmunidad natural generada por las personas al recuperarse de una infección exitosamente, en la que el sistema inmune logró eliminar al agente, en este caso al SARS-CoV-2, al provocar una respuesta de memoria. Por lo reciente de esta enfermedad, aún se desconoce si la memoria inducida será eficiente a largo plazo, sin embargo, la experiencia con otras infecciones virales nos permite inferir que existirá al menos una protección en el corto plazo, situación que sería muy conveniente ya que una persona inmune no representa un foco de contagio, pues al no replicar al virus tampoco puede transmitirlo. No obstante, la generación de este tipo de protección necesariamente implica infectarse con el virus, exponiéndose al riesgo de las complicaciones asociadas al COVID-19 que, aunque en la mayoría de los casos pueden no ser de cuidado, existe la probabilidad de que lleguen a ser fatales; por esta razón es importante evitar los contagios masivos pues se corre el riesgo de aumentar el número de decesos ante la saturación de los servicios de salud.

Las medidas de mitigación de los contagios, como el distanciamiento social y el confinamiento, disminuyen el número de casos, asegurando el acceso a una atención médica si fuese necesario; no obstante, bajo esta estrategia la inmunidad comunitaria se logrará en un tiempo mucho mayor, requiriendo varias oleadas de contagios para lograr que aproximadamente el 70 por ciento de la población presente anticuerpos.

Otra manera más eficiente y salvadora de vidas de adquirir la inmunidad de rebaño se puede alcanzar por medio de una estrategia artificial, es decir, a través de la vacunación; una alternativa rápida, extensiva y segura de generar inmunidad hacia un patógeno en una población. La ventaja de vacunar es que se genera inmunidad, a veces mucho más eficiente que la misma infección, sin exponer a la población a las complicaciones del COVID-19.

Aunque hay varias alternativas para diseñar el protocolo de vacunación, es muy probable que consista en el uso de elementos importantes del virus, como la glicoproteína S de las espículas del SARS-CoV-2, la cual es blanco de anticuerpos neutralizantes. A partir de la descripción del virus SARS-CoV-2, iniciaron los diseños en diversas plataformas de generación de vacunas, con una gran cantidad de éstas en diferentes fases clínicas de experimentación, una situación inédita en la creación de vacunas, pues el tiempo que lleva su desarrollo, distribución y aplicación normalmente es de varios años; no obstante, debido a la pertinencia y la urgencia de crear una vacuna contra el SARS-CoV-2, esta podría estar aplicándose en dos o tres años en una población abierta.

La vacuna creada contra el COVID-19 deberá ser capaz de generar una respuesta de larga duración, tanto en las personas sanas como en las que sufren comorbilidades, además de poder inducirla en el grupo de personas mayores de 50 años. Independientemente de la vacuna que presente las mejores ventajas y la mayor eficiencia, hay que considerar que habrá grupos de la población que no serán vacunados, ya sea por cuestiones culturales, religiosas o de salud, los cuales serán protegidos de manera indirecta por medio de la inmunidad de rebaño, inducida por una vacuna (Figura 2).

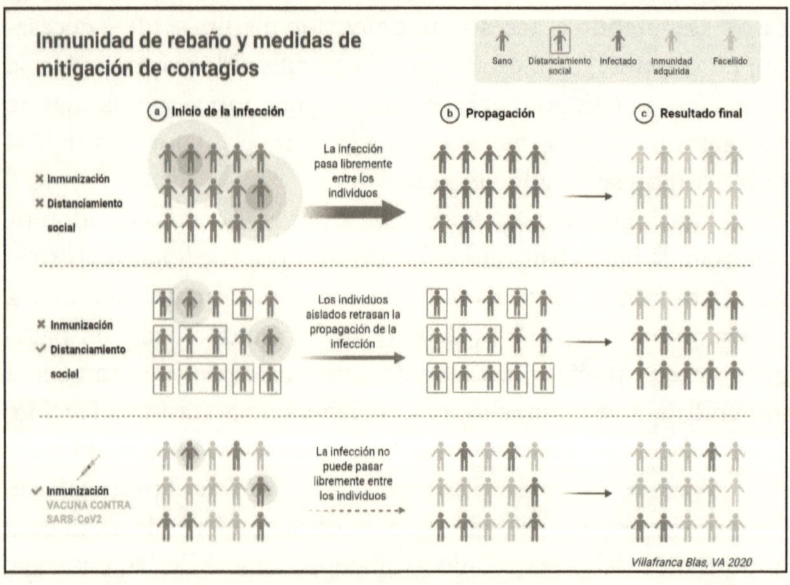

Figura 2. Inmunidad colectiva o "Inmunidad de rebaño" inducida de manera natural (infección) con y sin distanciamiento social; e inmunización artificial inducida por la vacunación.

El fortalecimiento de la investigación, tanto clínica como básica, sobre la respuesta inmune inducida por el virus, permitirá el perfeccionamiento de una vacuna para mejorar la protección de la población en general. Para esto último también se requieren sistemas de vigilancia epidemiológica que ofrezcan información confiable sobre el impacto de los contagios, los pacientes recuperados, los grupos vulnerables, la presencia de anticuerpos en la población, así como sobre la búsqueda activa de casos y descripción de brotes —esto con la finalidad de instrumentar acciones para evitar el contagio y la transmisión—, sistemas de información para la población, y medidas para evaluar la prevención y el control, de tal forma que ayuden a implementar una rápida capacidad de respuesta; todas estas son acciones que tendrán que llevarse a cabo durante la pandemia y aún con la puesta en marcha de una vacuna, ya que de esta información dependerá la distribución, aplicación, y periodicidad, la definición de los grupos prioritarios para su aplicación, la previsión de posibles efectos adversos, el seguimiento del desarrollo de inmunidad mediante medición de anticuerpos en la población vacunada y, por último, la medición de los casos confirmados para determinar el éxito de la vacuna aplicada.

De tal manera que la vacuna solo es una parte de la resolución de esta nueva enfermedad emergente, cuya eliminación está todavía muy lejana. La pandemia ha develado la necesidad de establecer políticas públicas más sólidas que permitan fortalecer la investigación en México de tal forma que hagan posible la generación de conocimiento que contribuya a resolver los problemas de salud. Es urgente potenciar una vinculación más estrecha entre el gobierno, la academia y la industria con el objetivo de rescatar e impulsar la producción de vacunas y fármacos en el país, hoy prácticamente desmantelada, así como de impulsar la creación de un sistema de vigilancia epidemiológica robusto que permita responder adecuadamente ante cualquier contingencia.

Además, esta pandemia ha dejado en evidencia la necesidad, por un lado, de generar entre la población una cultura del autocuidado y, por otro, de erradicar en la misma malos hábitos que condicionan la aparición de enfermedades crónicas metabólicas, cuya morbilidad es muy alta en nuestro país y complica la resolución de la enfermedad del COVID-19, entre muchas otras cosas que deberán ser adoptadas en nuestra sociedad frente a la construcción de una "nueva normalidad".

Bibliografía y referencias

Centers for Disease Control and Prevention (2020). Sitio Web del US Department of Health & Human Services. Disponible en: https://www.cdc.gov/coronavirus/2019-nCoV/index.html

Diao, Bo *et al.* (2020). "Reduction and Functional Exhaustion of T Cells in Patients With Coronavirus Disease 2019 (COVID-19)", en *Frontiers in Immunology*. Disponible en: https://doi.org/10.3389/fimmu.2020.00827

Merad, M., y Martin, J. C. (2020). "Pathological Inflammation in Patients With COVID-19: a Key Role for Monocytes and Macrophages", en *Nature Reviews Immunology*. Disponible en: https://doi.org/10.1038/s41577-020-0331-4

Organización Mundial de la Salud (2020). Sitio Web de la OMS. Disponible en: https://www.who.int/es/emergencies/diseases/novel-coronavirus-2019

Pedersen, S. F., y Ho, Y.-C. (2020). "SARS-CoV-2: A Storm is Raging", en *Journal of Clinical Investigation*. Disponible en: https://doi.org/10.1172/jci137647

Tay, M. *et al.* (2020). "The Trinity of COVID-19: Immunity, Inflammation and Intervention", en *Nature Reviews Immunology*. Disponible en: https://doi.org/10.1038/s41577-020-0311-8

Aportaciones del SARS-CoV-2 para una "nueva normalidad"

Ramón A. González*

* *El autor es Profesor-investigador en virología molecular del Centro de Investigación en Dinámica Celular, Instituto de Investigación en Ciencias Básicas y Aplicadas, Universidad Autónoma del Estado de Morelos (UAEM); preside la Sociedad Mexicana de Virología.*

El coronavirus, SARS-CoV-2, un virus emergente que se originó en un evento zoonótico, inició un brote epidémico del síndrome respiratorio agudo severo en Wuhan, China, en diciembre de 2019 y rápidamente se diseminó a diversas regiones del planeta, llevando a la Organización Mundial de la Salud (OMS) a declarar la pandemia de la enfermedad por coronavirus 2019 o COVID-19 (acrónimo del inglés, *coronavirus disease 2019*), en marzo de 2020. Al 8 de junio el número de casos confirmados de COVID-19 rebasó los 7 millones, con más de 400 mil muertes en 188 países.

El SARS-CoV-2 pertenece a una familia de virus que infectan a humanos y a otros animales. Estos virus son responsables de infecciones respiratorias, gastrointestinales, hepáticas, del sistema nervioso central y pueden presentar manifestaciones multisistémicas. El primer miembro de esta familia se identificó entre 1925 y 1932 en gallinas infectadas con un virus que a partir de 1933 se conocería como virus de la bronquitis infecciosa y que se convertiría en el prototipo de los coronavirus. Para la década de 1960 este grupo de virus incluiría a dos coronavirus que infectan a humanos y que serían reconocidos desde entonces como importantes agentes infecciosos. En

1975 el Comité Internacional para Taxonomia de los Virus (ICTV por sus siglas en inglés) nombró a la nueva familia *Coronaviridae*, que en años subsecuentes incluiría a un número creciente de virus que infectan a múltiples especies de animales. Hasta hoy se han identificado siete coronavirus que infectan a humanos o HCoVs (acrónimo del inglés, *Human Coronaviruses*): HCoV-229E, HCoV-OC43, HCoV-NL63 y HCoV-HKU1, SARS-CoV-1, MERS y SARS-CoV-2. Todos ellos están asociados con enfermedades respiratorias que presentan diferentes grados de severidad, desde la gripe común, hasta bronquiolitis, penumonia y, en casos graves, falla respiratoria que puede ser fatal. Antes de la aparición del SARS-CoV-1, en 2002-2003, se conocía que los virus HCoV-229E y HCoV-OC43, que habían sido identificados y estudiados desde la década de 1960, circulan entre la población a nivel global y contribuyen a generar casi una tercera parte de las gripes comunes pero presentan solo casos esporádicos de síntomas graves y fatalidad, razón por la que probablemente no se ha considerado que ameriten el desarrollo de una vacuna o de antivirales. A pesar de que los estudios de la biología de estos virus mostraron desde hace décadas que los HCoVs evolucionan rápidamente y que su evolución se ha visto acelerada con el aumento de la urbanización y la invasión de hábitats silvestres, entre otros factores, no fue sino hasta la aparición del SARS-CoV-1, un virus particularmente contagioso que se propagó en 29 países, con una tasa de mortalidad de alrededor de 10 por ciento, y del MERS-CoV, en 2012-2103, con una tasa de mortalidad de alrededor de 35 por ciento, que los coronavirus recibieron más atención de los sistemas de salud. Aún así, aunque entre 2003 y 2019 se diseñaron 27 candidatos para vacuna contra SARS-CoV-1 y 24 para MERS, hasta la fecha no existe una vacuna aplicable contra estos virus.

Desde la identificación inicial de los coronavirus, hace nueve décadas, la investigación sobre diferentes aspectos de la biología y epidemiología de estos virus había producido más de 15 mil publicaciones científicas hasta diciembre de 2019 (disponibles en la base de datos PubMed del *National Center for Biotechnology Information*). En 2020 se han publicado cerca de 12 mil artículos sobre coronavirus, SARS-CoV-2 y la enfermedad COVID-19. Los avances vertiginosos que se han logrado en los últimos cinco meses han sido posibles en buena medida gracias a los conocimientos previos que funcionaron como base. Pero no hay duda de que el interés que despertó el SARS-CoV-2, ya no solo entre los virólogos, en donde el interés por los coronavirus había permanecido por nueve décadas, sino en todos los ámbitos académicos, sectores público y privado, los gobiernos, y la sociedad toda, no tiene precedentes. En el ámbito científico, en cinco meses hemos acumulado información detallada sobre la estructura del virus y, por ejemplo, se conocen con detalle átomico-molecular las diferencias que existen en la interacción con el receptor celular, entre las proteínas de superficie del SARS-CoV-1 y el SARS-CoV-2; conocemos las secuencias completas del genoma de decenas de aislados del SARS-CoV-2 en diferentes regiones del mundo y con ello se han hecho análisis minuciosos de la historia evolutiva del virus; se han descrito las interacciones que cada una de las cerca de 30 proteínas codificadas en el genoma del virus establecen con alrededor de 300 proteínas celulares durante el ciclo de replicación viral; están en diferentes etapas de desarrollo más de 130 vacunas y al menos el doble de fármacos antivirales; se han aplicado decenas de millones de pruebas para el diagnóstico de COVID-19; y se ha seguido en tiempo real el número de casos confirmados, sospechosos y muertes, en todo el planeta, permitiendo un análisis meticuloso del comportamiento epidemiológico del COVID-19. Paradójicamente, aunque los conocimientos acumulados permitían hace al menos veinte años anticipar el potencial pandémico de coronavirus zoonóticos, el SARS-CoV-2 continúa siendo un virus nuevo que todavía no conocemos con suficiente detalle para combatirlo eficazmente. Por otra parte, la pandemia ocasionada por el SARS-CoV-2 es en muchos aspectos también única, por la cobertura que ha recibido en los medios de comunicación, por la rapidez con la que alcanzó un efecto mundial, por el impacto económico que puede tener el intento de detener las actividades de una sociedad de consumo globalizada, y por otros efectos que habrá tenido sobre la sociedad, que serán probablemente más difíciles de medir que el propio fenómeno infeccioso y epidémico.

Los eventos que seguirán a la emergencia sanitaria que impuso en todo el planeta la aparición del SARS-CoV-2 hacia una "nueva normalidad", son tan difíciles de predecir en el estado actual de la pandemia como lo eran cuando inició. El panorama más claro, basado solo en lo que conocemos del fenómeno biológico, inmunológico y epidemiológico, es que el virus permanecerá y los contagios continuarán hasta que alrededor de un 60 por ciento de la población adquiera inmunidad contra el virus, ya sea por haber sido infectada o por la eventual aplicación de una vacuna exitosa. En el primer caso todavía no tenemos suficiente información sobre el porcentaje de la población que ha sido infectada y mucho menos sobre el nivel de inmunidad protectora que los diferentes grupos de población, en diferentes regiones del mundo, han adquirido. En el segundo caso, es claro que no podremos contar con una vacuna para la actual etapa de la pandemia, ya que aún si alguno de los más de 130 candidatos para vacuna que están actualmente en desarrollo funciona, esto lo sabremos entre 2021 y 2022, además de que se tendrán que haber producido y aplicado varios miles de millones de dosis.

Las investigaciones sobre el SARS-CoV-2 y el COVID-19 siguen produciendo grandes cantidades de datos útiles, pero no sabemos con claridad cómo se pueden aplicar esas observaciones y hallazgos en la población. En los próximos 12 a 24 meses deberemos conocer mejor qué porcentaje de la población ha sido infectada y tener una mejor idea del grado de inmunidad protectora que se ha adquirido en las comunidades. Se habrán evaluado diferentes combinaciones de fármacos, que podrían permitir mitigar los síntomas y potencialmente disminuir el número de casos graves y de muertes. Como todos los virus, los coronavirus tienen tasas altas de mutación, así que es de esperarse que el SARS-CoV-2 acumulará cambios en su genoma a medida que infecte a diferentes poblaciones. Entre las mutaciones que se han identificado hasta ahora no hay ninguna indicación de que estén ligadas a hacer al virus más o menos infeccioso. Se puede esperar que ocurra cualquiera de las dos cosas pero, normalmente, cuando una comunidad adquiere un cierto nivel de inmunidad, la mayoría de las personas estarán al menos parcialmente protegidas contra la infección. Esto no excluye que, como sucede con la influenza (y otros virus), puedan surgir variantes del virus que provoquen brotes adicionales más adelante, o que el virus tenga una conducta estacional y que eventualmente, después de algunos años, se convierta en un virus endémico, como lo son los HCoV-229E y HCoV-OC43.

En todo caso, no está todavía muy claro qué significará en un sentido más extenso la anunciada "nueva normalidad". En términos biológico-infecciosos la normalidad no será nueva; los virus, como los entes biológicos más ubicuos y numerosos que son, seguirán infectando y acompañando la evolución de todos los seres vivos, como lo han hecho a lo largo de la historia de la vida en el planeta. Si, además, la normalidad continúa siendo la sobreexplotación de recursos, la invasión de hábitats y la destrucción de ecosistemas, se continuarán acelerando los eventos zoonóticos y con ello los brotes de virus emergentes con potencial pandémico continuarán aumentando. El número de diferentes virus que están ya en esta lista de espera es larga.

Una nueva normalidad tampoco podrá depender de los nuevos avances en los conocimientos científicos; los conocimientos con los que contábamos sobre los coronavirus podrían haber sido suficientes para entender y anticipar el fenómeno biológico-infeccioso y epidémico del SARS-CoV-2. Pero reaccionar y responder ante emergencias epidemiológicas una vez que iniciaron tendrá siempre un costo muy alto, económico, social y en índices de morbilidad y mortalidad. Una nueva normalidad será solo posible si se considera a la educación pública, la salud y la investigación científica como temas prioritarios de seguridad nacional y se establece de forma indispensable una verdadera interlocución entre los científicos y los sectores públicos responsables de la toma de decisiones para tener la posibilidad de planear con anticipación y, entonces, estar preparados para responder ante emergewncias de salud como la actual.

En la inmediatez, con vistas a una "nueva normalidad", queda por lo pronto tener presente que el que marca los plazos es el virus y la relación que establece con la población. Si en la medida que disminuyen los casos la reapertura se hace de forma organizada, y la gente no baja la guardia del distanciamiento social y las otras medidas de higiene, podríamos tener un regreso paulatino sin que haya nuevos brotes que se presenten con mayores números de contagios. El virus no va a desaparecer repentinamente y podría ser que hasta que no haya una vacuna disponible que funcione, su dispersión no se controle. Lo mejor para avanzar hacia una "nueva normalidad" será entonces que cada persona se considere infectada y que deba hacer lo posible por evitar contagiar a los demás. Así, el uso correcto de cubrebocas, las medidas de distanciamiento y de higiene se tendrán que quedar con nosotros hasta que no haya un número suficiente de personas infectadas o vacunadas en todo el mundo.

Bibliografía y referencias

Johns Hopkins University & Medicine (2020). *Coronavirus Resource Center*, JHU&M, Maryland. Disponible en: https://coronavirus.jhu.edu [fecha de consulta 7 de junio de 2020].

Hudson, C. B. y F. R. Beaudette (1932). "Infection of the Cloaca With the Virus of Infectious Bronchitis", en *Science*, vol. 76, julio, Issue 1958, pp. 34.

Sironia, Manuela; Seyed E. Hasnainb; Benjamin Rosenthalj; Tung Phanc; Fabio Lucianid; Marie-Anne Shawe; M. Anice Sallumf; Marzieh Ezzaty Mirhashemig; Serge Morandh y Fernando González-Candelasi (2020). "SARS-CoV-2 and COVID-19: A Genetic, Epidemiological, and Evolutionary Perspective", en *Infection, Genetics and Evolution*, núm. 84, octubre, pp. 1-15.

Weiner, Leslie P. (1987). "Coronaviruses: a Historical Perspective", en M. M. C. Lai *et al.* (Eds.). *Coronaviruses*, Plenum Press, New York, pp. 1-5.

Yung-Fang Tu, Chian-Shiu Chien, Aliaksandr A. Yarmishyn, Yi-Ying Lin, Yung-Hung Luo, Yi-Tsung Lin, Wei-Yi Lai, De-Ming Yang, Shih-Jie Chou, Yi-Ping Yang, Mong-Lien Wang y Shih-Hwa Chiou (2020). "A Review of SARS-CoV-2 and the Ongoing Clinical Trials", en *International Journal of Molecular Sciences*, núm. 21, abril, pp. 1-19.

La vida cotidiana con COVID-19

Victoria Pando-Robles*
y María Elizabeth Santana**

*La autora es Licenciada en Química por la Universidad Peruana Cayetano Heredia y Doctora en Ciencias por la Universidad Nacional Autónoma de México (UNAM); es investigadora en el Centro de Investigación Sobre Enfermedades Infecciosas, del Instituto Nacional de Salud Pública, donde investiga sobre la interacción de los virus con su célula hospedera; está enfocada al entendimiento de las enfermedades emergentes y re-emergentes como: Dengue, Zika, Mayaro y, actualmente, COVID-19.

**La autora es Licenciada en Biología por la Universidad Autónoma del Estado de Morelos (UAEM) y egresada de la Maestría en Ciencias del Instituto de Biotecnología de la Universidad Nacional Autónoma de México (UNAM). Actualmente, se desempeña como investigadora por honorarios en el Instituto Nacional de Salud Pública.

"Tiene poco sentido esperar que los individuos actúen de modo distinto a sus semejantes; es preferible perseguir un cambio general de las normas de comportamiento y promover las circunstancias que faciliten su adopción". Geoffrey Rose, 1992.

Desde su aparición en Wuhan, China, en diciembre de 2019, el virus SARS-CoV-2, responsable de la enfermedad respiratoria COVID-19, ha generado múltiples incógnitas a nivel biológico, clínico y epidemiológico. En estos seis meses se han publicado cientos de artículos científicos para intentar resolver diferentes preguntas acerca de la biología del virus en relación con su célula hospedera y sobre la fisiopatología de la enfermedad. Sin embargo, aún quedan muchas incognitas y la comunidad científica mundial está trabajando arduamente para resolverlas. Principalmente, se tiene el compromiso social de desarrollar una vacuna efectiva para la prevención de COVID-19 y/o antivirales específicos para combatir la infección, sobre todo en los casos severos.

A pesar de las dificultades propias asociadas a una nueva enfermedad, los países están respondiendo a la pandemia del CO-VID-19 con diferentes medidas de salud pública, de acuerdo con las capacidades de sus sistemas de salud, sus recursos económicos e infraestructura y su cultura.

En este ensayo comentaremos sobre la vida cotidiana afectada por el SARS-CoV-2, daremos ejemplos sobre cómo algunos países están construyendo una normalidad adaptada a esta nueva enfermedad, y presentaremos los retos que ésta impone, a nivel individual y como sociedad, para intentar interrumpir la cadena de transmisión de SARS-CoV-2 y así evitar un mayor número de muertes por COVID-19.

El virus SARS-CoV-2 llegó para quedarse

El coronavirus SARS-CoV-2 es un virus emergente (virus nuevo) y, como tal, todos los seres humanos somos susceptibles de ser infectados ya que no tenemos anticuerpos que lo reconozcan y combatan la infección (el sistema inmune o sistema de defensa del organismo reconoce lo propio de lo extraño y genera anticuepos contra el agente externo y lo destruye). En la mayoría de la población (aproximadamente el 80 por ciento de los casos) la infección pasará desapercibida o provocará síntomas leves parecidos a los de una gripe; el otro 20 por ciento requerirá hospitalización; de éstos, el 5 por ciento de los infectados puede presentar enfermedad grave, es decir, neumonía y problemas para respirar, insuficiencia en varios órganos, problemas cardíacos e insuficiencia renal, que pueden llevar a la muerte. Comparada con otras pandemias, la mortalidad por Covid-2019 no es muy alta (muere entre el 1 y el 3.5 por ciento de los infectados), sin embargo, este virus se contagia con facilidad. Se ha estimado que una persona infectada puede contagiar a entre dos y tres personas (Wu y Mc-Googan, 2020), aunque existen datos que indican que en lugares cerrados una persona infectada puede llegar a contagiar a muchos más (*El País*, 2020).

El COVID-19 es una enfermedad emergente o nueva, por lo que se tiene información limitada acerca de los factores de riesgo que enfrenta un individuo al enfermarse gravemente. Con base en la información disponible, se puede señalar que los grupos más susceptibles de desarrollar las formas graves de la enfermedad son los adultos mayores (de más de 60 años de edad), las personas que viven con enfermedades crónicas y las embarazadas. Entre las enfermedades crónicas subyacentes están: enfermedad cardiovascular (incluyendo hipertensión arterial), pulmonar, renal, diabetes y obesidad. También las personas que por algun motivo o padecimiento presentan un sistema inmune deprimido pueden enfermarse gravemente, como aquéllas con deficiencias inmunitarias causadas tanto por el Virus de Inmunodeficiencia Humana (VIH) o el síndrome de inmunodeficiencia adquirida (SIDA), o por el uso prolongado de corticosteroides y otros medicamentos que debilitan el sistema inmunitario.

Para prevenir la enfermedad, se debe conocer cómo se transmite el virus

El virus SARS-CoV-2, que es un virus respiratorio, se transmite entre personas por vía áerea, principalmente por:

- *gotículas respiratorias* que expulsa una persona infectada cuando estornuda, tose o habla. Por ello se debe guardar una distancia de entre uno a dos metros de las personas en los ambientes públicos.

• *contacto* con superficies contaminadas con las gotas respiratorias proveniente de una persona infectada. Después de contaminar sus manos, una persona puede tener contacto con las mucosas de la boca, la nariz y los ojos, y causar el contagio. Por ello, debemos lavarnos las manos, limpiar la casa y el área de trabajo constantemente.

• *partículas de aerosol;* suspensión de partículas virales en el aire (Figura 1). Esto ocurre en áreas con mucha concentración de personas infectadas. Recientemente se ha reportado que las personas asintomáticas infectadas también transmiten el SARS-CoV-2, lo que hace más compleja la prevención de la infección; por ello se recomienda el uso de cubrebocas en lugares públicos.

Figura 1: Las gotículas y aerosoles se forman cuando una persona estornuda o habla.

Para evitar la transmisión del SARS-CoV-2 entre las personas se deben seguir estas medidas de salud pública:

1. *Higiene de manos*: lavarse las manos con agua y jabón por al menos 20 segundos, especialmente después de haber estado en un lugar público, o después de sonarse la nariz, toser o estornudar. Si no se dispone de agua y jabón, usar un desinfectante de manos que contenga al menos un 60 por ciento de alcohol. Evitar tocarse los ojos, la nariz y la boca sin haberse lavado antes las manos.

2. *Distanciamiento entre personas*: evitar el contacto cercano con personas que están enfermas, incluso dentro de casa. De ser posible, mantener una distancia de dos metros entre la persona enferma y otros miembros del hogar. Dado que las personas asintomáticas pueden transmitir el virus, toda persona con síntomas o sin ellos debe considerarse un posible transmisor. Mantenerse alejado de lugares concurridos.

3. *Cubrirse la boca y la nariz* con un cubrebocas o con una cubierta de tela para la cara en lugares públicos donde haya varias personas. Esta medida también se conoce como "cubrebocas de cortesía", ya que sirve para proteger a las otras personas en caso de estar infectado. Si no tiene cubrebocas, recuerde practicar el estornudo de cortesía, es decir, cubrirse la boca y la nariz con la parte interna del codo o con un pañuelo desechable.

4. *Limpiar y desinfectar las superficies que se tocan con frecuencia*: diariamente se deben limpiar las mesas, las manijas de las puertas, los interruptores de luz, las barandas, los escritorios, los teléfonos, los teclados, los inodoros, los grifos y los lavamanos.

5. *Monitorear su salud*: estar atento a la aparición de fiebre, tos, dificultad para respirar u otros síntomas asociados al COVID-19. Si se presentan síntomas, dar aviso inmediato en su casa y/o trabajo y acudir al médico (CDC, 2020a).

El virus SARS-CoV-2 estará presente entre nosotros por mucho tiempo; en la medida que los individuos se infecten y sanen, estos generarán anticuerpos y probablemente evitarán una re-infección. Sin embargo, el número de enfermos disminuirá considerablemente cuando se tenga una vacuna efectiva contra el COVID-19, como ha sucedido con las enfermedades prevenibles por vacunación, como el sarampión, la influenza, la poliomelitis, etcétera. Hasta que no exista una vacuna profiláctica o antivirales específicos, la prevención dependerá del cumplimiento de las medidas de salud pública por parte de las personas y la comunidad.

La vida cotidiana con COVID-19: la nueva normalidad

En el país el primer caso de COVID-19 se reportó en la Ciudad de México el 27 de febrero de 2020 y marcó el inicio de la Fase 1 de la pandemia en nuestro territorio (casos no autóctonos, los individuos enfermos adquirieron el virus SARS-CoV-2 fuera del país). Aproximademente un mes despúes, el 24 de marzo, la Secretaría de Salud declaró la Fase 2 de la pandemia (la transmisión del virus se dió entre individuos en el territorio nacional). El 30 de marzo el Consejo de Salubridad General declaró la "emergencia sanitaria" en México debido a la pandemia de COVID-19, siendo las medidas inmediatas: la Jornada Nacional de Sana Distancia y la suspensión de actividades no esenciales en los sectores público, privado y social, con el objetivo de mitigar la dispersión y la transmisión del virus SARS-CoV-2. El 21 de abril se declaró la Fase 3 de la pandemia (aumento exponencial del número de casos). No obstante, despúes 75 días de cuarentena (junio 8), seguimos en la Fase 3 de la pandemia, pero nuestro país empezó a reactivarse. En la Figura 2 se muestra la línea del tiempo del COVID-19. La Jornada Nacional de Sana Distancia terminó el 17 de mayo para los municipios que no presentan casos de COVID-19 y las actividades se irán adaptando a la "nueva normalidad" según lo indique el semáforo epidemiológico de cada región para el retorno de actividades (Figura 3). Por ello, es muy importante estar informado y seguir las recomendaciones de la Secretaría de Salud de nuestro país.

Figura 2

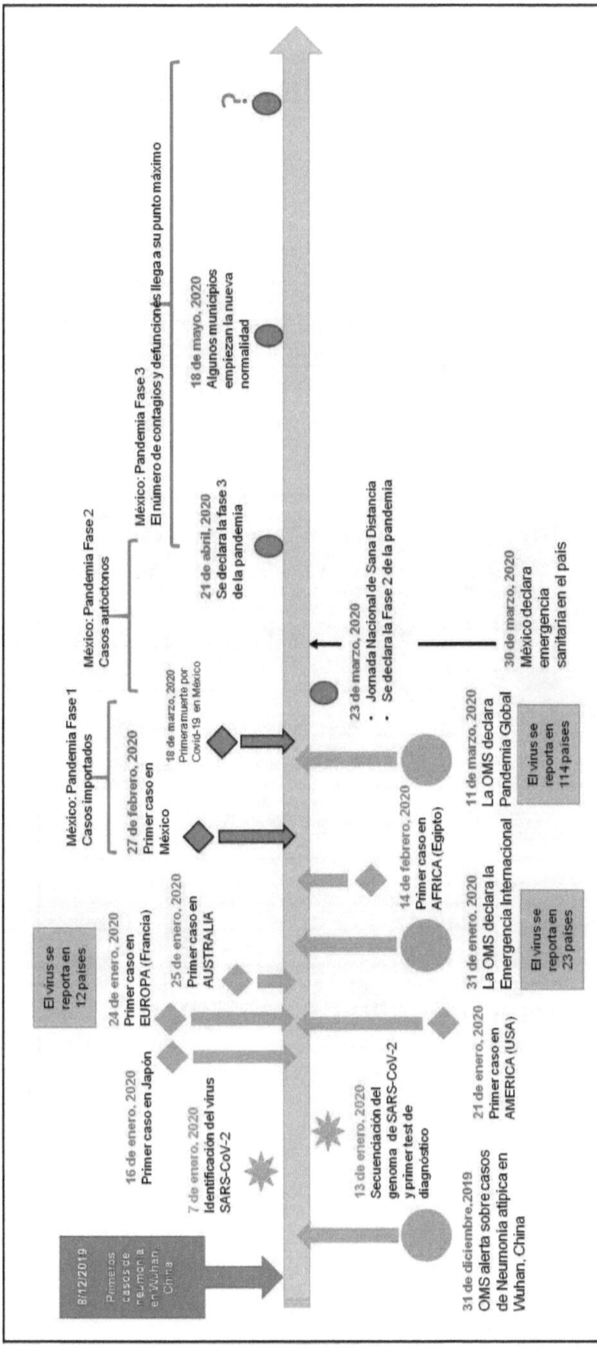

Figura 2: **Línea del tiempo de la pandemia de Covid-19**. Se muestran las fechas más importantes de la pandemia en el mundo y en México.

Recientemente, tras varias semanas de estar en confinamiento por el SARSCoV-2, en varios países, no solo en México, se han comenzado a levantar las restricciones del aislamiento, es decir, se está retornando a la vida pública en los diferentes sectores. Sin embargo, ésta no podrá ser como antes de la llegada del COVID-19; ahora cada país ha implementado diversas normas y estrategias para retornar a la vida pública, lo que ha sido nombrado como la "nueva normalidad", es decir, cómo es que la vida debe ser vivida de ahora en adelante después de la pandemia ocasionada por el virus SARS CoV-2.

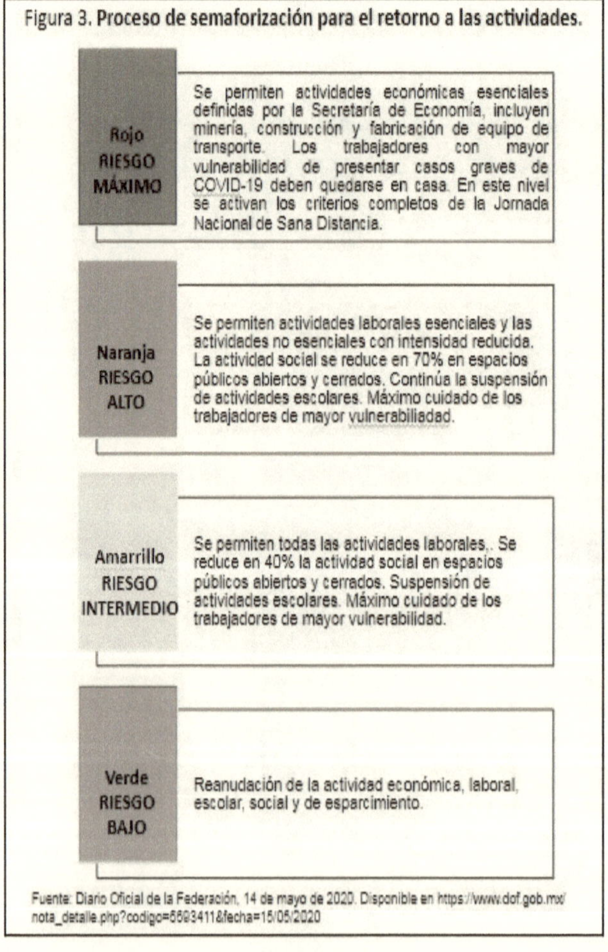

En este retorno a la nueva normalidad diversas empresas en todo el mundo han comenzado a cambiar la forma de operar y de dirigir a sus empleados en horas laborables, para lo que han desarrollado protocolos de retorno a las actividades que garanticen el cumplimiento de las medidas de salud pública y el bienestar de los trabajadores. Entre los cambios más evidentes están:

• Uso obligatorio de cubrebocas.
• Control de temperatura corporal al entrar a un establecimiento público o al trabajo (termómetros digitales).
• Medición de la saturación de oxígeno en la sangre (oxímetro). Uno de los síntomas graves del COVID-19 es la dificultad para respirar, o hipoxia, es decir, una baja oxigenación en la sangre que será medida por el oxímetro.
• Horarios escalonados de entrada y salida, por sector y/o ubicación.
• Adecuación de los establecimientos para guardar al menos 1.5 metros de distancia entre las personas que los frecuentan.
• Uso de videoconferencias y de llamadas telefónicas para dirigirse a los trabajadores.
• Reuniones de personas en espacios ventilados donde los empleados puedan mantener distancia física.
• Promoción del trabajo en casa (*home office*), etcétera (CDC, 2020b y GDF, 2020).

A veces las crisis muestran lo mejor de una familia, de un pueblo, una nación. Un ejemplo de apego a las reglas es el de los habitantes de Corea del Sur. El pasado 15 de abril miles de personas se alinearon frente a las urnas electorales para votar en las elecciones de la Asamblea Nacional. Se les dieron guantes de plástico, se les dijo que se mantuvieran separados y se verificó la temperatura de los asistentes antes de que ingresaran a las mesas de votación. Se temía que la asistencia a la votación pudiera causar un aumento del número de casos, pero dos semanas después se observó que esto no había sucedido, indicando que el apoyo ciudadano es importante en el manejo de una crisis (Ossola, 2020).

En países como Tailanda la pandemia del COVID-19 ha generado un cambio en la cuidadanía; en éste se realizó una encuesta para conocer la opinión de la población respecto de diversas actividades y la mayoría consideró que era necesario hacer ajustes en su forma de vida para disminuir el riesgo de contagiarse, entre los resultados están: 1) viajes; el 71.05 por ciento de los encuestados mencionó que sus actividades turísticas cambiarían, que visitarían destinos turísticos que no presenten riesgos de enfermedades endémicas y que tendrían cuidado al seleccionar el modo de transporte; 2) compras en grandes almacenes; el 61.18 por ciento iría de compras solo cuando fuera necesario y siempre usarían equipo de protección adecuado, como una mascarilla y gel desinfectante para manos; 3) transporte público; el 59.68 por ciento de los encuestados respondió que se despertaría más temprano de lo normal los días que usen el transporte público, se asegurarían de tener el equipo de protección necesario y viajarían solo cuando fuera necesario; 4) fiestas y encuentros; el 59.40 por ciento opinó que serían más selectivos y asistirían solo cuando fuera necesario; 5) autoprotección; el 56,39 por ciento indicó que usaría cubrebocas al aire libre, se lavarían las manos con frecuencia y evitarían zonas muy conglomeradas; 6) compras de artículos de primera necesidad; el 47,27 por ciento dijo que compraría cosas que fueran útiles y económicas; 7) salud; el 45,39 por ciento señaló que cuidarían su salud, harían ejercicio, tomarían vitaminas y buscarían consejo médico; 8) alimentos; el 45.11 por ciento mencionó que comerían alimentos recién cocinados y preparados higiénicamente; y 9) ocupaciones; el 42.39 por ciento indicó que darían más importancia a la salud y a la seguridad (*Bangkok Post*, 2020).

Los puntos necesarios para vivir en la "nueva normalidad" incluyen, entre otras acciones: vivir en armonía con la naturaleza y los otros seres vivos, analizar el impacto que cada acción puede tener en la propagación del virus, no responder impulsivamente a la situación y tener confianza en que la ciencia puede llegar a una solución del problema, además del cumplimiento estricto de los cambios de comportamiento, como son: el uso de cubrebocas, mantener la distancia física, garantizar la higiene, así como evitar la estigmatización, la desinformación y los prejuicios contra los ciudadanos portadores del virus (Hussain, 2020). En la Tabla 1 se muestra información relevante sobre las medidas puestas en marcha en algunos países de Asia y Europa para el retorno a la nueva normalidad con el COVID-19.

El riesgo de enfermar nos acompaña siempre en la vida cotidiana, con o sin el COVID-19. No obstante, esta pandemia nos ha obligado a reflexionar sobre la vulnerabilidad de nuestra existencia y a ser conscientes del riesgo de infectarnos con SARS-CoV-2 y perecer. No obstante, es importante, también, lograr un equilibrio entre la economía y la salud; esta es una reflexión para los gobernantes pero también para las familias: no se puede vivir mucho tiempo en confinamiento sin afectar la economía y el bienestar. En el retorno a la normalidad las personas estarán expuestas al coronavirus, por lo que deberán seguir las recomendaciones emitidas por sus gobiernos para evitar infectarse, con base en el riesgo personal de enfermar y su responsabilidad social ante la comunidad. En otras palabras, *"cuidándome, te cuido"*.

Tabla 1

País	Fecha de regreso a la "nueva normalidad"	Información relevante
China	Inicios de abril	En este país usan una aplicación móvil que calcula el nivel de riesgo de las personas; solo a aquéllas que obtienen un código "verde" se les permite ingresar a supermercados, bibliotecas, centros de trabajo, escuelas y a otros lugares (Liang, 2020). Los residentes de una misma provincia pueden viajar dentro y fuera de ésta solo si tienen una designación de salud de "código verde". Para la reanudación de los viajes internacionales, la Administración General de Aduanas implementó para diagnóstico nueve laboratorios con nivel 2 de bioseguridad. Alrededor de 130 atracciones turísticas, como la antigua muralla de la ciudad de Jingzhou, se han abierto nuevamente al público. Los sitios han sido desinfectados y a los visitantes se les toma la temperatura antes de ingresar (Caien y Pinghui, 2020). El gobierno chino dará más apoyo al sector científico y tecnológico para la investigación sobre vacunas, medicamentos y pruebas rápidas ante la pandemia del COVID-19.
Corea del Sur	20 de mayo	En esta nación se redactó un documento que contiene instrucciones específicas sobre cómo manejarse en diversas actividades cotidianas (asistir a la iglesia, comprar en mercados pequeños y medianos, comer en restaurantes, ir a la escuela, usar cibercafés, asistir a bodas o funerales, y el uso de baños públicos). El documento cubre prácticamente cualquier aspecto de la vida de una persona (Hurriyet Daily News, 2020).

Tabla 1

País	Fecha de regreso a la "nueva normalidad"	Información relevante
Tailandia	Inicios de mayo	Aquí el gobierno implementó una aplicación móvil, llamada Thai Chana o "Thais Win", utilizada para rastrear los movimientos de las personas en riesgo, en caso de que se encuentre una infección. La aplicación permitirá que todos los negocios se registren y generen un código QR (del inglés Quick Response code). Los clientes no necesitan descargar la aplicación, pero deben escanear el código al "entrar" y "salir" de los establecimientos (Tan, 2020). Cuatro aerolíneas han reanudado los vuelos nacionales a 14 provincias, con restricciones sanitarias y protocolos de distanciamiento social. No hay servicio de comida a bordo; se solicita a todos los pasajeros que usen cubrebocas y se sometan a un registro de control de fiebre para reducir la transmisión del virus. La prohibición de los viajes aéreos internacionales se ha extendido hasta finales de junio (Pattarawadee, 2020).
Suecia		El país escandinavo nunca entró en el cierre total de actividades durante la pandemia del coronavirus. Se permitió que la mayoría de las personas saliera a la calle, visitara bares, restaurantes y tiendas, con un límite máximo de 50 personas en un mismo lugar. Se ha confiado en la capacidad de la ciudadanía de aplicar el distanciamiento social y la autorregulación. Anders Tegnell, el epidemiólogo en jefe del gobierno, menciono "es esperable que al comienzo se sienta un mayor impacto, pero esta estrategia es más sostenible en el tiempo que las medidas de aislamiento más rígidas". Afirma que el país adquirirá antes la inmunidad colectiva, esencial para que el virus deje de ser una amenaza (Infobae, 2020). Recientemente, la Agencia de Salud Pública de Suecia mencionó que están detectando un gran número de personas inmunes en la población de Estocolmo y se ha comenzando a tener un efecto en la propagación de la infección (Dellanna, 2020).

Tabla 1		
País	**Fecha de regreso a la "nueva normalidad"**	**Información relevante**
Alemania	11 de mayo	Las autoridades alemanas acordaron poner un "freno de emergencia" y volver a imponer restricciones sociales si la tasa de infección aumenta por encima de 50 casos por cada 100 mil residentes durante una semana. La nueva normalidad empezó con la reapertura de la mayoría de las tiendas y parques infantiles, los niños están volviendo gradualmente a las aulas y los estados están reabriendo restaurantes y gimnasios (The Guardian, 2020). Los ciudadanos de la Unión Europea (UE) ahora pueden ingresar libremente, pero los viajeros que no pertenecen a la UE deben pasar por la cuarentena (Deutsche Welle, 2020). En Alemania los eventos culturales se van reanudar a finales del mes de junio, con 100 personas permitidas al principio y 1000 a partir de agosto (Deutsche Welle, 2020).
España	Finales de abril	Dentro de España los viajes están restringidos geográficamente y las personas no pueden viajar fuera de la provincia en la que residen, salvo por razones autorizadas, como las relacionadas con el trabajo o la familia. Solo 13 aeropuertos españoles están autorizados para operar vuelos internacionales, sin embargo, todos los viajeros internacionales deben estar en cuarentena durante un periodo de 14 días (García-Manso, 2020 y BBC News, 2020).

Tabla 1

País	Fecha de regreso a la "nueva normalidad"	Información relevante
Inglaterra	1° de junio	En este país los funcionarios de salud realizan controles puntuales para garantizar el cumplimiento de las medidas de salud y aplicarán multas de hasta £ 1000 si alguien no las cumple. En una "nueva era dorada del ciclismo", se ha sugerido alentar a más personas a usar bicicletas para ir a trabajar, esto para evitar la saturación del transporte público que hace difícil mantener el distanciamiento social (Patel-Carstairs y Burgess, 2020).
Italia	Inicios de mayo	En esta nación las personas se han acostumbrado a quedarse en la zona de confort de sus hogares y han organizado su vida doméstica para que coexista bien con su trabajo desde casa. Muchos dicen que se adaptaron rápidamente al silencio fuera de sus ventanas y a hablar con sus vecinos desde sus balcones. El 25 por ciento de los italianos aún teme contraer el virus y están preocupados ante la idea de subirse al transporte público, incluso si usan máscaras y guantes (Jeakle, 2020 y France 24, 2020).

Fuente: Elaboración propia.

Bibliografía y referencias

Bangkok Post (2020). "Less Tourism Leads Changes in Post-Covid New Normal: Poll", *Bangkok Post*, 24 de mayo. Disponible en: https://www.bangkokpost.com/thailand/general/1923396/less-tourism-leads-changes-in-post-covid-new-normal-poll [fecha de consulta 14 de junio 2020].

BBC News (2020). "Coronavirus: Spain Plans Return to 'New Normal' by End of June", *BBC News*, 28 de abril. Disponible en: https://www.bbc.com/news/world-europe-52459034 [fecha de consulta 9 de junio 2020].

Caien, Jane y Zhuang Pinghui (2020). "What will China's Covid-19 New Normal Look Like? Health Chiefs Paint a Cautious Picture", The Coronavirus Pandemic, sitio Web, 14 de mayo. Disponible en: https://www.scmp.com/news/china/society/article/3084445/what-will-chinas-covid-19-new-normal-look-health-chiefs-paint [fecha de consulta 22 de junio 2020].

Centro para el control y la Prevención de Enfermedades (CDC) (2020a). "Enfermedades del Coronavirus (COVID-19). Personas que necesitan tomar precauciones adicionales", sitio Web de los CDC de Atlanta, GA. Disponible en: https://espanol.cdc.gov/coronavirus/2019-ncov/need-extra-precautions/index.html

______ (2020b). "Enfermedades del Coronavirus (COVID-19). "Empresas y lugares de trabajo. Planifique, prepárese y responda", sitio Web de los CDC de Atlanta, GA. Disponible en: https://espanol.cdc.gov/coronavirus/2019-ncov/community/organizations/businesses-employers.html

Dellanna, Alessio (2020). "Coronavirus in Sweden: 'It's a Myth That Life is Going On as Normal,' Says Swedish Government", *Euronews*, (17 de abril). Disponible en: https://www.euronews.com/2020/04/17/coronavirus-in-sweden-it-s-a-myth-that-life-is-going-on-as-normal-says-swedish-government [fecha de consulta 20 de junio 2020].

Deutsche Welle (2020). "Coronavirus Latest: Germany to Relax Quarantine Restrictions on EU Travelers", *Deutsche Welle*, 15 de mayo. Disponible en: https://www.dw.com/en/coronavirus-latest-germany-to-relax-quarantine-restrictions-on-eu-travelers/a-53444487 [fecha de consulta 25 de junio 2020].

El País (2020). "Radiografía de tres brotes: así se contagiaron y así podemos evitarlo", *El País*, 6 de junio. Disponible en: https://elpais.com/ciencia/2020-06-06/radiografia-de-tres-brotes-asi-se-contagiaron-y-asi-podemos-evitarlo.html [fecha de consulta 10 de junio 2020].

France 24 (2020). "Italy Unveils Plan For Life After Covid-19 Lockdown", *France 24*, 27 de abril. Disponible en: https://www.france24.com/en/20200426-italy-unveils-plan-for-life-after-covid-19-lockdown [fecha de consulta 6 de junio 2020].

García-Manso, José L. (2020). "Coronavirus: a 'New Normal' for Spanish Tourism", *Pinsent Masons*, 27 de mayo. Disponible en: https://www.pinsentmasons.com/out-law/analysis/coronavirus-new-normal-spanish-tourism [fecha de consulta 15 de junio 2020].

Gobierno de la Ciudad de México (GDF) (2020). "Documentos del Plan Gradual hacia la Nueva Normalidad en la Ciudad de México", sitio Web del Gobierno de la Ciudad de México. Disponible en: https://covid19.cdmx.gob.mx/nueva-normalidad

Hurriyet Daily News (2020). "New Normal' Anything But as Countries Continue to Reopen", *Hurriyet Daily News*, 20 de mayo. Disponible en: https://www.hurriyetdailynews.com/new-normal-anything-but-as-countries-continue-to-reopen-154915 [fecha de consulta 6 de junio 2020].

Hussain, Sabir (2020). "Vice President Venkaiah Naidu's 12-Point New Normal for Life in Times of Coronavirus", *Hindustan Times*, 18 de mayo. Disponible en: https://www.hindustantimes.com/india-news/vice-president-venkaiah-naidu-s-12-point-new-normal-for-life-in-times-of-coronavirus/story-BkLQCrbGdrI6PHhElMqnxH.html [fecha de consulta 20 de junio 2020].

Infobae (2020). "La Organización Mundial de la Salud elogió a Suecia como "un modelo para alcanzar una nueva normalidad" con el coronavirus", *Infobae*, 1 de mayo. Disponible en: https://www.infobae.com/america/mundo/2020/05/01/la-organizacion-mundial-de-la-salud-elogio-a-suecia-como-un-modelo-para-alcanzar-una-nueva-normalidad-con-el-coronavirus/ [fecha de consulta 8 de junio 2020].

Jeakle, Will (2020). "The Coronavirus Blasted Italy; Now Life Is Returning To A New Normal", *Forbes*, 21 de mayo. Disponible en: https://www.forbes.com/sites/william-jeakle/2020/05/21/the-coronavirus-blasted-italy-now-life-is-returning-to-a-new-normal/#8ecc60252e4d [fecha de consulta 5 de junio 2020].

Liang, Lu-Hai (2020). "Life After Lockdown: How China Went Back to Work", *BBC*, Worklife, 30 de abril. Disponible en: https://www.bbc.com/worklife/article/20200430-is-china-going-back-to-normal-coronavirus-covid-19 [fecha de consulta 1 de junio 2020].

Ossola, Alexandra (2020). "South Korea Shows us What Office Life Could Look Like After the Pandemic", *World Economyc Forum*, 6 de mayo. Disponible en: https://www.weforum.org/agenda/2020/05/south-korea-office-coronavirus-covid19-work-enviroment/ [fecha de consulta 13 de junio 2020].

Patel-Carstairs, Sunita y Sanya Burgess (2020). "Coronavirus: 'The New Normal' What Life Might Look Like in the Near Future", *Sky News*, 26 de mayo. Disponible en: https://news.sky.com/story/coronavirus-what-might-our-new-normal-look-like-when-the-uk-lockdown-is-eased-11979256 [fecha de consulta 18 de junio 2020].

Pattarawadee, Saengmanee (2020). "New Normal Requires Discipline", *Bankok Post*, 11 de mayo. Disponible en: https://www.bangkokpost.com/opinion/opinion/1915940/

new-normal-requires-discipline [fecha de consulta 3 de junio 2020].

Tan, Jason (2020). "Thais Make Cautious Return to Malls, Adjusting to 'New Normal'", *Nikkei Assian Review*, 18 de mayo. Disponible en: https://asia.nikkei.com/Spotlight/Coronavirus/Thais-make-cautious-return-to-malls-adjusting-to-new-normal [fecha de consulta 8 de junio 2020].

The Guardian (2020). "Coronavirus in Europe: Germany and Austria Reopen Restaurants as New Normal Beckons", *The Guardian* edición internacional, 15 de mayo. Disponible en: https://www.theguardian.com/world/2020/may/15/coronavirus-in-europe-states-take-small-steps-towards-normality [fecha de consulta 7 de junio 2020].

Wu, Zunyou y Jennifer M. McGoogan (2020). "Characteristics of and Important Lessons From the Coronavirus Disease 2019 (Covid-19) Outbreak in China: Summary of a Report of 72 314 Cases From the Chinese Center for Disease Control and Prevention", en *JAMA*, vol. 323, núm. 13, abril, pp. 1239-1242. Disponible en: https://jamanetwork.com/journals/jama/fullarticle/2762130

Teoría y práctica de la salud pública en Cuernavaca a partir del COVID-19

Emanuel Orozco Núñez*

** El autor es Maestro en Antropología Social y Profesor-Investigador en el Instituto Nacional de Salud Pública
(e-mail: emanuel.orozco@insp.mx).*

El nivel local de toma de decisiones para la prevención y el control poblacional del COVID-19 es relevante en países como México, donde buena parte de la responsabilidad para evitar la transmisión del SARS-CoV-2 ha sido relegada al ámbito individual bajo una idea vaga de "prevención". En este escrito describo mi experiencia al interior de una instancia local, como un caso de incidencia de representantes de instancias académicas en aparatos gubernamentales, en el contexto de la emergencia epidemiológica. Presento como ejemplo de ello la experiencia del Ayuntamiento de Cuernavaca, entidad que creó, mediante un decreto aprobado por el Cabildo y la Academia de Ciencias de Morelos, el Comité Municipal de Contingencia COVID-19, promovido como CMCC19.

Toda vez que el COVID-19 es una enfermedad que hasta junio de 2020 no tiene una cura, un tratamiento efectivo y mucho menos una vacuna para prevenirla, quedó de manifiesto la importancia de preservar el estado de salud evitando contagiarse con el virus SARS-CoV-2 (Palacios *et al.*, 2020). En este marco, se promueven activamente conceptos básicos como "prevención" y "salud pública", los cuales parecen no haber permeado lo suficiente a nivel social, toda vez que la enfermedad ha vapuleado y desbordado buena parte de los sistemas de salud en todo el mundo.

Uno de los temas que más han penetrado el discurso colectivo y el de los medios masivos ha sido el de usar la ocupación de hospitales como un indicador de la efectividad de las medidas preventivas, debido a que ésta se ha visto rebasada en los casos en donde no hubo prevención, generándose con ello situaciones dramáticas. Uno de los mecanismos planteados para prevenir el contagio y evitar la saturación de los hospitales es la cuarentena, la cual en países como México ha generado un conjunto de retos para mantenerla.

En un escenario así se antoja que medidas aparentemente sencillas para controlar el COVID-19 habrían de derivar en un manejo exitoso, lo cual debía de traducirse en una bwaja incidencia de casos como resultante de las medidas implementadas. No obstante, esto no se ha producido en México, país en donde la pandemia comenzó a causar estragos desde la detección del primer caso autóctono de contagio por SARS-CoV-2, en febrero de 2020. Me centraré en describir mi experiencia en la toma decisiones para el control de la epidemia en el Municipio de Cuernavaca, para destacar la importancia del ámbito local en el logro de resultados aceptables de control, en un escenario de falta de liderazgo político y de coordinación entre distintos niveles de gobierno. El ordenamiento de la información se realizó con base en el modelo denominado "triángulo de las políticas", que se centra en el análisis de la interacción entre el contexto, el contenido de las políticas y el proceso político, poniendo en el centro a los actores políticos (Buse *et al.*, 2012).

1. Morelos: un estado pequeño pero diverso

Siendo un estado pequeño, llama la atención que Morelos se haya ubicado en unas cuantas semanas como una de las entidades federativas con la mayor mortalidad. Este estado enfrentó una situación compleja desde un inicio al estar rodeado por la Ciudad de México, el Estado de México y Puebla, entidades que han tenido una alta prevalencia durante la pandemia, y al ser atravesado por carreteras que comunican hacia el sur del país y las costas de Guerrero.

Morelos tiene una población cercana al millón y medio de habitantes, con un alto predominio de comunidades rurales y población campesina y originaria. Sus principales centros urbanos se ubican en los municipios de Cuernavaca, Cuautla, Temixco y Emiliano Zapata, a la vez que el estado tiene centros turísticos como Tepoztlán, Tlaltizapán, Zacatepec, Tlaquiltenango, y Tlayacapan, entre otros. En el ámbito cultural presenta contrastes ideológicos marcados entre los centros urbanos y las comunidades rurales tradicionales, a la vez que persisten en el estado prácticas relacionadas con las medicinas tradicionales y alternativas.

Si bien no se reportan altos índices de marginación socioeconómica, se observan contrastes marcados en cuanto al nivel socioeconómico y acceso limitado a la educación formal de calidad, sobre todo en localidades rurales y de bajo ingreso. Políticamente la entidad ha presentado una situación muy confrontada entre el ejecutivo estatal y las autoridades de la ciudad capital, situación que se replicó en los periodos 2015-2018 y 2018-2020. Esta división ha limitado la coordinación y colaboración entre la capital y el ejecutivo estatal.

2. Los actores políticos del COVID-19 en Cuernavaca

Desde su aparición, diversos actores se han vuelto relevantes en el control de la pandemia de COVID-19 en México. En el ámbito federal destacan las intervenciones del Consejo de Salubridad General (CSG), a partir de marzo de 2019, con el Decreto de Emergencia Nacional (DOF, 2020), así como del titular de la Subsecretaría de Promoción y Prevención, quien tomó el liderazgo de la situación informando por televisión todos los días sobre las circunstancias en de diversos estados estratégicos y a nivel nacional.

En el ámbito estatal destaca el gobernador de Morelos, cuyos antecedentes relevantes son que fue futbolista profesional, para pasar a convertirse en presidente municipal de Cuernavaca y después en gobernador del estado. Durante su periodo como presidente municipal creó una relación antagónica con el entonces gobernador estatal, la que se reprodujo una vez que asumió el gobierno estatal. En el manejo del COVID-19, asumió el liderazgo el Secretario de Salud de Morelos, quien ha informado cotidianamente hasta junio de 2020 sobre la situación estatal en materia de casos y ocupación hospitalaria. En el ámbito municipal destaca la figura del presidente municipal, quien promovió la conformación del CMCC19, que se creó al día siguiente de que el CSG decretara el estado de alerta nacional por COVID-19. Este consejo se integró con doce autoridades municipales y cuatro académicos radicados en Cuernavaca, tres de los cuales se enrolaron por medio de la Academia de Ciencias de Morelos y uno del Instituto Nacional de Salud Pública.

La creación del CMCC19 anticipaba para el caso de Cuernavaca una situación epidemiológica extraordinaria, que en primera instancia amenazaba la capacidad de respuesta del sistema de salud, así como las condiciones de salud de la población en caso de que no hubiera liderazgo y no se tomaran algunas medidas clave para reducir la movilidad de las personas. Ello hizo visibles a algunos sectores y agrupaciones que en distintos momentos críticos han desempeñado un rol relevante; entre ellos destacan los operadores del transporte público, los comerciantes establecidos y los ambulantes, legisladores y agrupaciones civiles (de ciclistas, derechos humanos y de grupos LGBT).

3. El marco normativo y el enfoque de las estrategias de control

Dada la falta de comunicación y coordinación con el gobierno estatal y su sector salud, el CMCC19 tomó como decisión inicial, con base en el marco legal vigente, delimitar las funciones de respuesta ante el riesgo de la pandemia en Cuernavaca, favoreciendo el despliegue de acciones de salud pública que se han adecuado a los diversos momentos de la epidemia y le han dado gobernanza al proceso. Se asumió, en consecuencia, que no se harían pronunciamientos sobre las estrategias y elementos de las campañas estatales ni sobre los servicios médicos disponibles.

El CMCC19 formuló un despliegue de acciones que se fueron implementando y ajustando a lo largo del tiempo, las cuales buscaron desde un inicio reducir la movilidad y las concentraciones de personas. Para ello se buscó la identificación de intervenciones de salud pública fundamentadas en evidencia científica, contando inicialmente con un micrositio web alojado en la página electrónica del ayuntamiento de Cuernavaca, en donde se colocó diariamente información sobre la situación epidemiológica del COVID-19 en la capital y en el resto del estado, así como sobre los diversos materiales que se generaron en distintos momentos.

El primer elemento de la estrategia general fue informar a la ciudadanía sobre las características del SARS-CoV-2 y sus mecanismos de transmisión. Los rasgos que se enfatizaron como parte de la primera campaña de prevención fueron, sobre todo, que este virus es altamente contagioso, que no tiene cura y que se invitaba a consultar fuentes de información confiables, dado que muchas personalidades públicas, incluidos diversos mandatarios, habían negado públicamente que el COVID-19 era una enfermedad de alto riesgo.

El segundo elemento de la estrategia hizo énfasis en que la información al público destacara que esta enfermedad puede ser prevenible, para lo cual resulta fundamental evitar el contacto físico entre personas, así como adoptar un conjunto de medidas individuales que tomaban como punto de partida la higiene personal basada en el lavado continuo de las manos y el distanciamiento. El reto más complejo fue cerrar los establecimientos comerciantes no esenciales, para reducir la movilidad y dar cumplimiento a las recomendaciones de la cuarentena, que volverían lenta la transmisión del SARS-CoV-2.

El tercer componente consistió en mantener el cierre estratégico de establecimientos, en consonancia con los ritmos y calendarios federal y estatal, pero buscando el control de la situación local. Este marco favoreció la situación para que Cuernavaca haya sido de las primeras entidades del país en implementar el uso obligatorio del cubrebocas en espacios públicos y concurridos.

Se puso especial énfasis en el transporte público regulado por el ayuntamiento, a la vez que se solicitó el apoyo de la Secretaría de Movilidad estatal para promover ésta y otras medidas preventivas en el transporte público.

La última etapa de la estrategia ha consistido en la mitigación y el retorno paulatino a la realización de actividades comerciales y productivas, en la cual se ha propuesto fortalecer los mensajes de prevención y las medidas de higiene individuales, en el contexto de la reapertura de los comercios cerrados y el retorno a las actividades productivas de las personas que tuvieron la posibilidad de guardar la cuarentena y aplicar las medidas promovidas para evitar contagiarse.

4. El proceso político del control del COVID-19 en Cuernavaca

El CMCC19 inició operaciones el 19 de marzo de 2020, sesionando permanentemente durante la etapa de aplicación de las medidas de salud pública, hasta la reactiviación económica y comercial de Cuernavaca. Las actividades iniciales de este comité se relacionaron con la implementación de una estrategia informativa para sensibilizar a la población sobre la problemática del COVID-19 en el ámbito municipal. El comité sesionó inicialmente en las instalaciones del Museo de la Ciudad de Cuernavaca, para pasar después a la modalidad virtual en los primeros días de abril de 2020.

El proceso operativo ha consistido en la presentación de un orden del día con situaciones problemáticas de diversa índole, las cuales el CMCC19 discute a su interior para identificar soluciones que, bajo el liderazgo del presidente municipal, el Ayuntamiento de Cuernavaca implementa. Estas recomendaciones se publican diariamente en un boletín que se difunde en el micrositio web del comité y en las redes sociales del gobierno municipal.

En el ámbito operativo las acciones iniciaron con la definición de una agenda de trabajo dirigida a promover una cuarentena en la capital, para actuar de manera independiente y separada de las acciones del gobierno estatal, el cual tardó algunas semanas en generar una respuesta articulada durante el brote. Para decretar la cuarentena se llevó a cabo una labor permanente de monitoreo sobre la incidencia de casos, identificándose el primero en la ciudad capital durante la tercera semana de marzo. A partir de ese momento se trabajó en el decreto de cuarentena, delimitando el ámbito de acción de esta iniciativa a temas de limitación de la movilidad y promoción de medidas de higiene.

El primer momento crítico ocurrió durante los primeros días del decreto de cuarentena, cuando un diputado estatal trató de presionar al CMCC19 para hacer uso en el Mercado Municipal de Cuernavaca de una sustancia sanitizante, presuntamente usada para controlar el ébola. Con tal finalidad solicitó una sesión abierta entre el diputado y su equipo, los medios locales de comunicación y el comité. Como resultado de la discusión se logró demostrar y justificar que esa sustancia no sería usada, decisión que contó con un amplio respaldo porque no se pudo demostrar mayor eficacia en comparación con mezclas de agua con alcohol o cloro, o con agua y jabón.

En abril, ante el inminente cierre de establecimientos comerciales considerados como no prioritarios, el CMCC19 tuvo tres encuentros relevantes con distintas cámaras comerciales, dueños de escuelas privadas, y presidentes municipales y regidores municipales de salud de municipios vecinos. En todos los casos se trabajó en la concienciación de la problemática y en el reforzamiento de medidas preventivas, discutiéndose la relevancia de trabajar comunitariamente para reducir la cantidad de personas en las calles y evitar encuentros sociales y rituales.

Días después de este evento se detectaron los primeros casos positivos de COVID-19 entre locatarios del Mercado Municipal, algunos de los cuales tuvieron un pronto desenlace fatal. Ante esa crisis hubo la posibilidad de cerrar locales comerciales, así como de promover medidas de sanitización para los puestos y clientes, de establecer patrones de circulación para evitar encuentros de frente entre personas y de buscar la regulación del tránsito vehicular para evitar aglomeraciones.

Una vez que comenzaron a multiplicarse localmente los casos, a mediados de abril el CMCC19 promovió el uso de cubrebocas en espacios y en el transporte públicos, así como en los establecimientos comerciales considerados como prioritarios, siendo de las primeras ciudades del país en promover su adecuado uso. Dado que la limitación de la circulación de personas ha resultado problemática a lo largo del tiempo, se procedió al cierre de espacios públicos, como parques y lugares de recreación.

Dadas las complicaciones inherentes a la limitación de la movilidad de las personas, hacia finales de abril el planteamiento de imponer multas a quienes no respetaran la cuarentena ocasionó la respuesta de rechazo de diversas agrupaciones civiles, a las que se sumó la intervención de la Comisión Estatal de Derechos Humanos. Ante ello se dio marcha atrás a esta propuesta y se apostó a la responsabilidad individual y local, con algunos resultados. En este contexto, la incidencia de casos aumentó en Cuernavaca y en Morelos, lo que motivó que el ala técnica del CMCC19 tratara de acordar con la Secretaría de Salud morelense la entrega de información sobre la situación de la enfermedad en este estado y sus municipios.

Dado que el patrón epidemiológico del COVID-19 en Morelos mostró una tendencia hacia una mayor mortalidad de personas menores de 40 años y de pacientes que se hospitalizaban, la entidad atrajo la atención nacional y en mayo de 2020 el presidente del país envió a una comisionada especial a Morelos para supervisar y dar seguimiento a la situación estatal. A partir de ello el CMCC19 sesionó con ésta dos veces, buscando el respaldo federal a las acciones municipales e intensificando las recomendaciones preventivas y de limitación de la movilidad. Con este impulso y dadas las medidas implementadas en Cuernavaca, hacia la tercera semana de mayo se modificó favorablemente la incidencia de casos en esta capital, hasta alcanzar un reporte de 15 casos en la última semana de mayo.

Junio fue un mes de grandes cambios en la estrategia debido a que el gobierno federal decretó el final de la Jornada Nacional de Sana Distancia, con lo que se suspendió prácticamente el estado de emergencia nacional en un momento álgido. Esta acción, sumada a la presión de las autoridades estatales y federales para "reactivar la economía", tuvo muy rápido un efecto negativo en Cuernavaca, cerrando la segunda semana de junio con un reinicio forzado de la actividad económica y más de 55 nuevos casos detectados en una semana. Dada la inercia que generó el incremento de la movilidad, el CMCC19 se avocó a intensificar las campañas sobre medidas preventivas y a consensuar los protocolos necesarias para que los diversos establecimientos comerciales que han estado cerrados durante la cuarentena puedan reabrir sin generar mayores riesgos de contagio.

Discusión: la importancia del control local

El control de una pandemia como la del COVID-19 requiere de un gran esfuerzo social y político, en el que la comunicación y la coordinación juegan un papel muy relevante. La polarización y la conflictividad política que acompañaron al último proceso electoral en Morelos generaron un vacío de poder y la imposibilidad de establecer una acción coordinada entre los ámbitos de gobierno municipal y estatal, sobre todo con los Servicios de Salud de Morelos. Esto motivó que el presidente municipal de Cuernavaca tomara el control de la situación y creara el CMCC19 para respaldar sus decisiones y mantenerlo en operación ininterrumpida durante la pandemia.

Un elemento central del discurso del CMCC19 ha sido el uso de evidencias científicas como respaldo de la toma de decisiones, en virtud de lo cual el ala científica de éste centró sus tareas en la búsqueda de intervenciones de salud pública relacionadas con la prevención individual y con medidas comunitarias para controlar la diseminación del SARS-CoV-2. Por su parte, las autoridades municipales realizaron el trabajo político en el terreno y se ocuparon de implementar medidas en materia de regulación de comercios, limitación de la movilidad, salud pública, seguridad pública y manejo de crisis. La combinación de ambos elementos influyó para que el CMCC19 ganara legitimidad en la opinión pública y lograra un control relativo de la situación, el cual fue observable durante el mes de mayo, cuando las tendencias epidemiológicas del ayuntamiento contrastaron con las del ámbito estatal en materia de casos reportados y tendencias de la curva epidemiológica.

Podría decirse que el comportamiento epidemiológico del COVID-19 en la entidad, marcado por las defunciones en grupos atípicos y la mortalidad de los ingresados a hospitales, favoreció en la etapa intensa de la cuarentena una marcada tendencia hacia la reducción de la movilidad y el apoyo a las medidas de cierre de diversos establecimientos comerciales. No obstante, la presión económica que los meses de cuarentena conllevan, la coacción de diversos actores y sectores empresariales, y la ambigüedad del discurso federal asociada a la cancelación de la Jornada Nacional de Sana Distancia, derivaron en un incremento de la movilidad a partir de junio, acompañada de un aumento en el número de casos y defunciones.

Por sí mismas las acciones para el control local en materia de salud pública promovidas por el CMCC19 en la entidad lograron un alcance relativo. La falta de coordinación y comunicación con el gobierno estatal creó una situación riesgosa en las poblaciones de Morelos, que se agravó por la falta de liderazgo, apoyo y coordinación gubernamental por parte del mismo gobierno. Ante ello, el escenario que se prevé en el corto plazo es el de un incremento en el número de casos positivos de COVID-19 que podría agravarse al grado de tener que implementar una cuarentena más radical.

El llamado del gobierno federal a la ciudadanía, a inicios de junio, para reintegrarse a una "nueva normalidad", presupone el cumplimiento de acciones individuales y colectivas que requieren el respaldo de los distintos niveles de gobierno. Pero quizá sea necesario asumir que medidas aparentemente sencillas como lavarse las manos, no tocarse la cara, guardar una sana distancia, usar cubrebocas en espacios públicos y usar distintos sanitizantes en espacios comerciales, pueden no contener la incidencia del COVID-19, como lo puede lograr una prolongada cuarentena, a pesar de sus consecuencias sociales. Una última observación, la poca atención que se ha prestado a los problemas estructurales del sistema de salud, como el debilitamiento de los diversos sub-sistemas públicos de atención médica y la quiebra de pequeñas y medianas empresas, plantean un escenario complejo en el corto plazo que requerirá nuevamente de la intervención de los diversos ámbitos de gobierno para alcanzar una mayor contención.

Bibiografía y referencias

Buse, K.; Mays, N. y Walt, G. (2012). *Making Health Policy*, Open University Press, Lóndres, Reino Unido, 288 pp.

Diario Oficial de la Federación (DOF) (2020). "Acuerdo por el que se declara como emergencia sanitaria por causa de fuerza mayor, a la epidemia de enfermedad generada por el virus SARS-CoV-2 (COVID-19)", DOF, México, 30 de marzo.

Palacios, M.; E. Santos; M. Velázquez y M. León (2020). "COVID-19, a Worldwide Public Health Emergency", en *Revista Clínica Española*, abril, pp. 1-7. Disponible en: https://doi.org/10.1016/j.rce.2020.03.001

Aprender a vivir con el virus
Ricardo de la Peña*

El autor es sociólogo, psefólogo y demóscopo. Es Presidente Ejecutivo de ISA Investigaciones Sociales Aplicadas®.

Aquí está, presente. Por más que se retrase su aparición a una fecha previa a diciembre pasado, apenas se había reconocido y determinado que podía contagiarse entre personas, ya había atacado a millones de personas en todo el mundo, sembrando a su paso muerte y provocando miseria al intentarse mitigar sus mayores efectos. SARS-CoV-2 fue el nombre que se le dio a este coronavirus, por ser el segundo de su tipo capaz de producir en los humanos un síndrome respiratorio agudo grave, y se denominó COVID-19 a la enfermedad infecciosa provocada por este agente patógeno.

Hasta el momento de escribir estas líneas no existe un tratamiento específico ni una vacuna preventiva contra este mal. Lo único que puede brindarse a quienes se contagian y presentan síntomas graves son medidas terapéuticas para aliviar los síntomas y mantener las funciones vitales. Y casi cualquier fármaco o terapia que se haya utilizado encuentra cuestionamientos y evidencias en contra de su empleo.

Se sabe ya que las rutas de transmisión interpersonal del agente etiológico incluyen la vía directa por inhalación de microgotas, liberadas por alguien infectado, o a través del contacto manual con superficies contaminadas, que sirven de mecanismo para el traslado involuntario del virus a los orificios del rostro.

Por ello, la mejor manera de prevenir los contagios es propiciar el distanciamiento entre las personas: aislar a los enfermos, pero también recluir fuera de los espacios públicos a todas las demás personas, pues todos son susceptibles de contagio y todos pudieran ser trasmisores del mal, ya que existe evidencia que sugiere que el virus podría transitar entre personas antes de que se tengan síntomas (*Infosalus*, 2020), además de que muchos de los infectados son asintomáticos.

Es por eso que el intento por combatir esta pandemia, en una primera oleada, llevó a una parte importante de la humanidad al encierro voluntario u obligado por los gobiernos. El segundo trimestre de 2020 será recordado así como el periodo del Gran Confinamiento o de la Gran Reclusión, como se prefiera.

Ahora tiene que venir la reapertura, pero con el cuidado de evitar nuevos brotes, aunque es sabido que lo normal en una pandemia es que haya varios ciclos de contagio y expansión, control y reducción, en varias "olas" sucesivas que tendrán que encontrar algún final. ¿Cómo hacer esta apertura y qué esperar para el futuro mediato?

La magnitud de la pandemia

Atendiendo las regulaciones de la Organización Mundial de la Salud (OMS), cada país está informando de los casos confirmados de COVID-19 en su territorio con base en pruebas de laboratorio. Estas cifras no son ni pretenden ser el cómputo de contagios totales del virus, no solo porque la cantidad de análisis realizados varía de un país a otro, conforme a los medios de los que cada cual dispone y las estrategias de contención adoptadas, sino porque responden a una definición de caso común para la vigilancia epidemiológica que permite describir tendencias a lo largo del tiempo e interpretar los datos de una nación en el contexto internacional (OMS, 2020) y, sobre todo, que se orientan a un objetivo central de carácter práctico, que no es otro que inhibir las cadenas de trasmisión de contagios.

La agencia internacional sabe entonces, perfectamente bien, que las cifras de más de siete millones de contagiados y de cerca de medio millón de muertos reportados al 10 de junio de 2020, fecha en que se escriben estas líneas, no representan la cantidad real de casos ni de decesos ocurridos como consecuencia de este nuevo agente patógeno.

Evidencia que apoye este argumento sobra. Es sabido que mientras el recuento llevado a cabo por la OMS en torno a la pandemia del virus A H1N1 a fines de la primera década de este siglo contabilizó poco menos de veinte mil muertos (OMS, 2010); estimaciones científicas posteriores situaron el número de decesos vinculados a este virus entre 150 y 575 mil casos (CDCV, 2012), esto es: al menos ocho veces más muertes, pero tal vez muchas más veces las oficialmente contabilizadas.

Refiriéndonos a los fallecimientos vinculados con el SARS-CoV-2, los criterios son también dispares respecto de lo que se reporta en los países. Hay donde se cuenta solamente como víctimas de la pandemia a quienes dieron positivo en pruebas previas de laboratorio, en otros se incluye a quienes presentan síntomas consistentes con el síndrome; en unos solo se contabilizan los casos que pasan por la red hospitalaria en algún momento, mientras que en otros se incluyen los decesos ocurridos fuera de la red hospitalaria. Hay de todo. Y a fin de cuentas existe un claro divorcio entre los decesos contabilizados y el exceso de defunciones registradas en estos meses (Roser, 2020).

Es por ello que resulta difícil comparar las cifras de fallecimientos acumulados como consecuencia del COVID-19 con los decesos relacionados con otros padecimientos, lo que mostraría que esta nueva enfermedad ocupa un lugar relativamente secundario en el orden de decesos ocurridos. No es que sea la principal causa de muerte hoy día en el mundo, pero sí presenta tres características que la ubican como asunto de atención mayor: su rápido y elevado nivel de propagación, que supondría cifras de contagio y muertes muy superiores de no haberse actuado a tiempo; su elevada tasa de letalidad, no establecida bien en un principio pero que mostraba ser superior a la de virus "similares", como los de influenza; y el desconocimiento de su real patrón de diseminación, que obligaba a actuar en condiciones de incertidumbre.

Todo ello llevó primero a generar la alerta a nivel mundial, posteriormente a la declaratoria como pandemia y luego a la recomendación de disminuir la movilidad poblacional mediante acciones de distanciamiento y confinamiento de las personas. Y si bien no se tienen estudios definitivos que permitan precisar el alcance logrado por estas acciones, los primeros indicios reflejarían que se habría logrado evitar una mortalidad hasta 20 veces superior de no haberse llevado adelante las acciones para la mitigación de contagios (*Forbes*, 2020). Aun así, no es absurdo pensar que hasta ahora se han contagiado realmente 100 millones de personas y han fallecido al menos un millón de infectados por el SARS-CoV-2.

Si bien la respuesta ha significado salvar muchas vidas, ello no deja de tener su lado negativo, en primer lugar en lo económico, puesto que el confinamiento ha provocado una recesión a escala mundial, con su secuelas de desempleo y pobreza. Y ello continuará hasta que no termine la pandemia.

Por ello, aunque algunos sugieren hablar de una realidad post-pandemia, otros preferimos insistir en que lo pertinente es observar las condiciones reales para vivir en la pandemia, una vez superada la primera ola. Sustentemos esta idea.

¿Post-pandemia o en la pandemia?

La salida de una pandemia puede darse solamente por tres vías no excluyentes: primero, por la disminución de la virulencia del agente patógeno al asimilarse mejor a su huésped y aprender a convivir con él rumbo a una fase endémica; segundo, por encontrarse algún artefacto que inmunice a las personas, sin necesidad de convertirlas en portadoras que puedan infectar y sin tener que padecer el síndrome asociado al contagio; y tercero, por alcanzarse niveles de exposición al agente patógeno que otorguen inmunidad comunitaria a quienes no se han expuesto.

Aunque un médico italiano, basado en su percepción más que en evidencia sólida, afirmara recientemente que la virulencia del SARS-CoV-2 ha disminuido de manera pronunciada (*Infobae*,

2020), otros muchos especialistas han rechazado dichas aseveraciones por carecer de sustento. No: el virus no ha mutado y mucho menos a gran velocidad como para atenuar sus gravísimos efectos observados. Podrá ocurrir, pero hay que recordar siempre que los coronavirus suelen ser más estables que los virus del tipo de los de la influenza.

Son escasas las referencias a posibles vías de solución de los nocivos efectos del contagio con SARS-CoV-2 a través de la búsqueda de tratamientos para los infectados que realmente puedan neutralizar o contrarrestar los síntomas que agravan el cuadro clínico de ciertas personas y que propician su fallecimiento, aunque recientemente se anunció una opción farmacológica por parte de un grupo mexicano de investigadores (Toche, 2020). Esta opción se complica más dado que, conforme pasa el tiempo, se va reconociendo que el conjunto de afectaciones provocadas por la exposición a este virus es mucho más complejo de lo que se había supuesto al principio (*El País*, 2020).

Son muchísimos los laboratorios en el mundo que llevan a cabo esfuerzos por desarrollar una vacuna contra el COVID-19. Estos trabajos buscan solventar en un breve lapso el requerido diseño de un antiviral universalmente útil, lo que supone una labor no solo de imaginación científica sino de realización de pruebas que permitan conocer su efectividad y los efectos secundarios. Es difícil prever los tiempos en que ello pueda lograrse y las dificultades que enfrentarán para realizar las labores de producción, distribución y aplicación de los varios miles de millones de vacunas que se requerirían para contener esta pandemia.

Los más optimistas afirman que se tendrá una vacuna antes de que termine el presente año, lo que supondría que en el curso del siguiente podría llevarse a cabo un ambicioso y concertado programa mundial de vacunación y con ello, eventualmente, contener la pandemia a más tardar en 2022.

Los pesimistas advierten que es factible que la aprobación de una vacuna efectiva tarde aún más tiempo; que se enfrentarán serias disputas —incluso jurídicas— sobre patentes, costos, acceso y tal; que habrá una resistencia de grupos anti-vacunas que eventualmente limiten la capacidad de los programas de inmunización masiva; y que si bien el virus tiene una mutabilidad menor que la de influenza, no existen fundamentos científicos para suponer que una vacunación inmunizará a la población contra sepas del virus que pudieran surgir en el transcurso del esfuerzo por vacunar a una gran parte de la humanidad.

La tercera vía, la búsqueda de "inmunidad de rebaño", es todavía más remota. Los estudios más serios que han pretendido medir la proporción de la población que ha entrado en contacto con el coronavirus en lugares donde ya ha pasado la fase más álgida de la primera ola, permiten suponer que es factible que solamente una vigésima parte de las personas se haya expuesto al agente patógeno, a pesar de la gravedad de la situación sanitaria vivida en el acmé de este primer ciclo de contagios.

Si para alcanzar la inmunidad comunitaria se requiere que alrededor de dos terceras partes de una población se haya contagiado por este agente infeccioso, por la vía de la propagación se necesitaría entonces que transcurrieran al menos seis años para alcanzar el nivel de exposición requerido para la inmunidad comunitaria.

Agraciadamente, como se mencionó, las vías de respuesta ante la pandemia no son excluyentes. Sería propio de un pensamiento mágico sentarse a esperar que el virus mute favorablemente para extinguir la pandemia por sí sola. Pero es verdad que entre más tarde se disponga de una vacuna, mayor será la proporción de la población que ya se habrá infectado en alguna de las oleadas de contagio y que al final de cuentas la inmunidad comunitaria se podrá lograr sumando a los expuestos en el ambiente con aquellos a quienes se les aplique una vacuna, hasta alcanzar el umbral de seguridad deseado para retornar a la vida social convencional sin temor a un brote de COVID-19.

Esto supone que vendrán seguramente nuevas olas de contagios. Que a la primera racha, en la que todavía estamos, seguirán al menos tres rondas semestrales más (*ABC*, 2020), no necesariamente diferenciables o separadas del todo unas de otras, pues el

COVID-19 vino y se quedará hasta que la humanidad disponga de una vacuna que se sume a los contagios para dotar a las personas de inmunidad colectiva y erradicar el virus (*La República*, 2020).

Lo anterior, siempre y cuando el agente no mute de manera tal que haga inútiles los esfuerzos de vacunación que se hayan avanzado y acabe con la inmunidad lograda por los expuestos, poniendo a la humanidad de nueva cuenta como al principio; o quizá menos grave, pero no por ello menos incierto, que obligue a establecer rutinas periódicas de vacunación masiva y a la presencia permanente de un riesgo realista de que se presenten cambios en el agente patógeno que posibiliten que nuevamente podamos infectarnos (Wan, 2020).

Conforme a lo dicho, sería esperable que la contingencia sanitaria provocada por el SARS-CoV-2 se prolongue como mínimo dos años o hasta más, si es que se supera totalmente en algún momento. Dada esta situación, ¿para mitigar al enemigo invisible es viable adoptar como estrategia el distanciamiento y confinamiento social?

Los límites del distanciamiento

Es imposible para cualquier sociedad sostener una práctica de encierro de las personas y la suspensión de la vida económica por un tiempo indefinido. Gobiernos y agencias internacionales son todavía proclives a postergar o revertir la reactivación hasta que la epidemia haya sido controlada conforme a ciertos indicadores y mientras no se presenten indicios de repunte. Pero esta estrategia tiene efectos perniciosos, ya que atenta contra la estabilidad financiera, social e incluso emocional de las personas, empresas y gobiernos, más si pensamos que no se trata de semanas sino de años.

Luego, el dilema que enfrentan las naciones no es si hay que abrir o no la sociedad de nueva cuenta, pues realmente no existe un escenario en el que sea posible no hacerlo. El dilema al que realmente se enfrentan los gobiernos y las comunidades de todo el mundo es definir las directrices y mecanismos que habrán de adoptar para recuperar paulatinamente la movilidad de la población y la reapertura de la economía, mientras se mantiene lo más bajo posible el riesgo de brotes que amenacen con ser incontrolables y retrasar el avance logrado en la mitigación del problema.

Para ello una herramienta inmediata es el recurso de la información para dar seguimiento al desarrollo de la pandemia en un territorio. Datos que no deben verse como acopio ocioso de números sino como fuente para el seguimiento puntual de casos detectados, y como medio para alimentar modelos de simulación que permitan prever los comportamientos posibles de la pandemia y detectar con cierta anticipación la emergencia de focos rojos, rompiendo en lo posible las cadenas de trasmisión que se detecten.

Pero esto es solo la tarea inicial. En realidad, se requerirá una combinación de prácticas que formen un conjunto coherente y ordenado de acciones orientadas a la convivencia social en un entorno de riesgo al contagio, al menos mientras no haya vacunas y éstas no se hayan aplicado a la población.

Desde luego, las jornadas de trabajo en muchas actividades deberán distribuirse a lo largo de horarios más extensos pero menos concentrados, en semanas laborales más cortas e incluso intermitentes. Y en todo lugar de trabajo, estudio o concentración de cualquier tipo, se deberá estar listo para suspender labores en cualquier momento ante la advertencia del surgimiento de un brote de contagio.

Esto lleva a pensar que la afectación de rutinas de oficina, que han llevado al trabajo en casa, significará un cambio definitivo al menos en una parte importante de los casos, pues durante el periodo de convivencia con la pandemia, las decisiones empresariales tendrán que sumar el componente de seguridad sanitaria a las lógicas de rentabilidad productiva. Pudiera ser que haya llegado el momento de que los encuentros profesionales y reuniones de trabajo pasen de congregar de manera física a hacerlo de manera virtual, con el consiguiente ahorro en tiempo, gastos de traslado y disminución del riesgo de contagio, aunque perdiendo la posibilidad del contacto humano directo y cargando al factor trabajo costos adicionales en la producción.

Una tarea primordial que debiera atenderse es de carácter educativo. Difundir por todos los medios al alcance, y de forma insistente, la pertinencia de seguir rigurosamente las prácticas de higiene corporal y de cuidado ante el riesgo de contagio cuando se salga a espacios públicos, será esencial. En ello habría que incluir la capacitación de las colectividades sobre la correcta colocación y el manejo adecuado de las mascarillas faciales en lugares públicos y fortalecer la consciencia de que hacerlo no es prevenirse de los demás, sino cuidar de los otros, que es un deber cívico y sanitario, no un asunto de decisión personal (*El Universal*, 2020).

En este contexto, es importante que se haga conscientes a los educandos de todo el mundo sobre las características, formas de contagio y mecanismos para el manejo de brotes de la enfermedad, así como brindarles información validada para combatir las noticias falsas que se difundan. La idea sería asumir que la educación sanitaria frente al COVID-19 es tan relevante como lo fue la preparación de la población de países en guerra, caliente o fría, ante un eventual ataque, o la previsión contra los sismos en lugares donde son habituales estos fenómenos.

Los espacios de encuentro y consumo comunitario y los medios para el traslado de personas debieran adecuarse no con miras a afrontar un evento circunstancial, pues esta pandemia no lo es, sino para definirse ya con aforos menores a los originales. Pensar que así será por un tiempo indefinido es mejor que tener que posponer repetidas veces su apertura a plenitud, sin que se dé.

Eso supone que los gobiernos de muchos países han de sostener o financiar de alguna manera a los negocios que tengan que reducir la magnitud de sus clientelas, lo que a fin de cuentas, sea por vía del endeudamiento o gravámenes, será pagado por los contribuyentes de esas naciones. Si a ello se suman los costos de adaptación de instalaciones de trabajo o estudio y de áreas de atención al público, supondrá derivar una cantidad no menor de recursos a la tarea de adecuación para la reapertura.

Aunado a esto, en el marco de la pandemia se ha activado la discusión sobre la pertinencia de establecer un ingreso universal mínimo garantizado. No es cierto que todas las naciones pueden y quieren adoptarlo, pero podría ser viable que en algunas se den pasos en este sentido, lo que será un cambio relevante en las condiciones de personas y familias allí donde se establezca este mecanismo (Dudda, 2020: 136).

En todo caso, al golpe económico provocado directamente por la decisión de disminuir el impacto de la pandemia en una primera ola mediante el confinamiento, se sumará la desviación de recursos para adaptarse a una reactivación que, de todas maneras, tendrá que ser en menor escala que antes del COVID-19. Eso significa que las sociedades que convivan con la pandemia serán más pobres que antes.

Es por ello que resultan demasiado optimistas los escenarios que prevén una recuperación económica y de la vida social en un corto plazo. Es sumamente difícil que mientras se conviva con la pandemia se alcance el pleno empleo o que se utilice a cabalidad la planta productiva instalada; es impensable una pronta recuperación del comercio y el transporte a los niveles previamente observados y habrá actividades económicas, como el turismo, cuyo repunte será más tardío.

Hay otros campos en que se deberá actuar. Será necesario fortalecer las capacidades de atención médica para responder a los nuevos brotes que seguramente habrán de darse, pero también habrá que incidir en la contención de las comorbilidades que elevan el riesgo de complicaciones por una infección por el SARS-CoV-2: obesidad, hipertensión y diabetes.

Todo lo anterior, sin embargo, enfrenta problemas no solamente por la potencial incapacidad financiera o la ausencia de voluntad en algunos gobiernos para llevar adelante las tareas, sino por la fatiga que supone en la población. Las personas están prestas a responder a propuestas que sean sencillas de comprender y adoptar, no a propuestas que les digan solamente lo que es correcto hacer (Armayones, 2020).

Y en ello no debe dejarse de lado que cada persona resolverá para sí a cada momento su propia ecuación costo-beneficio entre lo que le represente mantener el confinamiento u optar por la socialización abierta y, una vez reinserta en la vida social, entre atender o eludir las reglas para la prevención de contagios. Seguir los patrones comunitarios jugará en ello un papel central: si algo es bien visto por la colectividad, podrá ser más fácilmente realizado por quienes pudieran resistirse a ello. Pasó con el uso de condones en la generación amenazada por el Virus de la Inmunodeficiencia Humana (VIH). ¿Por qué no podría pasar con las mascarillas y el insistente lavado de manos en las varias generaciones hoy enfrentadas al SARS-CoV-2?

Al final, habría que sumar que las acciones gubernamentales para la prevención de nuevos brotes no estarán exentas de intencionalidad: el miedo al contagio permitirá recurrir a sistemas de rastreo y vigilancia masiva de la población para controlar la epidemia, pero que serán útiles también para el control de la sociedad (Yehya, 2020). Empero, aunque ello sería materia de otro ensayo, no es necesariamente cierto que la salida política de la crisis por la pandemia oriente las decisiones de los electorados hacia un mayor autoritarismo, pues las coordenadas que guían estos fenómenos suelen ser más complejas y escapar de toda visión determinista.

Bibliografía y referencias

ABC (2020). "El distanciamiento social deberá extenderse hasta 2022, según un estudio de Harvard", *ABC,* 16 de abril. Disponible en: https://www.abc.es/ciencia/abci-distanciamiento-social-debera-extenderse-hasta-2022-segun-estudio-harvard-202004151716_noticia.html [fecha de consulta 10 de junio de 2020].

Armayones, Manuel (2020). "El comportamiento, una bala contra la COVID-19", en *Mente y cerebro*, núm. 102, mayo-junio, pp. 22-28. Disponible en: https://www.investigacionyciencia.es/revistas/mente-y-cerebro/la-fuerza-de-la-respiracin-consciente-799/el-comportamiento-una-bala-contra-la-covid-19-18612 [fecha de consulta 10 de junio de 2020].

Centers for Disease Control and Prevention (CDCV) (2012). *First Global Estimates of 2009 H1N1 Pandemic Mortality Released by CDC-Led Collaboration*, CDCV, sitio Web, 25 de junio. Disponible en: https://www.cdc.gov/flu/spotlights/pandemic-global-estimates.htm [fecha de consulta 10 de junio de 2020].

Dudda, Ricardo (2020). "La Gran Reclusión y el futuro del capitalismo", en *Nueva Sociedad*, núm. 287, mayo-junio, pp. 132-140. Disponible en: https://www.nuso.org/articulo/la-gran-reclusion-y-el-futuro-del-capitalismo/ [fecha de consulta 10 de junio de 2020].

El Universal (2020). "Coronavirus: uso extendido de mascarillas reduciría el índice de reproducción del Covid 19", *El Universal,* 10 de junio. Disponible en: https:// www.eluniversal.com.mx/mundo/coronavirus-uso-extendido-de-mascarillas-reduciria-indice-de-reproduccion-del-covid-19 [fecha de consulta 10 de junio de 2020].

El País (2020). "Los médicos detectan síntomas distintos en los casos de covid-19 más recientes en China", *El País*, 21 de mayo. Disponible en: https://elpais.com/sociedad/2020-05-21/los-expertos-detectan-sintomas-distintos-en-los-casos-de-covid-19-mas-recientes-en-china.html [fecha de consulta 10 de junio de 2020].

Forbes (2020). "Medidas de prevención evitaron 3 millones de muertes por Covid-19 en Europa, señala estudio", *Forbes*, 8 de junio. Disponible en: https://www.forbes.com.mx/noticias-medidas-de-prevencion-evitaron-3-millones-de-muertes-por-covid-19-segun-estudio/ [fecha de consulta 10 de junio de 2020].

Infobae (2020). "Un experto italiano asegura que la carga viral del coronavirus es 100 veces menor que en marzo: 'Es como si hubiese envejecido'", *Infobae*, 6 de junio. Disponible en: https://www.infobae.com/   america/mundo/2020/06/06/un-experto-italiano-asegura-que-la-carga-viral-del-coronavirus-es-100-veces-menor-que-en-marzo-es-como-si-hubiese-envejecido/ [fecha de consulta 10 de junio de 2020].

Infosalus (2020). "La transmisión del Covid-19 se produce 1 o 2 días antes del inicio de síntomas y podría seguir en verano". *Infosalus*, sitio Web, 26 de marzo. Disponible en: https://www.infosalus.com/   actualidad/noticia-transmision-covid-19-produce-dias-antes-inicio-sintomas-podria-seguir-verano-20200326112514.html [fecha de consulta 10 de junio de 2020].

La República (2020). "'No importa lo que uno haga, todos se van a contagiar', asegura reconocido epidemiólogo", *La República*, 12 de mayo. Disponible en: https://larepublica.pe/mundo/2020/05/12/no-importa-lo-que-uno-haga-todos-se-van-a-contagiar-asegura-epidemiologo-sueco-johan-giesecke-coronavirus-covid-19-cuarentena-pandemia-salud/ [fecha de consulta 10 de junio de 2020].

Organización Mundial de Salud (OMS) (2020). *Definiciones de casos de vigilancia de la OMS para ILI y SARI*, OMS. Disponible en: https://www.who.int/influenza/surveillance_monitoring/ili_sari_surveillance_case_definition/en/ [fecha de consulta 10 de junio de 2020].

______. (2010). *Pandemic (H1N1) 2009 - update 112*, OMS, 6 de agosto. Disponible en: https://www.who.int/csr/don/2010_08_06/en/ [fecha de consulta 10 de junio de 2020].

Roser, Max *et al.* (2020). "Coronavirus Pandemic (COVID-19)", *Our World In Data*, sitio Web. Disponible en: https://ourworldin-data.org/coronavirus [fecha de consulta 10 de junio de 2020].

Toche, Nelly (2020). "Científicos mexicanos proponen fármaco como posible tratamiento para Covid 19", *El economista*, 9 de junio. Disponible en: https://www.eleconomista.com.mx/arteseideas/Cientificos-mexicanos-proponen-farmaco-co-mo-posible-tratamiento-para-Covid-19-20200609-0115.html [fecha de consulta 10 de junio de 2020].

Wan, William y Carolyn Y. Johnson (2020). "El coronavirus podría quedarse para siempre, incluso con una vacuna", *The Washington Post*, 3 de junio. disponible en: https://www.washingtonpost.com/ es/tablet/2020/06/03/el-coronavirus-po-dria-quedarse-para-siempre-incluso-con-una-vacuna/ [fecha de consulta 10 de junio de 2020].

Yehya, Naief (2020). "El punto y seguido o el punto y aparte de la sociedad humana", en *Este país*, 4 de junio. Disponible en: https://estepais.com/impreso/el-punto-y-seguido-o-el-pun-to-y-aparte-de-la-sociedad-humana/ [fecha de consulta 10 de junio de 2020].

De conformidad con la normatividad vigente, según INDAU-TOR, "el autor es el único, primigenio y perpetuo titular de los derechos morales sobre las obras de su creación y el ejercicio de estos derechos corresponden al propio autor y a sus herederos, entre los que se encuentran: determinar si su obra ha de ser divulgada y en qué forma, o la de mantenerla inédita; exigir el reconocimiento de su calidad de autor y disponer si la divulga como obra anónima o seudónima; exigir respeto a la obra, oponiéndose a cualquier deformación, mutilación u otra modificación de ella; modificar su obra; retirarla del comercio; y oponerse a que se le atribuya una obra que no es de su creación" (https://indautor.gob.mx/tramites-y-requisitos/registro/obra_preguntas.html).

El reto de la nación
mexicana ante el COVID-19
Betty Zanolli Fabila*

La autora es catedrática e investigadora en la Facultad de Derecho y la Escuela Nacional Preparatoria, de la Universidad Nacional Autónoma de México (UNAM), así como editorialista del diario de circulación nacional El Sol de México.

A lo largo de la historia, las más grandes crisis sociales y económicas han sido detonadas en gran medida por catástrofes naturales. Sin embargo, éstas no solo han sido de origen geológico, hidrometeorológico e incendios, de manera muy especial lo han sido de carácter sanitario y, ante ellas, no hay fronteras políticas, barreras geográficas ni condiciones sociales o económicas que valgan. El hombre está inerme y con él, el aparato estatal.

En 1348 la peste negra trastocó a la Europa medieval, que quedó devastada no solo por el impacto demográfico que tuvo, al haber cobrado la vida de casi 200 millones de personas. La miseria en que sumió a los países europeos fue brutal, lo que detonó múltiples revueltas civiles, principalmente de campesinos y burgueses en todas las regiones. El dislocamiento social fue irrefrenable lo mismo en Italia que en España, en Francia que en Inglaterra, pero en particular lo fue en Flandes. Los campos quedaron despoblados y las ciudades desiertas, mientras la muerte afilaba su guadaña.

En 1520, con una letalidad del 90 por ciento, en tan solo dos meses la viruela provocó el colapso de dos imperios americanos hermanos: el azteca y el inca, comprendido su despoblamiento, el cual, para el caso de la Nueva España, hay estimaciones de que pudo alcanzar la muerte de 25 millones de indígenas. Era la *huey-záhuatl* o *hueycocoliztli*, la gran lepra o gran erupción, considerada como la segunda más devastadora de la historia que, de no haber ocurrido, otro habría sido el destino de los pueblos americanos.

La gripe española de 1918, el peor brote de influenza registrado, cobró aún más cantidad de muertos: entre 50 y 100 millones, aunque según cálculos de la Organización Mundial de la Salud, contagió a mil 800 millones, un tercio de la población mundial. En su propagación jugaron un papel fundamental las tropas que luchaban en la Gran Guerra y que fueron, en primera instancia, el sector de la población que sucumbió, al haber sido quienes más contribuyeron a su dispersión. Llamada española, porque en dicho país la libertad de prensa se mantenía vigente y los medios se hicieron eco de esa crisis sanitaria, aunque realmente inició en Kansas y de allí saltó a Brest, en Francia, la tragedia vírica no tuvo rival por más de un siglo. En España no solo murió casi un cuarto de millón de personas: en esos años el número de nacimientos quedó por debajo del de los fallecimientos, pero a nivel global cobró más vidas que la de toda la Primera Guerra Mundial. India registró una media de 15 millones de muertos, en tanto que naciones del sureste asiático llegaron a perder hasta el 40 por ciento de su población en unos cuantos días. La crisis económica, que se estima fue de corta duración, hizo contraer a las industrias de servicios y entretenimiento, en tanto que las orientadas a la salud se fortalecieron. Algún analista refiere también que gracias a esta gripe se precipitó el fin de la conflagración mundial.

Sin embargo, ninguna puede compararse con la actual crisis coronavírica. La razón de ello: sus características, magnitud y la globalidad de su impacto. No solo ha sido la pandemia que ha atacado al mayor número de países del mundo, ante todo sorprendió a la sociedad humana al encontrarla descolocada y confiada en los avances científicos. Cuando comenzó a hablarse de la epidemia que azotaba Wuhan, en China, Occidente escuchó la noticia como un eco lejano. Jamás sospechó que bastarían unas cuantas semanas para que el nuevo virus se expandiera y su azote lo fustigara tanto o más que al Extremo Oriente. Sí, el mundo nunca imaginó lo débil que era. Lo supo cuando apareció el COVID-19, el flagelo viral que nos enseñó que frente a él, justamente, la globalización era una de nuestras más grandes vulnerabilidades, porque ante su embate, de golpe, el mundo se detuvo en un instante.

Hoy, ante el COVID-19, tenemos dos certezas. La primera es que todo es incierto. La segunda: no hay duda de que la pandemia coronavírica tendrá innumerables efectos. Por lo pronto, podemos advertir en lo externo: el inmediato sacudimiento de las economías desde el momento en que, como mancha voraz, ha devastado la estructura económica de todos los países donde ha golpeado. Todo indica que estamos ante la peor crisis sufrida desde la Gran Depresión del 29. El mercado mundial quedó paralizado y con él los capitales, los trabajadores y las mercancías.

En lo político, se han recrudecido los controles: cuántos gobiernos no han invocado a la pandemia como el gran pretexto para establecer un estado de excepción, restringiendo libertades, imponiendo toques de queda, en franca violación al espíritu de los derechos humanos, detonando con ello la más grande crisis, brutal, que éstos hayan sufrido en el último siglo. Y es que no solo cuando se impide la movilidad de las personas se está afectando su libertad de tránsito, la libre asociación, el derecho al trabajo; cuando no se toman las medidas de detección oportunas y pertinentes hay una vulneración mayor, en este caso, a nuestro derecho a la salud. Y es que tanto las autoridades como los mismos ciudadanos, olvidamos que nuestro derecho termina allí donde comienza el derecho del otro.

En lo social, el resquebrajamiento del tejido humano se ha agudizado a la par que crece la tensión. El pretexto, no por ser importante deja de ser lo de menos, porque en el fondo la sociedad está viviendo en una tirantez más que evidente y así vemos las calles de México, Estados Unidos y Europa inundarse de ciudadanos en plena pandemia. Concentraciones masivas que en teoría son un maravilloso caldo de cultivo para el contagio indiscriminado de sus participantes. Y cómo no va a haber tensión si la inflación se advierte en los mercados, el desabasto, mientras la pérdida laboral se incrementa dejando en condiciones de gran vulnerabilidad material y moral a las personas, mientras la carrera mundial en todos los países por encontrar la vacuna y cura del flagelo no tiene freno.

Pero hay otra esfera particularmente afectada a consecuencia de la pandemia, y es la de nuestra intimidad. Allí donde se produce un profundo choque de múltiples sentimientos: angustia, ansiedad, pero sobre todo miedo ante lo desconocido, anunciando el inminente cambio de mentalidad que está teniendo y que tendrá lugar en todos los órdenes y espacios del mundo hasta ahora conocidos. Hoy somos conscientes de que el virus se desarrolló como en efecto mariposa. Bastó —todo indica— que un asiático ingiriera un murciélago para que el virus que habitaba en el volátil esté ya en todas partes. No, no veremos al otro de la misma forma como le veíamos, pero tampoco nos veremos a nosotros de la misma manera que hasta antes del coronavirus. La crisis que ha abrazado a la sociedad humana es inmensa e inédita. El cuerpo propio y el ajeno ya no se encontrarán de la misma manera que antes.

Todos los valores que mantenían viva la vida de amplios sectores de la sociedad hasta hace unos meses aún siguen confinados, y no sabemos cuándo ni mucho menos cómo volverán a la actividad. El espacio social fue trastocado y con él los lugares tradicionales donde las relaciones interhumanas se construían y entrelazaban: todos ellos fueron desmantelados. La clausura de restaurantes, teatros, cines, centros deportivos y de convivencia paralizó la vida social, pero el impacto mayor se vivió en el espacio laboral y educativo. Muy afortunados han sido quienes han podido continuar haciendo el ahora llamado "teletrabajo", pero fueron muchos más, millones, los que perdieron y siguen perdiendo su fuente de ingresos. De igual manera, hubo quien pudo continuar con sus estudios a través de Internet o la televisión, pero los hubo también que ya no pudieron continuar no solo por falta de recursos sino de motivación.

El impacto ha sido brutal y en proporción directa a nuestra dependencia del mundo exterior. Sí, el ataque pandémico tuvo lugar en el momento de mayor interconectividad en nuestra historia, pero también en el de la mayor interdependencia global que jamás habíamos podido soñar.

La pregunta entonces es: ¿a qué mundo regresaremos? El tiempo dirá qué tan distinto es y de qué magnitud son los cambios de carácter social, económico, político y psicológico que involucrará. Porque es también un hecho que la magnitud del cambio dependerá de la dimensión que éste alcance finalmente; esto es, en la medida que se escale, los costos sociales, políticos y psicológicos, más allá de los económicos, serán mayores.

Mientras tanto, podemos ya advertir que será un mundo más rígido en la medida que el miedo impere. Por ejemplo, es más que palpable cómo la xenofobia, el racismo y sobre todo la discriminación se han agudizado, derivado del temor que acrecienta nuestra severidad para evaluar al otro, como también es un hecho percibir el incremento de la hipervigilancia en todos los entornos, pues desde el simple acto de que se nos tome la temperatura o de que debamos usar gel, portar máscara, guantes y sobre todo cubrebocas, estamos ya siendo condicionados, observados y evaluados. Ni qué decir del hecho de ser geolocalizados con algo tan simple como nuestro teléfono celular. Para algunos sectores sería una afrenta que no lo hiciéramos, pero, paradójicamente, en otros ámbitos seríamos mal vistos si así lo hiciéramos. Esto solo lo puede explicar una cosa: el choque entre subculturas que se da en todas las sociedades, principalmente en las que presentan una particular multicomposición cultural como es el caso de México. De ahí que será muy difícil poder encontrar una generalización o uniformidad para cumplir las recomendaciones. Si muchos sectores de la sociedad no creen siquiera que el virus existe ¿cómo esperar que adopten las medidas que recomiendan las autoridades sanitarias?Y es que hay otra cosa que el COVID-19 también detonó. Hizo aflorar sentimientos soterrados que existían en las distintas sociedades humanas, particularmente en las de los países con mayores problemáticas sociales. En México, por ejemplo, fue el catalizador de la catarsis que muchos esperaban porque tenían mucho resentimiento social dentro. Derivado de ello, en los tiempos por venir este será uno de los efectos más dramáticos pues difícilmente la visceralidad social, que cada día se acrecienta, podrá ser controlada mientras las condiciones estructurales no sean mejores. De ahí que entre todos los efectos que pueden derivarse de la pandemia, existe uno particularmente delicado, sobre todo en países como el nuestro, tan fustigado y hoy dividido. Se advierte en el clima nacional un sentimiento muy profundo de descomposición social. El Estado de Derecho se ha resquebrajado. El discurso oficial apunta a la defensa irrestricta de los derechos humanos, pero en la práctica es todo lo contrario. Cada día perdemos un margen sensible de éstos.

Derivado de lo anterior, el escenario postCOVID-19 de México encontrará no solo un nuevo país, sino un nuevo gobierno y una nueva sociedad. Un nuevo país porque el saldo económico será devastador, al grado que aún hoy es incuantificable. Un nuevo gobierno porque a raíz de la pandemia el discurso oficial se radicalizó, se endureció y lejos de apelar y promover la unión y la solidaridad nacionales, se volcó hacia el fortalecimiento de las decisiones personales de poder al tiempo que vitaminó el odio social. Una nueva sociedad porque la que dejamos antes del COVID-19 dio paso a una colectividad resentida, amargada, con rencor y, sobre todo, con un gran temor. Una sociedad doliente y descreída, porque constata que la corrupción sigue campando y porque el abandono social no ha sido erradicado, al no haber sido atendidos los pobres, como se prometía.

Podríamos concluir que el COVID-19 llegó a nuestra nación en el peor momento. Sin embargo, el reto está ahí. R.W. Emerson decía que "la primera riqueza es la salud". Hoy lo constatamos, pero la segunda es la actitud. El mundo entero, y los mexicanos en particular, tenemos que dejar a un lado la depresión y el odio, tenemos que luchar por construir y reconstruir nuestra nación. Las crisis nos sacuden, cimbran, confrontan y podrán devastarnos, pero en nosotros está hacer de ellas la gran oportunidad para ser mejores en lo personal y como nación.

Del sida al COVID-19, la sexualidad negada
Luis Manuel Arellano*

El autor es periodista especializado en VIH/sida y con trabajo comunitario. Ha escrito columna y artículos en varios medios impresos. Fue director de Información y Contenidos en CadenaTres. Tuvo a su cargo la línea de información Telsida. Ha sido Servidor público en CENSIDA y en la Clínica Especializada Condesa. Desde 2014 escribe el blog El Lado Oscuro en el periódico Excélsior.

En México, la epidemia del sida abrió un parteaguas para la sexualidad. Nos hizo entender la importancia de reconocerla, respetarla y protegerla pero, sobre todo, de luchar para que nadie nos la arrebatara.

En la epidemia del SARS-CoV-2/COVID-19 la sexualidad quedó fuera. Las medidas implementadas por la Secretaría de Salud para controlar y disminuir los nuevos casos del coronavirus tejieron dos mensajes que inciden en la intimidad de la población sin ofrecerle herramientas para cuidar su salud sexual y reproductiva.

El primero de esos mensajes versó sobre la higiene. Para evitar la infección —se dijo— hay que lavarse con frecuencia las manos, tenerlas limpias antes de tocarse los ojos, la boca y la nariz; desinfectar superficies, cambiarse de ropa, usar gel antibacterial, desinfectar áreas de uso compartido, llevar cubre-bocas o caretas de acrílico si se sale a la calle, en una palabra: envolver en manto de asepsia el cuerpo.

El segundo mensaje estuvo relacionado con el aislamiento social, comunitario, familiar e íntimo. La campaña "Quédate en casa" tuvo como propósito convencer de no salir a la calle y con ello disminuir el uso del transporte público, posponer las actividades sociales, de esparcimiento y uso del tiempo libre, cerrar las escuelas o el trabajo (si éste no era esencial); en pocas palabras, alejarse de los demás. La alerta fue precisa respecto al imperativo de no tocar a nadie, mucho menos saludar de beso, todo lo cual constituyó una invitación a vencer el impulso de la convivencia y resistir el deseo del contacto afectivo o lúdico. En una palabra: aislamiento total.

Asepsia y aislamiento fueron las palabras clave, ¿qué sexualidad gozosa se podía gestionar cumpliendo esas indicaciones? Digo "gozosa" porque no pueden negarse los innumerables casos de sexualidad no gozosa, forzada e incluso violentada. Una realidad que, por cierto, siguió presentándose durante el confinamiento. Al paso de los meses se preparó el regreso a "la nueva normalidad", que implicaba no suspender las mismas medidas de higiene y sana distancia incorporadas. Tampoco se habló del sexo.

¿Cuál fue el sentido de estas reglas emergentes de convivencia para evitar la infección si algo tan común como la sexualidad quedó marginado?[1] No esperaba yo que se prohibiera el sexo, pero me llamó la atención la falta de información para proteger la salud durante una relación sexual. Me sorprendió que en las primeras cien conferencias vespertinas de la Secretaría de Salud este tema no se hubiera abordado, que quedaran fuera las recomendaciones para proteger nuestros deseos eróticos, las fantasías y, en general, el gusto por tocarnos o por querer permanecer toda la noche junto a otra persona.[2] En la campaña de preparación para la "nueva normalidad" tampoco se exploraron los escenarios de alta exposición al SARS-CoV-2 en la intimidad. Poco contribuye al control de la epidemia que una persona incorpore a su rutina la asepsia recomendada si desconoce qué hace al respecto su pareja sexual. Por eso me

---

[1] Es importante tomar en cuenta que la campaña gubernamental nunca logró aterrizar en la realidad cotidiana de las millones de personas que viven hacinadas, que encuentran sustento en el comercio informal y por eso nunca dejaron de salir a buscarlo.

[2] Esa necesidad irrenunciable de compañía la desarrollo en mi blog (véase: Arellano, 2020a).

parece lamentable que la experiencia del sida no se hubiera considerado para la prevención del coronavirus en el contexto sexual.

Hablar de intimidad

Entre las medidas de contención epidemiológica se exhortó a la población a mantenerse aislada, pero no se identificó una de las razones por las cuales se rompe la cuarentena: el deseo erótico. Podemos evitar el contacto físico con otras personas pero no con nuestras parejas sexuales, sean formales o informales, incluso siempre estará presente la posibilidad de abrir contacto con nuevas personas debido a la necesidad de cercanía y de otredad que las medidas de aislamiento generan.

Dice con mucho tino el académico Alberto Constante que del deseo proceden todas las emociones y las conductas humanas. Si algo pasó en los primeros meses de esta epidemia es que mucha gente se sintió privada de ese deseo. Quizás el único sector que lo reconoció abiertamente fue el colectivo gay, lo cual pude constatar en redes sociales donde se quejaban del aislamiento que interrumpió su vida sexual; algunos se aplicaron a la cuarentena pero otros asumieron el reto de exponerse al SARS-CoV-2.[3] No obtuve testimonios de hombres heterosexuales que, igualmente, hayan desafiado el "quédate en casa" pero al menos el trabajo sexual se siguió solicitando.

Pero, asegura Constante, "lo difícil no es conseguir lo que se desea, sino que lo difícil es desear" y lo explica: "Desear quiere decir que tenemos que construir el deseo: formular qué disposición se desea, qué mundo se desea, para que sea el mundo que nos conviene, el mundo que aumenta nuestra potencia, el mundo en el cual nuestro deseo puede discurrir". Cito a Constante porque en un número relevante de pacientes con VIH/sida el deseo fue, ha sido y sigue

---

[3] Algo similar sucede con el VIH. Una parte de la comunidad gay desafía la exposición al virus por varias razones, incluido el sentido que da a su deseo erótico.

siendo la sublimación homoerótica (Constante, 2009: 182). En esta nueva epidemia no identifico una sublimación erótica para el resto de la población pero sí la necesidad de superar la emergente rutina de encierro, e incluso la convivencia forzada con la pareja habitual.

Si el sexo con la pareja formal o habitual no garantiza evitar la exposición al SARS-CoV-2, mucho menos el sexo casual o con parejas complementarias pero que vivan en otra casa. Este es el punto. Y aquí viene lo paradójico: se prepararon mensajes para contener la saliva al toser, hablar o escupir y se nos pidió no besarnos ni tocarnos socialmente, pero se evitó abordar los factores de riesgo en la intimidad: besos de lengua, succiones con la boca e intercambio de saliva con o sin coito de por medio.[4]

En el caso del virus de inmunodeficiencia humana (VIH), también hubo una demora parecida. Aunque este virus no se trasmite por la saliva sino por otros fluidos corporales (semen, sangre y secreciones vaginales), costó mucho tiempo llamarlos por su nombre. Ese fue un reclamo que siempre se hizo a las autoridades sanitarias mientras que, paralelamente, los grupos de presión conservadora lo impedían; de hecho los primeros rounds en la confrontación que el sida generó los ganaron ellos. Durante las décadas de 1980 y 1990 bloquearon el lenguaje. Se logró promover el uso del condón pero no se superó la barrera moral que se argumentó para no llevar a la televisión, de manera abierta, sin prejuicios, cómo colocarlo sobre el pene y cómo retirarlo. Algo natural, algo necesario, algo urgente. Se hicieron campañas para prevenir una infección de transmisión sexual sin hablar del sexo.

El acecho de la moral

En el 2020 los grupos conservadores no están en la primera fila para presionar moralmente, ni han dimensionado la sexualidad dentro de la pandemia. Seguramente tampoco han comprendido

---

[4] En mi blog idéntico las infecciones y enfermedades que la saliva puede transmitir; véase Arellano, 2020b.

la relación de la saliva, en un entorno sexual afectivo, con el SARS-CoV-2. Esta conexión sí fue observada inmediatamente por algunas organizaciones civiles y agencias internacionales, por el Programa Conjunto de las Naciones Unidas para el Sida (ONUSIDA) y por el Centro Nacional para la Prevención y el Control del Sida (CENSIDA), que desde sus plataformas digitales ofrecieron algunos datos de prevención sexual contra el coronavirus.

Serán las autoridades sanitarias quienes establezcan si la transmisión del SARS-CoV-2 tiene o no connotación sexual, por el lugar que la saliva conserva en este terreno, pero de que constituye un asunto de interés sanitario que merece respuestas, lo es. ¿Y qué con el semen? Durante mayo circularon algunos despachos noticiosos confusos en el sentido de que se había encontrado el coronavirus en el semen de pacientes chinos. La aclaración ha sido publicada ya por el Dr. Feng Pan, de la Universidad de Ciencia y Tecnología de Huazhong, en Wuhan y es contundente: "No hay evidencia de síndrome respiratorio agudo severo-coronavirus 2 en semen de varones que se recuperan de la enfermedad del coronavirus 2019". No obstante, también se advierte que "los efectos a largo plazo del SARS-CoV-2 en la función reproductora masculina siguen siendo desconocidos" (Feng *et al.*, 2020: 1135-1139). En 1988 Susan Sontag advirtió que "todas las epidemias rápidas, incluso las que están por encima de toda sospecha de transmitirse sexualmente o de culpabilizar al enfermo, dan lugar a más o menos las mismas costumbres de evitación y exclusión (Sontag, 1989: 79). Tenía razón. La más reciente alerta sobre el riesgo de transmisión sexual dentro de una alerta epidémica se presentó con el virus del Zika a partir de los casos registrados de transmisión perinatal. En 2006 la Organización Mundial de la Salud lo informó.[5] Más allá del proceso infeccioso que tenga el

---

[5] La principal vía de transmisión de este virus son los mosquitos del género *Aedes*. Sin embargo, cada vez son más numerosas las pruebas de que su transmisión sexual no solo es posible sino más frecuente de lo que se creía (OMS, 2016).

SARS-CoV-2 en la sexualidad, el impacto de las medidas preventivas para evitarlo también repercuten anímicamente porque, como ya se señaló, no están conectadas con el manejo que cada persona hace sobre su cuerpo y la forma en que se relaciona con otro o con otros cuerpos en el entorno íntimo.

Debido a que en la década de 1980 el conservadurismo aprovechó la epidemia del sida para fortalecer sus preceptos moralizantes sobre el comportamiento sexual, no sería extraño que, de nueva cuenta, aparezcan "principios" morales para inducir formas de convivencia específicas en la "nueva normalidad".

Por el momento e igual que con el sida, se construyeron estigmas sobre el COVID-19. Un par de ejemplos: debido a que la temperatura corporal es un síntoma de la enfermedad, muchos negocios, empresas y edificios públicos establecieron filtros para medir la temperatura y evitar el ingreso de quienes la tuvieran por encima de los 38 grados centígrados, lo cual no solo configuró un acto discriminatorio, porque el incremento de temperatura corporal puede deberse a muchas razones, sino también una percepción de falsa seguridad ya que las personas asintomáticas son mayoría. Pero los casos más preocupantes de estigmatización han sido, hasta el momento, las agresiones contra el personal de enfermería bajo la sospecha de que llevaban la infección en sus uniformes blancos.

En el ensayo ya citado de Sontag, la autora señalaba ese fenómeno: "no es su infecciosidad sino su típica latencia lo que favorece el empleo del sida como metáfora". La medicina cambió las costumbres —señaló— pero ahora "la enfermedad nos obliga a retroceder en los cambios". Y debido a la exposición que el SARS-CoV-2 puede alcanzar sexualmente, comparto de nueva cuenta a la escritora neoyorkina, quien señala: "el sexo ya no aísla en lo social a quienes lo practican, ni por un momento. Ya no se le puede considerar como mero acoplamiento; es una cadena, una cadena de transmisión que comunica con el pasado" (OMS, 2016: 78). Con el pasado, pero también comunica con el género. El confinamiento para evitar la infección por SARS-CoV-2 ha impactado en la salud emocional y física de la población, particularmente en muchas mujeres sometidas a la violencia de género, que incluye el abuso sexual.[6]

Impulsar la salud sexual y reproductiva ha sido un proceso lento y tortuoso debido al lastre ideológico del conservadurismo, que forma parte de nuestra cultura, cuya máxima expresión se constituye en la doctrina católica, desde donde se han sembrado temores y vergüenza hacia nuestra genitalidad.

En México la presión sobre el cuerpo humano ha incluido la represión. La narrativa es larga. Algunos autores, como Roberto Blancarte y Edgar González Ruiz, documentan la alianza religiosa y política de la derecha mexicana que impregnó en el Estado de Derecho contenidos en los que se persiguen y castigan los "ultrajes a la moral pública o las buenas costumbres", como consignaba en 1931 el Código Penal para el Distrito y Territorios Federales en Materia de Fuero Común y para toda la República en Materia de Fuero Federal.

A lo largo del siglo XX se suscitó una fuerte confrontación ideológica basada en el cuerpo, en los genitales, en la sexualidad, en la maternidad y en la diversidad sexual. La lucha contra el sida se inscribe en este enfrentamiento porque generó un movimiento comunitario que plantó cara al conservadurismo.

El movimiento de liberación homosexual aprovechó la plataforma de salud que ofrecía el sida para hacer prevención porque la epidemia afectaba masivamente a los gays, pero también para reivindicar otros temas de su agenda como la lucha contra la homofobia y la discriminación institucionalizada. Igualmente, el movimiento transgénero supo articular sus demandas desde el acceso a la salud comunitaria contra el VIH.

---

[6] De acuerdo con el Consejo Ciudadano para la Seguridad y la Justicia de la Ciudad de México, hasta el 16 de abril se observaba un aumento de 120 por ciento en el registro de llamadas respecto al mes anterior, y existiría una importante cantidad de reportes de mujeres que advierten sobre la combinación de violencia, consumo de alcohol y frustración, relacionados con problemas económicos, laborales e incertidumbre, que derivan en violencia física (Sánchez, 2020).

Durante esos años fueron abundantes los trabajos que exploraron la sexualidad masculina desde aproximaciones de género, salud y diversidad. El trabajo de Héctor Carrillo es un importante referente al respecto, pero quizá lo más relevante en todos estos años es que la Secretaría de Salud admitió la existencia, documentada, de la bisexualidad masculina.

Por otra parte, la incorporación de sexólogos en tan singular movilización enriqueció el espectro de trabajo contra la epidemia, porque al paso de los años se proyectaron acciones relacionadas con la prevención sexual del VIH, que igualmente incidieron en otros frentes, entre ellos: feminismo, diversidad sexual, sexualidad infantil, violencia en relaciones de pareja y atención específica a la población transgénero.

La protección de la sexualidad se dimensionó por encima del VIH y eso planteó nuevos discursos de manera franca y abierta, rompiendo concepciones conservadoras e incluso vinculándolas con la violación de derechos humanos.

¿Sexo limpio y sano?

A pesar de todos los avances en la reivindicación de la salud sexual, persisten señalamientos en el sentido de que las personas con VIH, o cualquier otra infección de transmisión sexual (ITS), suspendan el ejercicio de su sexualidad. Quienes así lo sostienen refieren el "delito de peligro de contagio", consignado en el Artículo 199 Bis del Código Penal Federal, creado para inhibir e incluso castigar inicialmente a las personas con sífilis, que fue modificado en 1990 para prohibir el sexo a las personas con VIH.[7] Contra este

---

[7] Este artículo fue invocado por varios gobernadores para intentar controlar a la población durante la contingencia sanitaria e incluso en el Estado de Querétaro se modificó con ese propósito. Por otra parte, durante el mes de abril de ese año se presentaron iniciativas ante el Congreso de la Unión para incrementar las penas. En mi blog también abordo esos hechos (véase: Arellano, 2020c).

artículo un grupo visionario de activistas impulsó la redacción de una cartilla sobre los derechos humanos de las personas con VIH, con el apoyo del Consejo Nacional para Prevención y Control del SIDA (CONASIDA) y de la Comisión Nacional de Derechos Humanos (CNDH), en la que se reconoce el derecho al ejercicio de la sexualidad de esta población. Este principio, así como la búsqueda de mecanismos y barreras que evitaran la transmisión del VIH, llevó a promover el sexo protegido (coito con condón) y el sexo seguro (solo caricias, besos y masturbación en pareja). Es decir, modificaciones de la vida sexual a consecuencia de una pandemia. Pero hay más. Los antirretrovirales que controlan la infección por VIH también evitan su transmisión, por lo que todo paciente bajo tratamiento antirretroviral queda excluido del Artículo 199 Bis.

Definitivamente, los antirretrovirales cambiaron la ruta de la epidemia del sida. Inicialmente dichos medicamentos se habían incorporado a la Guía de Manejo Antirretroviral como profilaxis post exposición en el entorno laboral e incluso para prevención perinatal. Con las nuevas evidencias, su aplicación se extendió a personas seronegativas expuestas sexualmente al virus. Primero como profilaxis post exposición (PEP) y después como profilaxis pre exposición (PrEP).[8] Al interior de los colectivos gays el uso compartido de antirretrovirales, tanto en hombres positivos como negativos al VIH, ha empezado a zanjar una brecha interna y comunitaria de discriminación e incluso temor. Crece con ello el número de relaciones serodiscordantes entre hombres, pero también entre hombres y mujeres.

---

[8] El control virológico del VIH generó una redefinición respecto a la sexualidad de las personas infectadas. Los estudios PARTNER 1 y 2 demostraron científicamente que la carga viral indetectable evita la transmisión del virus. Una parte importante de activistas y personas con VIH en el mundo —y luego en México— impulsó la campaña "Indetectable es igual a intransmisible", una aportación de la medicina que permitió reivindicar sobre argumentos el derecho al ejercicio de la sexualidad (Martínez, 2019).

Escenarios del deseo erótico

La gradual liberación del cuerpo, dentro y fuera del mercado de consumo que lo ha convertido en mercancía, derivó en una amplia gama de procesos relacionados con el sexo pero también con la moda, las sustancias, el ejercicio, las hormonas, los tatuajes y una larga relación de identidades cruzadas con el género.

Los movimientos feministas y de liberación lésbico-homosexual, primero, y después el activismo de la lucha contra el sida y más recientemente de la comunidad transgénero, han contribuido a fragmentar la sexualidad convencional en México, agudizando la crisis del sistema heterosexista que con lentitud de dinosaurio está reformulando sus asideros culturales. La pregunta es si este proceso emancipador va a continuar o si enfrentará los estragos que la política, la salud pública e incluso la moral vigilante pueden generar de manera directa o indirecta con el propósito de controlar la nueva epidemia.

No va a ser fácil implementar acciones específicas para las identidades construidas desde el sexo y el género en una alerta nacional donde toda la población está expuesta al SARS-CoV-2. Por eso me parece necesario hablar del deseo erótico, que todos compartimos.

Oscar Guasch lo precisa: "El deseo erótico está en todas partes pese a que no se desea lo mismo ni se desea de igual modo. La atracción erótica entre personas existe en todas las épocas y en todos los lugares". Por eso puede escapar de las normas sociales y "permite que el amor sea interétnico, interracial o interclasista" (Guasch, 2007: 112-114). Esa es la explicación de por qué el deseo erótico resulta peligroso, subraya.

Y algunos gobiernos ya lo empiezan a entender. El mes de junio de este año inició en Gran Bretaña con una noticia que inicialmente provocó sorpresa: la prohibición de ingresar a otra casa para sostener relaciones sexuales con una persona distinta a la pareja (*Diario ABC,* 2020). Un prohibición sexual (*sex-ban*) literal, que reconoce precisaménte el potencial provocador y subversivo del deseo erótico para cualquier orden sanitario y, en general, para cualquier estrategia de gobernabilidad más allá del matrimonio, de las relaciones *swingers*, del sexo ocasional, del trabajo sexual o del sexo con sustancias.

Bibliografía y referencias

Arellano, Luis M. (2020a). "No se toquen", Blog El Lado Oscuro, *Excélsior*, 1 de abril. Disponible en: https://www.excelsior.com.mx/blog/el-lado-oscuro/no-se-toquen/1373458

_______ (2020b). "Saliva, temor y deseo", Blog El Lado Oscuro, *Excélsior*, 21 de abril. Disponible en: https://www.excelsior.com.mx/blog/el-lado-oscuro/saliva-temor-y-deseo/1377288

_______ (2020c). "Covid, culpa y castigo", Blog El Lado Oscuro, *Excélsior*, 6 de mayo. Disponible en: https://www.excelsior.com.mx/blog/el-lado-oscuro/covid-culpa-y-castigo/1380316

Blancarte, Roberto (1992). *Historia de la Iglesia católica en México*, Fondo de Cultura Económica, México.

Carrillo, Héctor (2005). *La noche es joven. La sexualidad en México en la era del sida*, Océano, México.

Casas, Armando; Alberto Constante, y Leticia Flores (Coords.) (2009). *Escenarios del deseo*, UNAM/Facultad de Filosofía y Letras, México.

Constante, Alberto (2009). "El deseo nunca es desgraciado", en *Escenarios del Deseo, reflexiones desde el cine, la literatura, el psicoanálisis y la filosofía*, UNAM/Facultad de Filosofía y Letras, México, pp. 182.

Diario ABC (2020). "Reino Unido prohíbe tener sexo con una persona que no viva en la misma casa", *Diario ABC*, España, 3 de junio. Disponible en: https://www.abc.es/sociedad/abci-reino-unido-prohibe-tener-sexo-persona-no-viva-misma-casa-202006031303_noticia.html

Feng, Pan *et al.* (2020). "No hay evidencia de síndrome respiratorio agudo severo-coronavirus 2 en semen de varones que se recuperan de la enfermedad del coronavirus 2019", en *Fertility and Sterility*, vol. 113, núm. 6, junio, pp. 1135-1139. Disponible en: https://www.fertstert.org/article/S0015-0282(20)30384-8/pdf

González, Édgar (1994). *Conservadurismo y sexualidad. Como propagar el sida*, Editorial Rayuela, México.

———— (2002). *La sexualidad prohibida. Intolerancia, sexismo y represión*, Plaza & Janes, México.

Guasch, Oscar (2007). *La crisis de la heterosexualidad*, Editorial Laertes, Barcelona, pp. 112-114.

Organización Mundial de la Salud (OMS) (2016). *Prevención de la transmisión sexual del virus de Zika*, OMS, 6 de septiembre. Disponible en: https://apps.who.int/iris/bitstream/handle/10665/204468/WHO_ZIKV_MOC_16.1_spa.pdf;jsessionid=5009ADC2B628E18B160B5691B565E9AF?sequence=1

Martínez, Francesc (2019). "El estudio PARTNER 2 confirma que 'indetectable es igual a intransmisible' en hombres gais, bisexuales y otros HSH", en *Noticia del Día*, Grupo de Trabajo sobre Tratamiento del VIH, 6 de mayo, Barcelona. Disponible en: http://gtt-vih.org/actualizate/la_noticia_del_dia/06-05-19

Sánchez, Olga (2020). "Sexta Reunión de Estrategias contra las Violencias de Género; llama Sánchez Cordero a fortalecer servicios para población vulnerable", Boletín 117, Secretaría de Gobernación, 16 de abril, Distrito Federal. Disponible en: https://www.gob.mx/segob/prensa/en-sexta-reunion-de-estrategias-contra-las-violencias-de-genero-llama-sanchez-cordero-a-fortalecer-servicios-para-poblacion-vulnerable?idiom=es

Sontag, Susan. *El sida y sus metáforas*, Muchnik Editores, 1989, Barcelona, p. 79, traducción de Mario Muchnik.

La crisis del coronavirus, una transición a otra normalidad

Maribel Vizárraga León*

La autora cursa la Maestría en Ciencias en Sistemas y Políticas de Salud en la Escuela de Salud Pública de México, Instituto Nacional de Salud Pública (Área de estudio: Respuesta del Sistema de Salud a Emergencias y Desastres).

Salir a la calle en estos días parece más una escena de película post apocalíptica que la realidad que recuerdo de toda mi vida; los noticieros, las redes sociales, los artículos científicos y las pláticas parecen haberse detenido en torno a la pandemia provocada por el SARS-CoV-2, concentrados en descubrir si las estrategias son correctas o no, si seremos afortunados para salir bien librados de esta pandemia, de una infección que llegó para quedarse y que ha causado la disrupción total de nuestros estilos de vida.

Quienes se dedican a realizar actividades esenciales han visto la manera de adaptarse a las condiciones para seguir ejerciendo y mantener al mundo funcionando; quienes no trabajan en actividades así calificadas, han visto pasar la vida en medio de una pausa; por primera vez en mucho tiempo el mundo entero hizo un alto para respirar y salir adelante. Pero el tiempo sigue avanzando y el regreso a las actividades normales se ve inevitablemente cerca; la necesidad de reactivar la economía ha impulsado a que varios países relajen las medidas de protección en busca de un equilibrio entre la salud pública y el desarrollo económico de sus sociedades.

La crisis del coronavirus nos ha obligado a cambiar nuestros paradigmas, a cuestionar nuestros estilos de vida y a valorar la importancia que las distintas profesiones tienen en nuestras vidas. La historia nos había advertido desde años atrás sobre la posibilidad de un nuevo brote incontrolable de alguna enfermedad, que, a diferencia del Virus de Inmunodeficiencia Humana (VIH) o el ébola, de los que ya casi nos hemos "acostumbrado" a leer, nos tendría a todos encerrados detrás de pantallas digitales y distanciados hasta de nuestros propios vecinos y seres queridos. La pandemia llegó cual tsunami, después de varias sacudidas, como el del síndrome respiratorio agudo grave (SARS, por sus siglas en inglés) o el síndrome respiratorio de oriente medio (MERS, por sus siglas en inglés), y llegó a nuestro país con un sistema de salud en transición, y aún con incertidumbres, suficientemente débil como para resistir un golpe de esta magnitud; como nosotros, a lo largo del mundo varios países habían estado poco a poco debilitando sus sistemas de salud y volcando su atención hacia otras necesidades. Paro aun los países con sistemas de salud que considerábamos fuertes, recibieron una gran sacudida a causa de la pandemia y vimos entonces cómo el número de contagiados y fallecidos aumentaba, casi sin poder hacer nada al respecto, con pocos o nulos protocolos para dar respuesta a emergencias sanitarias de esta magnitud y, entonces, la situación se convirtió en un desastre; ningún país estaba listo para enfrentarla en realidad. Y es que, como todas las catástrofes, la veíamos muy lejos, hasta que nos llegó.

Una batalla en varios escenarios

Lejos de lo que nos pudiéramos imaginar, esta es una batalla que se disputa en varios escenarios; no se da únicamente en las unidades de salud, donde día con día se enfrenta a la enfermedad, la magnitud de estos eventos es una responsabilidad de toda la población, por lo que únicamente velando por el bienestar de los demás será posible resolver este problema. Para la sociedad, la crisis del coronavirus ha representado una reestructuración de las costumbres del diario vivir, que se modificaron de un momento a otro en aspectos como la modificación de las prioridades en la elección de nuestros insumos de primera necesidad, el distanciamiento social, el uso controversial del cubrebocas y el cambio en nuestros rituales mortuorios. A raíz de esto ha surgido también la incertidumbre sobre estas medidas y si serán permanentes en nuestras vidas. Al no tener un tratamiento oficial ni una vacuna efectiva contra el COVID-19 hasta el momento, el horizonte de estas decisiones se ve lejano para todos; siendo positivos, quizá podamos acceder a una vacuna en los próximos dos años, sin embargo, mientras tanto, en lo que se logra controlar al virus en su totalidad, tendremos que acostumbrarnos a estos cambios.

La economía también ha sido afectada por la pandemia; en los últimos meses el país se ha visto obligado a paralizar toda actividad que no sea esencial para la vida de las personas. De esta manera, queda explícito que en lo que concierne a la salud, la resolución de un problema no es exclusivo del mismo, sin embargo, solemos contemplar a la salud como un sector aislado de los otros, el cual solo toma importancia cuando hay grandes pérdidas en este ámbito o son lo suficientemente graves como para desestabilizar a otros sectores. A nadie le parece relevante la salud hasta que ésta se pierde.

El impacto en nuestro estilo de vida nos lleva a cuestionar si es realmente necesario incluir a la salud en las políticas que se llevarán a cabo en el futuro cercano; si bien no se ha presentado como un tema central de las políticas, este sector es el que más recibe y amortigua las externalidades de las políticas de otros sectores. Por ejemplo, implementar medidas de salud en lo laboral podría representar para las empresas gastos en equipo adecuado de protección, acceso a material de limpieza, estrictas medidas de distanciamiento, etcétera, sin embargo, a futuro representaría un ahorro en gastos resolutivos de salud o en el pago de seguros de vida por pérdidas evitables. También, no tener acceso seguro al saneamiento y al agua potable ha sido otro obstáculo para contener de manera adecuada la pandemia en el país, ya que en nuestro territorio aún existen personas que no tienen servicios básicos y que termina por subrayar la inequidad en la que aún vivimos.

La salud como termómetro de las desigualdades

Los desastres y las emergencias, sea cual sea su origen, suelen exponer las vulnerabilidades de los sistemas a los que afectan, sin embargo, el mismo evento no afecta de igual manera a todas las personas, dependerá de su situación económica y sus determinantes sociales si reciben un mayor o menor daño, y en esta pandemia no es diferente. Ya sea por la necesidad de buscar alimento, de acceder a los servicios de salud de manera oportuna, o de tener asequibilidad a medicamentos e insumos para resolver una sintomatología, es en la salud donde se refleja la gran diferencia entre tener o no tener todas estas variables a nuestro favor. La capacidad de mantener el confinamiento durante tres meses no es posible para el 70 por ciento de la población mexicana; el difícil acceso al material de protección adecuado e incluso la capacidad para traducir en medidas efectivas todas las publicaciones científicas publicadas sobre el coronavirus representan un problema para nuestra sociedad. El acceso a información digerible para todo el público ha representado un gran problema para impulsar el apego a las medidas sugeridas por los gobiernos; la sociedad es bombardeada constantemente con información de dudable veracidad, sin embargo, la capacidad de diferenciar esa información de la "verdadera" lleva a las personas a incumplir las recomendaciones oficiales; esto también refleja, de alguna manera, la inequidad en el acceso a la educación a la que está expuesta la población mexicana, que se manifiesta en conductas aberrantes y riesgosas para la salud.

En esta pandemia los grupos vulnerables se han modificado conforme se ha ido descubriendo el funcionamiento del virus, sin embargo, en el mundo la alta prevalencia y mortalidad se ha mantenido constante en los lugares con más bajo nivel socioeconómico.

La normalidad de antes

Previo a la pandemia, el sistema de salud ya estaba saturado de cara a la demanda normal de las enfermedades "habituales", los trabajadores laboraban bajo contratos que no contemplaban la seguridad social, bajo sistemas de pago que en su mayoría no están tabulados y que no reflejan ni la preparación que se requiere para el desempeño de sus tareas ni sus exigencias laborales. A su vez, la infraestructura no era suficiente para atender a la población y la gratuidad de los medicamentos se debatía entre las reformas de salud y los intereses nacionales e internacionales de ciertas empresas.

Varias vidas del personal de salud se han perdido ya en el combate de esta pandemia, lo que refleja la falta de insumos con la que siempre se ha lidiado en el sector, no obstante, hasta la fecha esto parece no ser relevante para varios sectores de la sociedad; sin embargo, de continuar con este ritmo, en el futuro cercano no tendremos suficiente personal capacitado para atender las necesidades que se vienen gestando, no solo para cubrir la etapa aguda de la enfermedad, sino para atender las secuelas y necesidades de rehabilitación, que, parece, no tendremos capacidad de resolver.

Incertidumbre sin futuro

Hasta este momento, sin vacuna ni medicamentos asequibles para toda la población afectada, no se vislumbra una solución clara más allá de sostener las medidas de distanciamiento hasta que la sociedad las acepte. La incertidumbre, que no permite dormir a más de tres, se detendrá en algún momento y las personas tendrán que elegir entre aceptar el riesgo o adaptarse a las medidas sugeridas. Aún así, llegará un punto en el que probablemente adoptaremos algunas medidas, como adoptamos el lavado de manos en nuestras costumbres y el uso del gel antibacterial, y regresaremos a la normalidad que ya conocíamos, como ha sucedido en pandemias anteriores, solo que mejoraremos nuestros procesos de vida. Algunas personas se han pronunciado a favor de romper con estas medidas, para no perder lo poco o mucho que tienen, a cambio de sacrificar la vida de aquellos que lleguen a tener complicaciones; en estos momentos la vida es como un juego de ruleta rusa, nadie sabe realmente quien será el siguiente.

Políticas interdependientes

Si hay algo a lo que deberíamos de transitar después de esta crisis es al establecimiento de políticas interdependientes vinculadas a la salud como el centro del bienestar general, pues ni el desarrollo industrial, ni el crecimiento del Producto Interno Bruto reflejan el bienestar de la población tanto como la salud. Se necesita destinar nuestros esfuerzos para modificar los determinantes sociales que favorecen a unos pocos y dificultan la vida a muchos: realizar políticas y planes que reflejen el aprendizaje institucional obtenido a partir de esta crisis, para evitarlas en el futuro; incluir a la población en los planes de respuesta a cualquier tipo de emergencias, para no tener que estar lidiando con las opiniones de miles de personas y no imponerles medidas que difícilmente entienden y que coartan su libertad en nombre de su bienestar.

La salud no puede seguir caminando sola en el panorama internacional, pero sobre todo en el ámbito local, ya que toda emergencia inicia localmente; en ese sentido, permitir a los municipios calibrar sus medidas de restricción para resolver sus problemas particulares, permitirá en un futuro disminuir la inequidad tan grande a la que nos enfrentamos. Incluir la perspectiva de salud en el desarrollo urbano y en el de los individuos, nos permitirá a futuro "ahorrar gastos" en salud, ya que la salud es el único gasto que aún no es contemplado como inversión. Por último, es necesario comenzar a medir la salud en números positivos y no en enfermedades.

Conclusiones

La normalidad a la que nos habíamos acostumbrado cambió de un día para otro sin siquiera permitirnos pensar al respecto; sin darnos cuenta, un día nos despertamos en otra realidad a la que nos hemos tenido que adaptar poco a poco; el retorno a las actividades económicas bajo los nuevos criterios de vida probablemente nos impactará como lo hicieron las medidas iniciales contra el coronavirus, sin embargo, dentro de todos nosotros se alberga la esperanza de que dentro de poco (quizá algunos años) todos podamos regresar a lo que conocíamos. No será como despertar de un sueño; frente a nuestros ojos el mundo se transforma diariamente y sin darnos cuenta también nos adaptamos a ello. Esta pausa nos ha servido para observar a detalle lo que ya sucedía en el mundo, como las desigualdades, los grandes intereses y las fallas de los sistemas en los que nos encontramos; dependerá de nosotros decidir si seguiremos enfocando nuestra vida en lo que anteriormente hacíamos o si finalmente voltearemos a ver a quien se encuentra a nuestro lado; en esta crisis no hay espacio para el individualismo, lo que hacen otras personas nos afecta directamente, desde el cuidado personal que llevan a cabo nuestros vecinos hasta las acciones de las grandes industrias que con sus decisiones afectan nuestras vidas.

Como sistema, si algo aprenderemos de esta enfermedad, que hemos olvidado a partir de nuestra experiencia en otros desastres, será a no olvidar que diariamente nos enfrentamos a amenazas que fácilmente pueden llevarnos al caos y a provocar grandes pérdidas. Solemos dedicarnos solo a sobrevivir y a ser reactivos ante las amenazas, dejando de alguna manera nuestro destino en manos del gobierno en turno, al que le corresponde coincidir en el tiempo con la calamidad, sepa o no como resolverla, en lugar de sistematizar la respuesta a las crisis con planes que integren la opinión de expertos. La próxima vez no sabremos cuánto tiempo tendremos para responder y si algún día estaremos estructural y funcionalmente preparados para dar respuesta cabalmente a las emergencias.

Salud en todas las políticas, para un mundo mejor ahora y siempre.

Perspectivas económicas postpandemia

Alejandro Toledo Patiño*

El autor es economista y sociólogo; Profesor-investigador de Tiempo Completo (Área de Economía Institucional), Departamento de Economía, Universidad Autónoma Metropolitana Iztapalapa (UAM-I). En años recientes ha publicado artículos sobre temas de economía mundial, economía mexicana y pensamiento económico.

¿Qué escenarios postCOVID-19 son posibles de imaginar en el ámbito económico, el más severamente golpeado por las medidas de confinamiento? La crisis provocada por la pandemia ha sido bautizada ya como la "Crisis del Lockdown" (Crisis del Confinamiento) y su profundidad se ha comparado con la de la Gran Depresión de 1929.

Sin la pretensión de pronosticar el futuro (Lem, 1988), la respuesta a esta pregunta tendría al menos tres vertientes a explorar: la cíclica, la estructural y la global.

a) La cíclica se refiere a las posibles salidas que puede tener la crisis actual. Se relaciona con las peculiaridades de esta crisis, su profundidad y alcances mundiales; en ese sentido es que se discute la "forma" o comportamiento del "ciclo de los negocios" y de la actividad comercial y productiva.

b) La estructural alude a las posibles reconfiguraciones en las formas de organización de los procesos de trabajo.

c) La global se refiere a las perspectivas de la internacionalización, especialmente en el marco de la disputa hegemónica entre Estados Unidos (potencia declinante) y China (potencia ascendente).

La danza de las letras

Con el propósito de ofrecer una idea del comportamiento del ciclo económico, se utiliza un *kit* de letras (V, U, W y L). Cada una dibuja la trayectoria de la actividad económica en su conjunto (sea de la economía mundial como un todo, de determinadas regiones de la misma, de un país e incluso de una entidad o región específica del mismo).

Para un escenario de crisis y recuperación pronta se traza una letra 'V', indicando una caída en la tasa de crecimiento del Producto Interno Bruto (PIB) hasta tocar fondo en el vértice de la 'V', y luego, de manera pronta, una recuperación firme y sostenida a partir de tasas de crecimiento al alza.

La letra 'U' indica, al igual que la 'V', una caída de esas tasas, pero indica que la duración de la crisis es más prolongada en el tiempo y que el ascenso en el ritmo de la actividad económica, por consiguiente, tardará más en alcanzarse.

El que una economía determinada siga un curso en 'V' o en 'U', depende de las características de la propia crisis. Son cuatro los aspectos a considerar para cada economía o caso en particular:

a) los sectores productivos y de servicios que resultan más "golpeados";

b) los diferentes impactos financieros (caída de bolsas, fuga de inversión de cartera, incremento de la deuda de las empresas) y monetarios (incrementos y/o decrementos de precios, depreciaciones de las monedas);

c) las consecuencias en el sector externo (caída de exportaciones e importaciones, ruptura de cadenas de proveedores de insumo y bienes intermedios);

d) la oportunidad y convergencia de las políticas fiscales y de las políticas monetarias "contra cíclicas"; en este caso políticas expansivas basadas en paquetes de estímulos fiscales para la planta productiva y comercial e inyecciones de mayor liquidez en el sistema bancario —planteado *grosso modo*—. Dichas políticas actúan como un paracaídas que puede evitar que la economía se "estrelle" en su caída y sea más fácil su reactivación.

Más allá de los escenarios, en el sector financiero se han desestabilizado los mercados de capitales, de futuros, de divisas, etcétera. En las bolsas de todo el mundo se han esfumado millones de millones de dólares. En el sector real los daños han sido de desabastecimiento, logística y de caída abrupta de la demanda. Se han roto cadenas de producción, mientras que flotas de aviones, barcos, cruceros, camiones y transportes, en general, se han dejado de utilizar.

En el sector productivo se debe considerar, por supuesto, el profundo impacto sobre el mercado laboral, al incrementarse en cifras récord el desempleo y venirse abajo los ingresos de los trabajadores y empleados. De acuerdo con una estimación de la Organización Internacional del Trabajo (OIT), efectuada a mediados de marzo, el mundo tendrá entre 13 y 36 millones de desempleados al finalizar el año. Esta estimación ha sido superada ya pues tan solo en Estados Unidos existen, a mediados de 2020, más de 30 millones de trabajadores que perdieron sus puestos de trabajo. En México la cifra hasta el momento es de más de medio millón de puestos perdidos y podría llegar a más de un millón de desempleados a fin de año. Más allá de estos datos, las cifras de los pronósticos se modifican al alza día tras día.

Los sectores públicos de las economías se han visto también afectados debido a la caída de sus ingresos, los mayores costos del endeudamiento para financiar sus gastos y compensar sus pérdidas fiscales, los gastos prioritarios en salud, la necesidad de aplicar políticas fiscales laxas, políticas sociales emergentes de alimentación para niños, y programas emergentes de empleo en zonas geográficas y ramas industriales y de servicios, deprimidas o inactivas.

Para pronosticar el rumbo que seguirá la economía después de la pandemia, los escenarios 'V' y 'U' son los más socorridos. Un argumento es que el capital fijo (fábricas, infraestrucura, maquinaria) está intacto y no ha sido destruido o dañado físicamente, como ocurriría en una guerra convencional. De ahí que se contemple la posibilidad de que la salida a la crisis sea rápida, en forma de 'V'. Sin embargo, una de las grandes peculiaridades de esta crisis económica mundial es que, a diferencia de lo ocurrido en anteriores ocasiones (Marichal, 2010), ésta no ha sido provocada por la lógica endógena del sistema o de las políticas económicas, sino ocasionada por un factor externo a lo económico, el cual, como se argumentará dos párrafos adelante, no será de fácil desaparición.

En el caso de México, al estimar estas perspectivas habrá que tomar en cuenta que, a diferencia del contexto mundial, el ciclo de la actividad económica estaba en una fase recesiva con anterioridad al "choque externo" de la pandemia y el confinamiento. En el país el choque externo se sumó a los choques internos de política económica.

El Cuadro 1 resume las perspectivas sobre las tasas de crecimiento del PIB de las principales economías del mundo, de acuerdo con el Fondo Monetario Internacional (FMI).

La crisis actual, a diferencia de las Grandes Crisis (2008, 1929, 1873) posee un elemento distintivo y único: los tiempos son establecidos por lo que sucede en el ámbito sanitario y la presencia del COVID-19 en la sociedad. Y el hecho decisivo de esta crisis es que, como ha ocurrido en anteriores pandemias (Bergdolt, 2011), no habrá solo una "ola" de contagios y expansión, sino que tendrán lugar nuevas "olas" durante los próximos dos-tres años, como es de hecho el consenso entre los especialistas.

Por supuesto que si se llega a inventar una vacuna o a encontrar una cura a la enfermedad, el panorama cambiaría radicalmente y eso permitiría pensar en un escenario tipo 'V' o 'U', sin embargo, el desarrollo de una vacuna es un complejo proceso de diseño del antiviral específico, de pruebas de su eficacia y de observación de sus efectos colaterales en el organismo, lo que conlleva un periodo que no se limitará a los próximos meses de 2020 o a los primeros de 2021. ¿Conclusión? En tanto no se encuentre una vacuna contra el coronavirus, el ciclo económico se comportará al compás de los rebrotes de la pandemia y éstos serán recurrentes.

Cuadro 1. Proyecciones de la economía mundial			
	PIB (%)	Proyecciones PIB (%)	
País	2019	2020	2021
Estados Unidos	2.3	-5.9	4.7
China	6.1	1.2	9.2
Japón	0.7	-5.2	3
Alemania	0.6	-7	5.2
Reino Unido	1.4	-6.5	4
Francia	1.3	-7.2	4.5
India	4.2	1.9	7.4
Italia	0.3	-9.1	4.8
Brasil	1.1	-5.3	2.9
Canadá	1.6	-6.2	4.2
Rusia	1.3	-5.5	3.5
España	2	-8	4.3
México	**-0.1**	**-6.6**	**3**
Producto mundial	**2.9**	**-3**	**5.8**
Fuente: FMI. *Perspectivas de la Economía Mundial*, abril de 2020.			

De ahí que se recurra al uso de la letra 'W', e incluso de la letra 'L', para indicar que el arribo a la esperada recuperación puede ser algo mucho más complejo, tanto para la economía mundial en su conjunto como para las principales economías nacionales. La 'W' señalaría así una trayectoria de crisis, recuperación débil, una nueva crisis y una nueva recuperación. El uso de la letra 'L', en cambio, indicaría el peor de los escenarios: una caída, seguida no de una recuperación sino de un largo estancamiento.[1]

---

[1] La "W" podría corresponder a un escenario como el siguiente: los sectores de servicios de turismo y relacionados son los primeros en to-

El término de "estancamiento secular", acuñado en 1930 por Alvin Hansen, y olvidado durante décadas por la teoría económica, ha regresado nueve décadas después de la Gran Crisis del 29: en el sistema económico la pandemia del COVID-19 ha creado condiciones extraordinarias que "traban" el crecimiento, impiden dar pleno empleo a los factores de la producción y, en los circuitos monetarios, provocan la presencia de tendencias deflacionarias en los precios, que es considerado el peor de los escenarios que puede enfrentar una economía (Ordaz, 2020).

Nuevamente, aquí la diferencia entre la forma 'W' del ciclo y la forma 'L', en gran medida, es cuestión de la efectividad de las políticas fiscales y monetarias contra cíclicas que hayan sido puestas en práctica por los gobiernos. Sin abundar en el punto, nos limitamos a mostrar la Figura 1, la cual muestra el porcentaje del PIB nacional que los gobiernos de las principales economías del mundo han destinado para apoyos fiscales.

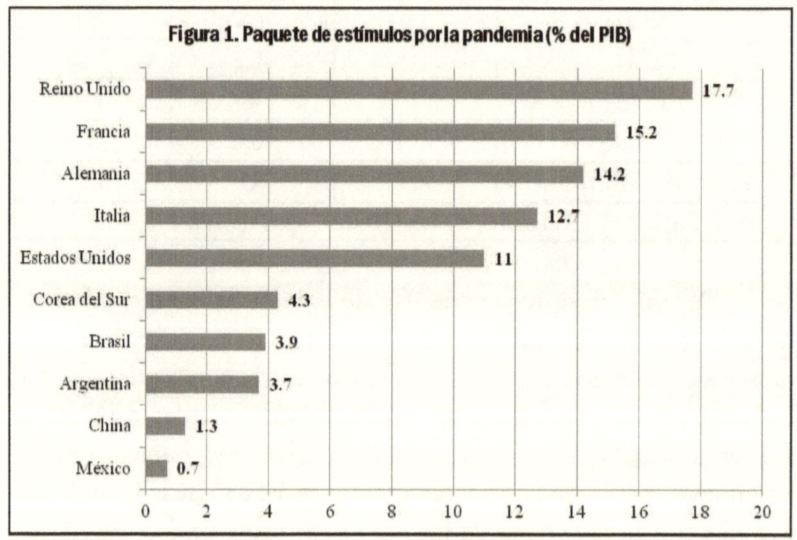

Fuente: Fondo Monetario Internacional.

---

car fondo, luego viene la paralización de las plantas de producción y de otros sectores estratégicos de la economía. Sin embargo, un sector clave

La efectividad de estas políticas, no obstante, debe considerase con mucha reserva: en la crisis de 2008-2010, las políticas fiscales expansivas puestas en práctica para evitar el contagio internacional y la profundización de la misma tuvieron un resultado limitado, debido a que "el multiplicador" del gasto público resultó mucho menor del estimado (Villagómez, 2011: 152-156 y 216). Aún más, en condiciones económicas que provocan una baja en la propensión a consumir, como son las actuales, este multiplicador puede incluso ser menor.

¿Una economía de guerra sui generis?

La emergencia sanitaria ante la pandemia ha impactado las interacciones sociales que establecemos para producir, comerciar, transportarnos, consumir, divertirnos, etcétera, las cuales entretejen todo el entramado estructural de las economías. Por eso se han derrumbado los mercados, paralizado las cadenas de producción, depreciado las monedas, y tirado las perspectivas y capacidades de crecimiento económico. Los primeros ataques del virus pusieron en tierra a las líneas de aviación, a las actividades turísticas, a muchas industrias como la naviera y de cruceros, a muchísimas actividades comerciales y a toda clase de servicios, desde restaurantes hasta peluquerías, clínicas dentales, eventos deportivos y culturales.

---

se ha beneficiado con el confinamiento y el trabajo desde casa: el de las telecomunicaciones, el comercio electrónico y las tecnologías de la información. Este sector ha sido el salvavidas o el paracaídas de las economías. No obstante, el que en la mayoría de las economías del mundo predominen las actividades intensivas en mano de obra, aunado a la fuerte presencia de la economía informal y la subcontratación, anularía o amortiguaría los efectos positivos en dicho sector y nuevamente se tocaría fondo. El escenario L, el más crítico sin duda, tendría un parecido con las crisis de 1929 en cuanto a su profundidad y, posiblemente, su duración, en caso de que las olas pandémicas se extendieran más allá de un lustro, lo cual queda, en principio, fuera de las proyecciones actuales respecto del desarrollo de una vacuna contra el coronavirus.

¿Cómo podrán ya no digamos solamente reactivarse, sino reestructurarse este tipo tan diverso de actividades? ¿Cómo podrán reorganizarse ciertos procesos de trabajo?

Hoy en día, las firmas y negocios apenas comienzan a avanzar "al tanteo" ante estos cambios, probando qué funciona y qué no (restaurantes con mesas dentro de cajas de cristal; muñecas inflables o rostros de cartón como público en los estadios (¿?)); en cada proceso de trabajo en particular, habrá que redefinir tareas y funciones, parcial o totalmente. Un caso, por ejemplo, es de la docencia, en el que las tecnologías de la información han permitido suplir parcialmente las actividades presenciales; en otro extremo estarían los procesos de producción en masa, que van de la sofisticada tecnología robótica de la industria automotriz, rama en la que la densidad de trabajador por metro cuadrado es muy baja, al ensamblado en la industria maquiladora, que es intensiva en el uso de mano de obra. La reactivación macroeconómica requiere, a nivel sectorial, de la reconfiguración de la organización social del trabajo; en esta redefinición no solo entrarán en juego los criterios de la rentabilidad y los bajos costos sino, también, el de la seguridad sanitaria (Young, 2020).

Economistas y líderes políticos han llegado a considerar desde una perspectiva "militar" la situación económica creada por el COVID 19 como algo "parecido a una economía de guerra". Se hace uso de tal término debido precisamente a los estragos provocados en las condiciones de ingreso, trabajo y salud de miles de millones de personas en todo el mundo. No obstante, no deja de llamar la atención el hecho de que, pese a tal reconocimiento de la situación, los formularios de política económica a nivel mundial recetan aún las clásicas medicinas contracíclicas, indispensables para hacer frente a condiciones de crisis pero no a las de una "economía de guerra" en la que habrá que enfrentar —y evitar— enfermedades y fallecimientos, al menos durante un periodo que abarcará un par de años.

En tal perspectiva se requerirán políticas que vayan más allá de medidas como inyectar mucha liquidez (baja en tasas de interés, emisión de dinero) o de ejercer un gasto público expansivo (diferir impuestos, entregar dinero, pasar a déficit público). Será necesario, pensando en esa lógica de "economía de guerra *sui generis*": 1) aplicar planes emergentes de empleo para mitigar el desempleo estructural en ramas y sectores específicos; 2) promover la reconversión de industrias y actividades que resulten más afectadas (aviación, turismo, hoteles); 3) movilizar masivamente recursos técnicos y humanos hacia la infraestructura médica, sanitaria, alimenticia; y 4) regular y promover la competitividad en mercados de insumos estratégicos, alimenticios, de equipo médico, etcétera.

¿Qué pasará con la globalización?

Al considerar los rostros que puede adoptar el capitalismo que "emergerá" con el COVID-19, uno de los temas sobre los que más se debate y especula es el de la globalización. ¿Ha llegado ésta a su fin? ¿Qué tanto cambiará el entorno económico mundial? ¿Saldrá indemne la intrincada red de relaciones financieras, productivas, comerciales, de transporte, de turismo, de consumo, de telecomunicaciones, etcétera, que abarca el mundo entero?

La suspensión del turismo mundial, la drástica disminución de los viajes internacionales, de los movimientos transfronterizos de las personas, de los eventos deportivos y culturales globales, son la expresión evidente —tal vez la más visible— del impacto que la pandemia ha tenido ya en la globalización. Asimismo, la contracción del comercio internacional en 2020, que se estima, en principio, de entre 13 y 22 por ciento respecto a 2019 (WTO, 2020), significará un gran salto atrás en la internacionalización del comercio respecto al de las últimas décadas; en adición a lo anterior, las particularidades de la crisis ("economía de guerra") conllevan una revalorización por parte de los consumidores, las empresas y los gobiernos, de los bienes y servicios locales-regionales-nacionales frente a los provenientes del "exterior". Son procesos de "introversión" a nivel micro y meso que necesariamente se expresan a nivel macro en los ámbitos nacional e internacional.

Las cadenas internacionales de producción, por supuesto, no desaparecerán como producto de la crisis, aunque sí experimentarán procesos de relocalización de sus eslabones y/o adoptarán formas más diversificadas geográficamente, y más flexibles organizacionalmente, las cuales implicarán para las firmas menores riesgos de desabastecimiento en industrias globales. Contar con una fuente de aprovisionamiento de insumos ya no es vigente, se requiere diversificarlas (*"One source is out, diversity is in"*).

Por esta razón, previsiblemente, habrá una reorientación de los flujos de inversión extranjera directa hacia las periferias de países emergentes que estén más cercanos geográficamente a los centros de acumulación mundial (Norteamérica, China-Japón-Corea, Unión Europa). El COVID-19 ha hecho que "la distancia" vuelva a importar, al contrario de lo que se decía a inicios del presente siglo con la frase de que la globalización "desaparecía las distancias".

Un ejemplo de esto sería el caso de la economía mexicana, que podría posicionarse como un receptor de los flujos de capital orientados anteriormente hacia plantas y fábricas ubicadas en el sudeste asiático y en las Zonas Económicas Especiales de China. Cuestión aparte, por supuesto, es que la errática política económica del actual gobierno mexicano en materia de inversión extranjera, y otras políticas públicas, provoque que esas empresas prefirieran establecerse en los propios Estados Unidos o Canadá, pese a la existencia en éstos de mayores costos laborales, pero con una mayor certidumbre respecto de sus inversiones.

El Gran Ensamble

En un lugar especial y con implicaciones geopolíticas de orden estratégico está la pregunta: ¿Qué ocurrirá en la disputa por la hegemonía entre las dos principales economías del mundo, Estados Unidos y China? ¿La crisis llevará a una ruptura o quiebre de la globalización o, por el contrario, implicará que China, la economía que en las últimas décadas mejor ha hecho uso de ésta, tome más pronto de lo previsto la estafeta como líder número uno de la economía mundial?

El surgimiento del virus y el inicio de la pandemia en la provincia de Wuhan, sumados a temas como el conflicto con Hong Kong o las disputas con otros países asiáticos por islas en el Mar de China, son factores que han exacerbado la disputa entre las dos potencias. Ha llegado incluso a hablarse de escenarios de guerra y oficialmente de una posible "Guerra Fría". En contraparte, sin embargo, hay que tener presente que poco antes del brote de la pandemia se había logrado un acuerdo comercial entre las dos potencias.

Figura 2. El Gran Ensamble

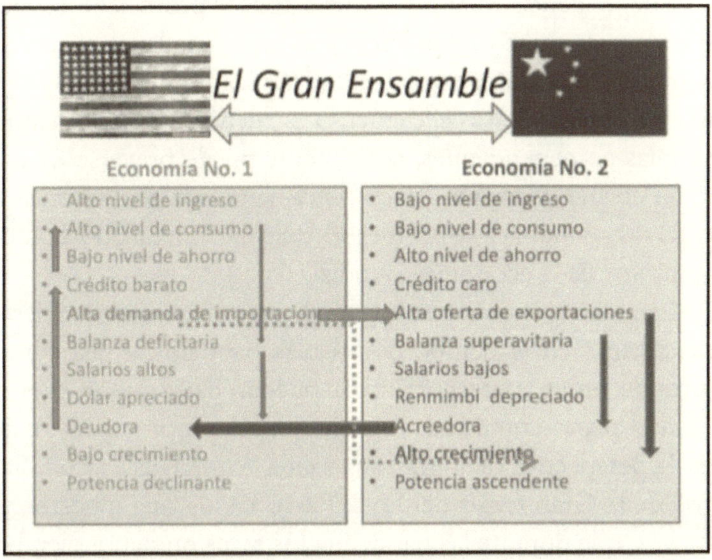

Fuente: elaboración propia.

Al margen de la retórica del presidente Trump (especialmente de cara a las elecciones presidenciales de noviembre de este año), y de las declaraciones en respuesta de los dirigentes chinos, existe un hecho decisivo: las economías número uno y dos del planeta han mantenido una rivalidad complementaria basada en el "ensamble" comercial y financiero de sus respectivas economías. El círculo virtuoso-vicioso de: excedentes comerciales-subvaluación cambiaria-compra de títulos de deuda pública del gobierno estadounidense-crédito barato que alienta la compra de productos chinos en el mercado estadounidense-excedentes comerciales-… y así sucesivamente, ha permitido a la economía China ascender en el escenario mundial de una manera estrechamente acoplada a los desequilibrios de la economía estadounidense (Arriaga *et. al.*, 2012). La Figura 2 esquematiza esos grandes desequilibrios.

Este "Gran Ensamble" ha sido el "eje" de la economía mundial durante lo que va del siglo XXI. En los últimos años éste ha entrado en un proceso de reajuste tanto por la presión estadounidense para mitigar sus desequilibrios externo y público, y su consiguiente dependencia financiera, como por los propios desbalances de la economía china y las políticas gubernamentales para corregirlos y transitar hacia una sociedad "armónica" (Ramos, 2011).[2] En tanto este "ensamble" es el elemento estructural que hace a ambas economías co-dependientes, difícilmente puede preverse un escenario en el cual la disputa hegemónica, agravada por las crisis del COVID-19, conduzca a romper lo que ha funcionado como el doble motor de la economía mundial.

Lo anterior, por supuesto, no significa descartar que debido a la extensión en el tiempo de las olas pandémicas, así como a factores de orden extraeconómico, puedan existir conflictos que rebasen el plano comercial. Implica también, por supuesto, descartar la perspectiva de lograr una salida "ordenada" y con "liderazgo" de la Gran Crisis del Lockdown. La historia muestra, una y otra vez, que durante las pandemia los seres humanos siembran en su corazón la ilusión de que éstas servirán para mejorar en algo al mundo (Bergdolt, 2011). También ahora ocurre algo semejante. Pero el hecho real es que Estados Unidos ha perdido esa capacidad y China aún no la llega a poseer. El "desequilibrio catastrófico" (Gramsci *dixit*) de la economía mundial continuará en el capitalismo postpandemia.

---

[2] Este plan quinquenal se propuso: 1. Hacer que las fuentes de crecimiento se apoyen más en el consumo interno y menos en la inversión y las exportaciones; 2. Que ganen peso en la estructura económica los

servicios y lo pierda el sector industrial; 3. Incrementar las participaciones de los hogares y el gobierno en el ingreso total y reducir las de las empresas; 4. Reducir la tasa de ahorro de las familias; 5. Reducir el superávit comercial y apreciar el *renmimbi* (nombre oficial de la moneda china). Ese proceso de "rebalanceo" de la economía china no ha avanzado durante una década, como había sido previsto, y, entre otras consecuencias, con el estallido de la pandemia posiblemente no se logrará el objetivo planteado en este plan de duplicar en 2020 el PIB *per cápita* alcanzado en 2010 (7 mil 519 dólares).

Bibliografía y referencias

Arriaga, R.; J. Estrada y A. Toledo (2012). "El acoplamiento de las economías de China y los Estados Unidos: desequilibrios macroeconómicos, comerciales y financieros (1992-2011)", en Buzo, R. (Coord.). *Los Grandes Desequilibrios de la Economía Mundial*, Universidad Autónoma Metropolitana Azcapotzalco, 650 pp.

Bergdolt, K. (2011). *Die Pest. Geschichte des Schwarzen Todes*, Verlag C. H. Beck, München, 127 pp.

Frankopan, P. (2020). "Coronavirus has Presented China With a Historic Opportunity and it Will Take it", *The Guardian*, 14 de mayo.

El Economista (20). "China y Estados Unidos están al borde de una nueva Guerra Fría, advierte Ministro Wang Yi", *El Economista*, 24 de mayo.

García, M. (2020). "Así será la economía que vendrá tras el virus", *El País*, 12 de abril.

Hung, Ho-fung (2015). *The China Boom. Why China Will Not Rule the World*, Columbia University Press, New York, 232 pp.

Lem, S. (1988). "De impossibilitate vitae e la impossibilitate prognoscendi", en Lem, S. *Vacío perfecto*, Ediciones B, Barcelona, pp. 85-91.

Marichal, C. (2010). *Nueva Historia de las Grandes Crisis Financieras. Una perspectiva global, 1873-2008*, Debate, Ciudad de México, 420 pp.

Ordaz, C. (2020). "Qué es el estancamiento secular de la economía y qué pueden hacer los gobiernos para combatirlo", *El País*, 7 de mayo.

Ramos, G. (2011). *El XII Plan Quinquenal de la República Popular China*, Embajada de España en China, Xanghai.

Villagómez, A. (2011). *La primera gran crisis mundial del siglo XXI*, Tusquets Editores, Ciudad de México, 245 pp.

World Trade Organization (WTO)(2020). *Annual Report*. Disponible en: https://www.wto.org/english/res_e/publications_e/

anrep20_e.htm

Young, A. (2020). "The Beginning of De-Globalization", *Der Spiegel International*, 5 de mayo.

Zahidi, S. (2020). "El Futuro del Trabajo está aquí: 5 modos de restablecer los mercados laborales tras la recuperación del Coronavirus", *World Economic Forum*. Disponible en: https://es.weforum.org/agenda/2020/05/el-futuro-del-trabajo-esta-aqui-cinco-modos-de-restablecer-los-mercados-laborales-tras-la-recuperacion-del-coronavirus

La pandemia y la economía mexicana. El futuro nos alcanzó

Javier Santiago Castillo*

El autor es Profesor-investigador en la Universidad Autónoma Metropolitana Iztapalapa (UAM-I); fue Consejero Presidente en el Instituto Electoral del Distrito Federal (IEDF) y Consejero Electoral en el Instituto Nacional Electoral (INE); fue fundador de la Sociedad Mexicana de Estudios Electorales (SOMEE) y Responsable del Centro de Estadística y Documentación Electoral de la UAM-I; ha coordinado diplomados sobre estudios electorales, teoría y práctica parlamentaria, y transparencia y partidos políticos, entre otros; es autor del libro Justicia Electoral. Conflicto político y democratización y coautor del libro De la opacidad a la transparencia y rendición de cuentas: la fiscalización de los partidos políticos; ha publicado múltiples artículos de investigación en materia electoral.

El escenario global

La recesión económica mundial que se pronosticaba para este año alcanzó al mundo con anticipación. La causa esencial ha sido la pandemia del coronavirus: en cuatro meses pasamos de la incertidumbre a la certeza de la gravedad de la crisis. Además, han salido a flote las debilidades de la globalización; de manera relevante, la lacerante desigualdad y los precarios servicios de salud para atender a la mayoría de la población.

Las cifras de los organismos internacionales son contundentes. El Fondo Monetario Internacional (FMI) en su informe

133

"Perspectivas Económicas Mundiales" estimó que la recesión mundial en 2020 ocasionará una contracción de 3 por ciento del Producto Interno Bruto (PIB) global. La caída en las economías avanzadas será de 6.1 por ciento, en promedio, con 'descalabros' de hasta 9.1 y 8 por ciento en Italia y España, respectivamente; de 7 por ciento en Alemania, y de 5.9 por ciento en Estados Unidos. En China el PIB decreció en el primer trimestre de este año 6.8 por ciento; a pesar de eso, será uno de los dos países que crecerá en 1.2 por ciento; el otro será la India, en 1.9 por ciento.

En América Latina el promedio de la disminución estimado por el FMI será de 5.2 por ciento del PIB, encabezado por la contracción de México, en 6.6 por ciento (el cálculo de enero era de +1 por ciento), y de Brasil, en 5.3 por ciento. Por su parte, el Banco Interamericano de Desarrollo (BID) en su informe sostiene que la región sufrirá reducciones de entre 1.8 por ciento, en un escenario moderado, y 5.5 por ciento, en el más extremo (Nuguer y Powell, 2020).

A su vez, la Organización Internacional del Trabajo (OIT) pronosticó que la pandemia puede llegar a destruir en todo el mundo hasta 195 millones de empleos en tres meses. La OIT prevé que las regiones de Latinoamérica y el Caribe perderán 14 millones de puestos de trabajo, mientras que Centroamérica lo hará en 3 millones.

La respuesta de los organismos internacionales fue abrir la cartera para otorgar créditos. Así, el FMI liberó créditos por 500 millones de dólares a 25 países para enfrentar el impacto de la pandemia y para "aliviar" de inmediato la deuda que tienen con el mismo organismo. Por su parte, el Grupo de los 20 (G20) dio el visto bueno a la suspensión del pago del servicio de la deuda de los países más pobres, hasta finales de 2020, debido al impacto económico de la pandemia del coronavirus. Asimismo, instó "a los acreedores privados, a través del Instituto Internacional de Finanzas, a participar en la iniciativa en términos comparables".

Estos organismos internacionales están alineados a los intereses de los centros financieros acreedores del mundo, por eso impulsan el otorgamiento de créditos, para que los deudores continúen pagando. Es obvio que las economías fuertes pueden endeudarse en mayor proporción que las economías débiles, pues tienen mejores condiciones para resistir vendavales como la pandemia del coronavirus.

Aun así, no deja de ser una situación que coyunturalmente les crea dificultades para su manejo. Veamos algunas cifras: según la Organización para la Cooperación y el Desarrollo Económicos (OCDE), en 2018 la carga de la deuda en relación con el PIB era aplastante para Japón (representaba el 240 por ciento), Italia (el 147 por ciento), Estados Unidos (el 136 por ciento), Francia (el 122 por ciento), Gran Bretaña (el 117 por ciento) y España (el 115 por ciento), por citar solo algunos países. La excepción es Suiza, cuya deuda pública representa únicamente el 27 por ciento del PIB.

El FMI estima que la deuda pública global aumentará más de 13 puntos porcentuales en este año, equivalente a 96.4 por ciento del PIB global. Su pronóstico sobre la deuda pública de México es que llegará a 61.4 por ciento del PIB durante el año, ocho puntos más comparado con el 53.4 por ciento que alcanzó en 2019 y menor al promedio de endeudamiento de América Latina, que es de 78 por ciento del PIB.

Los miembros del G20, responsables del 85 por ciento de la producción económica mundial, han declarado que, con el objetivo de minimizar el daño económico y social de la pandemia, estimular el crecimiento y mantener la estabilidad de los mercados, destinarán 5 billones de dólares.

Por su parte, los gobiernos han tomado múltiples y diversas medidas para contrarrestar los efectos de la caída económica, y para apoyar a las empresas y a los trabajadores, entre ellas: reducción de las tasas de interés, diferimiento del pago de impuestos y de la seguridad social, créditos blandos, financiamiento por la reducción de horas de trabajo, seguro al desempleo, prórroga en el pago de hipotecas, exoneración de pagos a la seguridad social, entrega de bonos para el pago del cuidado de los hijos, etcétera.

En el caso argentino, el gobierno presentó una tímida propuesta a los acreedores privados de tres años de gracia (no se pagaría nada hasta 2023) y reducción de intereses (se pagaría el 2,3 por ciento en promedio, cuando la mayoría de las emisiones de bonos tienen un rendimiento anual cercano al 10 por ciento), lo que supondría una quita de 37 mil 900 millones de dólares.

En su informe el BID sostiene que los bancos centrales de América Latina y el Caribe deberían adoptar medidas "no convencionales" para evitar las consecuencias permanentes del *shock* resultante del coronavirus en la región. También es necesario incluir a los gobiernos en la toma de esas medidas "no convencionales".

Las pérdidas económicas por la pandemia del coronavirus podrían alcanzar los 8.8 billones de dólares. La cifra supone cerca del 10 por ciento de la producción económica mundial (*Economía Hoy*, 2020).

Repercusiones en México

La crisis económica global ya está entre nosotros. Obviamente, el golpe para los países periféricos como México será grave. El sector privado estima que el PIB tendrá un decremento de 8.16 por ciento en 2020, cifra más profunda de la observada en 2019 (-0.30 por ciento), de la prevista un mes atrás (-7.27 por ciento) y por debajo del rango anticipado por Hacienda (entre 0.1 y -3.9 por ciento) en los PreCriterios para la elaboración del presupuesto 2021 (*El Financiero*, 2020a). Por otra parte, según la Confederación de Cámaras Industriales, con el decremento del PIB podrían quebrar unas 200 mil empresas industriales. Asimismo, no existe cálculo sobre el número de negocios formales, no industriales, que desaparecerán.

Ante el escenario de un rebrote de la pandemia en el mes de julio el decremento del PIB puede acercarse al 10 por ciento. Este dato genérico encierra consecuencias sociales que postrarán aún más a los sectores sociales más vulnerables; representa desempleo, bajos salarios, mayor pobreza y hambre.

El turismo es uno de los sectores económicos más afectados, sus pérdidas, según el Centro de Investigación y Competitividad Turística Anáhuac, se calculan en 500 mil millones de pesos para el periodo de marzo a mayo de 2020 (*Milenio*, 2020). El impacto en el mundo laboral es de una magnitud nunca antes vista. Hay que tomar en consideración el desempleo histórico y el empleo precario que se han visto agravados como consecuencia de la pandemia. Los pronósticos sobre la pérdida de empleos formales van de uno a un millón y medio, pero según un informe del Instituto Nacional de Estadística y Geografía (INEGI) el escenario es todavía más desolador ya que 12 millones de personas económicamente activas están en una situación de suspensión laboral temporal (eufemismo técnico del desempleo) derivado de la cuarentena. Estas personas no tienen seguridad de que volverán al trabajo.

El Consejo Nacional de Evaluación de la Política de Desarrollo Social (CONEVAL) estimó los efectos potenciales que la actual coyuntura sanitaria podría generar en los niveles de pobreza por ingresos y en la pobreza laboral. La pobreza por ingresos se podría incrementar entre 7.2 y 7.9 puntos porcentuales, teniendo un incremento de la población en situación de pobreza extrema por ingresos de entre 6.1 y 10.7 millones de personas para 2020, mientras que para la pobreza laboral se estima un aumento de entre 37.3 por ciento a 45.8 por ciento en el segundo trimestre del mismo año (CONEVAL, 2020). Por otro lado, la Comisión Económica para América Latina y el Caribe (CEPAL) concluyó que, en México, según el escenario medio de pobreza (incluye pobreza y pobreza extrema) el número de personas en esa situación llegaría a 63.7 millones de personas, y en el escenario alto alcanzaría 65.5 millones (CEPAL, 2020). Otro rostro de la pobreza es la disminución de los ingresos. En ese rubro, el 91 por ciento de los mexicanos ha sufrido un impacto negativo, mientras que el 58 por ciento ha visto una reducción en sus ingresos de al menos el 60 por ciento, de acuerdo con el estudio "Covid-19: reinicio forzado al consumo básico", realizado por la consultora EY (*Forbes*, 2020).

Otro problema experimentado ha sido "… la caída de 35% del precio del crudo en dos semanas […] Si bien el gobierno federal contrató coberturas que garantizan un precio de 49 dólares por barril —establecido en el paquete económico—, éstas se cobrarán hasta diciembre […] por lo que el gobierno federal no tendría esos ingresos al momento..." (Martínez, 2020).

Aunado a lo anterior: "… el impuesto sobre la renta se verá impactado por unos 350 mil millones de pesos. Es decir, la caída en la recaudación sería del orden de 750 mil millones..." (Martínez, 2020). Una buena noticia es que durante el primer trimestre del año las remesas de los mexicanos en el exterior han sido una bocanada de aire fresco en divisas, pues sumaron un total de 12 mil 158.5 millones de dólares, 12.7 por ciento más que en el mismo periodo del año anterior. A pesar de ese incremento, la disminución anual fue de 2.6 por ciento, lo que augura un mayor decremento para el resto del año como consecuencia de la recesión económica en Estados Unidos (CEFP, 2020c).

Hasta aquí hemos revisado el impacto económico y social de la pandemia, pero es relevante considerar los recursos financieros con que se cuenta para enfrentar la crisis. En primer lugar, las Reservas Internacionales ascendieron a 186 mil 921.9 millones de dólares (mdd) al 15 de mayo y a 187 mil 171.8 mdd al 22 de mayo (CEFP, 2020d). Es importante resaltar este rubro ya que a pesar de las bruscas fluctuaciones de la paridad del peso frente al dólar, han jugado un papel importante para evitar una devaluación profunda.

Aunado a lo anterior, el gobierno expidió un primer decreto (DOF, 2020) con medidas de austeridad que plantean, en lo fundamental, una disminución de los salarios de los servidores públicos y la aplicación de un recorte de 75 por ciento del presupuesto operativo gubernamental. El 22 de mayo la Secretaría de Hacienda y Crédito Público (SHCP) ordenó a todo el gobierno federal, y a los organismos descentralizados, desconcentrados, empresas de participación estatal mayoritaria y fideicomisos, que ejecuten gasto, aplicar el recorte de 75 por ciento del gasto en los rubros relacionados con materiales, suministros y servicios generales. Este recorte le permitiría obtener, aproximadamente, 39 mil millones de pesos. Solo se exceptuaron de esta medida la Secretaría de Salud, la Secretaría de la Defensa Nacional y la Secretaría de Marina.

El indicador de confianza empresarial[1] nos permite conocer las expectativas de una parte del empresariado; con éste se evalúan tres sectores económicos: la manufactura, la construcción y el comercio. Después de julio de 2019 este indicador tuvo un repunte y llegó a los 53 puntos; a partir de mayo de 2019 ha tenido un descenso sostenido hasta alcanzar en 2020, en el sector manufacturero, 35.2 puntos, en el de construcción 36.2 puntos y en el de comercio 36.8 puntos (CEFP, 2020b).

Aunado al bajo puntaje del indicador de confianza empresarial, los miembros del sector señalan que: "… los principales riesgos para el crecimiento económico son: i) debilidad del mercado externo y la economía mundial; ii) incertidumbre sobre la situación económica interna; iii) debilidad del mercado interno; iv) incertidumbre política interna; v) la política de gasto público; vi) problemas de inseguridad pública; y, vii) la ausencia de cambio estructural en México" (CEFP, 2020a). Existen tres aspectos esenciales más que no son tomados en cuenta como riesgos por los empresarios: el sistema fiscal desequilibrado, la desigualdad social y el desempleo. Hasta aquí la reflexión sobre la situación actual y las consecuencias económicas y sociales de la pandemia. El gran reto es definir medidas para, al menos, paliar los efectos de la crisis económica.

¿Qué hacer?

Hay analistas que han establecido las medidas económicas tomadas por los gobiernos europeos, Canadá, Estados Unidos o China, como modelos a seguir. Para comparar las respuestas de los diferentes países es necesario considerar las condiciones económicas,

---

[1] "El Indicador de Confianza Empresarial (ICE) está constituido por la opinión de los directivos empresariales de los sectores manufacturero, construcción y comercio, acerca de la situación económica que presenta el país y sus empresas. Su valor fluctúa entre 0 y 100, pero comúnmente se utiliza el valor de 50 como umbral para separar el optimismo del pesimismo" (CEFP, 2020b).

las características de las políticas públicas y, de manera relevante, las condiciones de vida de la población, de donde se derivan las fortalezas o debilidades para enfrentar la crisis económica. Por eso, es del todo irreal comparar las medidas tomadas por los países con economías sólidas con las respuestas de nuestro país. Lo cual no implica echar en saco roto las experiencias que pudieran ser de utilidad.

Existen muchas propuestas planteadas desde diversos sectores acerca de las medidas a tomar para reactivar la economía. Respecto a la pregunta de dónde obtener los recursos necesarios para esa reactivación, las posturas están polarizadas; sobre cómo obtener esos recursos, también. El gobierno ha decidido no endeudarse, ha establecido medidas draconianas de austeridad presupuestal y presiona a los grandes contribuyentes para saldar sus adeudos con el fisco —se han publicitado tres casos emblemáticos (*Walmart*, Slim y FEMSA), lo cual es justo y saludable—. Por otro lado están los empresarios y los intelectuales del llamado "círculo rojo", partidarios de endeudarse para financiar la reactivación. Ante una situación inédita y grave como la pandemia, y sus consecuencias económicas, sociales, de salud y políticas, ambos extremos deben dejar a un lado sus fundamentalismos y buscar acercar posturas que permitan aliviar las precarias condiciones de vida de la población y reactivar la economía.

El problema de fondo es de dónde pueden venir los recursos financieros para enfrentar la crisis de salud y económica que enfrenta el país. Ni los ahorros internos ni la austeridad ni el endeudamiento lo resolverán. Se presenta una coyuntura para plantear cambios sustanciales al sistema financiero mundial, que en buena medida ha medrado a expensas de los países "subdesarrollados" o del "tercer mundo".

Existen condiciones para renegociar las deudas interna y externa. En el primer caso, con base en opiniones sólidas sobre la inconstitucionalidad de la creación del Fondo Bancario de Protección al Ahorro (FOBAPROA), ahora Instituto de Protección del Ahorro Bancario (IPAB) (Bátiz, 2020), se propone renegociar esa deuda. Se puede analizar la renegociación del total de la deuda interna. En el caso de la deuda externa, México puede ir más allá de la propuesta argentina comentada al inicio de este artículo.

A lo largo de nuestra historia la deuda pública ha sido como una maldición, sin que su manejo haya sido ajeno a turbiedades; guardamos infaustos recuerdos de las crisis ocasionadas por la administración de la deuda pública de 1976, 1982 y 1995. Hoy, ante la adversidad en la salud pública y la economía, la deuda pública puede convertirse en un factor favorable para la obtención de recursos. Veamos primero los datos macro. Según el Centro de Estudios de las Finanzas Públicas de la Cámara de Diputados (CEFP), a enero de 2020, la deuda pública total, interna y externa, en pesos, era de 11 billones 620 mil millones de pesos. La deuda interna ascendía a 7 billones 630 mil millones de pesos y la externa a 213 mil 306 millones de dólares.

La deuda pública interna se compone de 6 rubros, cuatro de ellos intocables: Obligaciones por Ley del Instituto de Seguridad y Servicios Sociales de los Trabajadores (ISSSTE), Bonos de pensión de Petróleos Mexicanos (PEMEX), Bonos de pensión de la Comisión Federal de Electricidad (CFE) y Fondo de Ahorro del Sistema de Ahorro para el Retiro (SAR). Los otros dos suman la mayor parte de la deuda: la banca comercial y la emisión de valores, y ascienden a 7 billones 53 mil millones de pesos.

Otro rubro relevante es el que corresponde al IPAB, el otrora FOBAPROA. Si bien esa deuda ha disminuido, equivalía en septiembre de 2019 a 3.76 por ciento del PIB, no deja de ser cuantiosa. Para 2020 están presupuestados 43 mil 300 millones pesos para el pago del servicio; además "… la necesidad de recursos para hacer frente a las obligaciones de pago del Instituto ascenderá a un monto de 232 mil 342.6 millones de pesos, lo cual se cubrirá con la emisión y colocación de Bonos de Protección al Ahorro (BPAS) en el mercado nacional, por un total de 233 mil 200 millones de pesos a valor nominal". Eso significa mayor endeudamiento.

Pasando a revisar la deuda externa, según el mismo CEFP, a enero de 2020 ésta ascendía a 213 mil 306 millones de dólares. Esta deuda se compone de cinco rubros; en dos de ellos la prudencia indica no tocarlos: Comercio exterior y Proyectos de Inversión Diferidos en el Gasto (Pidiregas). Al sumar los otros tres rubros la deuda asciende a 207 mil 488 millones de dólares: Mercado Bancario (9 mil 97 millones), Organismos internacionales (31 mil 998 millones) y mercado de capitales (166 mil 393 millones).

La SHCP ha realizado al menos dos reestructuraciones de la deuda pública; la primera de la deuda externa "… buscó disminuir compromisos de pago de amortizaciones durante los siguientes siete años y de forma específica se redujeron en alrededor de 37% los compromisos de pago programados para el 2021…" (*El Economista*, 2019); la segunda, ante un escenario económico recesivo, en enero Hacienda informó que había llevado a cabo una reestructuración de su deuda en pesos. El total de la transacción fue de 85 mil 587 millones de pesos, y contó con la participación de inversionistas nacionales y extranjeros. De esta manera logró anular deuda con vencimientos entre el 2020 y el 2022, la cual se sustituyó por una deuda de 48 mil 142 millones de pesos en Bonos M y Udibonos, con vencimientos entre el 2023 y el 2050, a tasas de interés de mercado (*El Economista*, 2020).

Existe un dato relevante que es el llamado "costo financiero de la deuda", cuya mayor parte corresponde a los intereses, los cuales ascienden en total a 727 mil 373 millones de pesos, que incluye los compromisos del IPAB.

Aquí llegamos al punto del qué hacer. La reestructuración de la deuda hecha por la SHCP fue una acción preventiva correcta y saludable. El escenario para los años venideros es otro, totalmente diferente. La tecnocracia económica ha desvirtuado muchos conceptos; si hablamos de renegociación de deuda, las palabras pueden ser satanizadas, por eso utilizaremos el término reestructura.

Antes de pensar en cualquier programa de reactivación económica es indispensable obtener los recursos financieros para impulsarlo. Ahí están 11 billones de pesos de deuda pública y 727 mil 373 millones de pesos del "costo financiero", para ser reestructurados. Naturalmente, esa reestructuración también debe implicar una disminución del capital, del 50 por ciento de los intereses y ciertos plazos. Existen argumentos para plantear una reestructura de esta naturaleza. Tal vez el más contundente para los grandes centros financieros internacionales se refiere a que, de no ser flexibles, la crisis será tan profunda que llevará a la insolvencia a muchos países y estos centros dejarán de obtener ganancias. La otra opción es endeudarse. Sin recursos financieros frescos no será posible realizar acciones que modifiquen las condiciones de vida de la población.

Arturo Herrera, Secretario de Hacienda, planteó como medidas inmediatas: acelerar el gasto programado de los meses de octubre y noviembre para tener un impacto en la economía hoy, enfocado en los proyectos de mayor absorción, como el aeropuerto de Santa Lucía y la refinería de Dos Bocas; acceso al financiamiento centrado en los sectores que podrían arrastrar al resto de la economía: la industria de la construcción y el comercio exterior ligado a las cadena de valor, como la industria automotriz que podría potenciarse con la entrada en vigor del Tratado entre México, Estados Unidos y Canadá (T-MEC). Por otra parte, no está disponible la información sobre la dispersión e impacto de los dos millones de microcréditos (de 25 mil pesos) ofertados por el gobierno federal, que buscan respaldar, de manera relevante, a empresas ubicadas en la microeconomía formal e informal.

Una medida consistente es que la banca de desarrollo debería aumentar su financiamiento en un equivalente al 3 por ciento del PIB —Nacional Financiera da financiamiento de este tipo al 1 por ciento del PIB cuando en épocas pasada llegó a otorgar el 7 por ciento—, lo anterior permitirá implementar nuevos proyectos (Suárez, 2020). Además, es necesario considerar las propuestas hechas por los empresarios en el documento "Recomendaciones para el Acuerdo Nacional. 68 ideas para México", las cuales tienen coincidencias con las planteadas por el propio gobierno.

Es de llamar la atención que desde el FMI surjan propuestas que se salen de su enfoque tradicional. Kristalina Georgieva, Directora Gerente de esa institución, ha planteado tres grandes bloques de acciones: política fiscal, adecuadas políticas sociales y reformas a la estructura de la economía.

El objetivo de la política fiscal sería elevar los ingresos públicos, para ello la estrategia integral sería: 1. Tributación progresiva, pues las investigaciones muestran que en el segmento superior de la distribución del ingreso es posible elevar las tasas marginales de impuesto sin sacrificar el crecimiento económico. 2. Uso de herramientas digitales en la recaudación de impuestos. 3. Reducción de la corrupción; con ello se puede mejorar la recaudación y reforzar la confianza en el gobierno. 4. Presupuestación con perspectiva de género, de esa manera "los gobiernos pueden recurrir a la presupuestación con perspectiva de género para estructurar el gasto y la tributación de manera que den un mayor impulso a la igualdad de género; a su vez, el aumento de la participación femenina en la fuerza laboral afianzaría el crecimiento y la estabilidad".

Las políticas sociales buscarían mitigar la desigualdad del ingreso y sus efectos en la desigualdad de oportunidades, como: 1. Apoyo a la educación. 2. Mejorar el sistema de salud. 3. Programas de pensiones y 4. Infraestructura prioritaria.

Las reformas a la estructura de la economía podrían reducir los costos de ajuste, minimizar las disparidades regionales y apoyar y preparar a los trabajadores: entre las estrategias estarían: 1. Políticas activas del mercado laboral, como ayuda para la búsqueda de empleo, programas de capacitación y, en ciertos casos, seguros salariales. 2. Medidas para facilitar la movilidad de los trabajadores: políticas de vivienda, crédito e infraestructura y 3. Inversiones focalizadas geográficamente.

Se puede considerar que estas propuestas son insuficientes desde la perspectiva económica y social. Lo relevante es construir una alternativa que sea producto de la sinergias de las diversas visiones. En esa lógica se deben encausar las acciones de corto plazo. Más allá de coincidencias y discrepancias con las acciones gubernamentales o las propuestas empresariales, para atenuar los efectos de la crisis económica existe un problema esencial: los recursos del Estado no son suficientes siquiera para atender a los más pobres.

Aunque falta tomar en cuenta otros aspectos. Es importante considerar que las medidas económicas para contrarrestar la crisis económica no pueden dejar de tomar en consideración "la nueva normalidad", la cual ignoramos como será plenamente. La normalidad como la conocimos antes de la pandemia no volverá; esto dicho sin ningún dramatismo. El alejamiento conceptual y espiritual de los seres humanos respecto de la naturaleza nos hizo pensar que no formábamos parte de ésta. La pandemia del CO-VID-19 ha sido un drástico y duro recordatorio de que somos integrantes del entorno natural, no somos ajenos. Formamos parte de la naturaleza, para bien y para mal.

Los científicos hablan de la existencia de millones de virus: no se conoce la mínima parte de ellos. Los del sida, la familia de los coronavirus y el ébola, causaron preocupación y pánico en el pasado no muy lejano. La influenza y las gripes, desde tiempo inmemorial, cobran su cuota de vidas anualmente. Con todos ellos la humanidad ha aprendido a convivir. Tenemos que hacer lo mismo con el COVID-19; aunque pronto tendremos vacuna y tratamiento para atender la enfermedad, no será suficiente para controlarla, esto derivado de la virulencia del contagio.

Esta nueva realidad tendrá que ser considerada para definir no solo las políticas de salud y sanidad públicas, sino las económicas y las laborales, que deberán tomar en cuenta los ambientes físicos en las fábricas, en las oficinas y en cualquier otro ámbito laboral, así como las jornadas de trabajo, no solo en su tiempo de duración sino también respecto al espacio físico donde deberán realizarse. En consecuencia, las formas de convivencia social serán modificadas. Deberemos enfrentar la situación de que las actividades económicas requerirán de inversiones para que las tareas laborales se den en un ambiente que ponga a salvo la salud de los trabajadores.

También serán necesarias fuertes inversiones gubernamentales para que el transporte público, de cualquier naturaleza, sea adaptado a las nuevas condiciones, al igual que las instituciones educativas y los espacios de convivencia social. Por tanto, las medidas a considerar no pueden dirigirse únicamente a la reactivación de la economía, es indispensable considerar los cambios en la vida social. Naturalmente, estas medidas tendrían que ser incluidas en programas de mediano y largo plazo, ya que las acciones para reactivar la economía son necesarias para crear las condiciones de construcción y ejecución de las nuevas políticas públicas dirigidas a atender "la nueva realidad".

Por eso el centro del debate debería ser cómo construir una nueva forma de vida en la que la actividad económica sea una parte, pero solo eso, una parte de un todo más amplio que es la vida humana y sin perder de vista nuestra relación íntima con la naturaleza, tan íntima como que formamos parte de ella. Las élites políticas y económicas tienen que cambiar su visión respecto a considerar el poder y la ganancia como la médula que impulsa su actividad. Una lección de la crisis derivada de la pandemia es, sin duda alguna, que el Estado, tan vapuleado en las últimas décadas, es una institución indispensable para garantizar no solo la convivencia social sino para salvaguardar la vida humana y para contribuir a cuidar la salud del planeta.

Hasta los más recalcitrantes partidarios del libre mercado, del mercado autorregulado, claman hoy por la intervención del Estado para salvar la economía y, naturalmente, sus intereses. Tal vez es el momento de que se percaten de que su idea del mercado autorregulado es una utopía y de que su búsqueda ha contribuido a crear relaciones sociales injustas y discriminatorias que benefician a una minoría y ha ido destruyendo nuestro hábitat natural. Se está buscando atender las consecuencias de la pandemia, es de suma relevancia ubicar también las causas. Tiene que darse una acción dual, lo cual permitiría prever nuevas calamidades.

Es aquí donde el Estado juega un papel fundamental para cambiar nuestra forma de vida, al definir un rumbo por medio de la creación e implementación de políticas públicas que tiendan a la construcción de un Estado de Bienestar conceptualmente renovado. No podemos mantenernos anclados a las concepciones de la década de 1930 o a las de la segunda posguerra mundial, que se limitaban a satisfacer ciertas necesidades básicas de la masa trabajadora. Hoy es indispensable una concepción mucho más amplia que incluya a otro a sectores sociales desfavorecidos, pero no solo a éstos sino, también, a los sectores medios y aun a los integrantes de la elite económica, porque el día de hoy lo relevante es crear las condiciones de convivencia social que permitan garantizar la vida, en escenarios de bienestar material y de satisfacción emocional de todas las personas.

Por otro lado, también debe aceptarse que el costo de la crisis económica debe ser asumido proporcionalmente por cada sector social o económico. Está muy lejos de la justicia el que las clases medias y los pobres asuman todo el costo de la crisis. Es momento de repensar el modelo económico, poniendo en primer lugar el bienestar de la población. Por el beneficio del país, para avanzar en esta ruta es necesario hacer un frente interno. Políticamente, Tirios y Troyanos deben serenarse y abandonar sus sectarismos. Lo que está en juego es la viabilidad de la nación.

Bibliografía y referencias

Bátiz, Bernardo (2020). "Fobaproa, hora de repensar", *La Jornada*, 13 de abril. Disponible en: https://www.jornada.com.mx/2020/04/13/opinion/021a1pol [fecha de consulta 30 de mayo de 2020].

Centro de Estudios de las Finanzas Públicas (CEFP) (2020a). "Reporte Económico: Expectativas del Sector Privado-Banxico", CEFP, 1 de junio. Disponible en: https://www.cefp.gob.mx/ixDOCs/2017/321-200601.pdf [fecha de consulta 1 de junio de 2020].

_______ (2020b). "Reporte Económico: Indicador de Confianza empresarial", CEFP, 1 de junio. Disponible en: https://www.cefp.gob.mx/ixDOCs/2017/224-200601.pdf [fecha de consulta 1 de junio de 2020.

_______ (2020c). "Reporte económico: Remesas familiares", 2 de junio. Disponible en: https://www.cefp.gob.mx/ixDOCs/2017/284-200602.pdf [fecha de consulta 3 de junio de 2020].

_______ (2020d). "Reporte Económico: Indicadores económicos de coyuntura", CEFP, 3 de junio. Disponible en: https://www.cefp.gob.mx/indicadores/gaceta/2020/iescefp0202020.pdf [fecha de consulta 3 de junio de 2020].

Comisión Económica para América Latina y el Caribe (CEPAL) (2020). "El desafío social en tiempos del COVID-19", *Informe Especial COVID-19*, CEPAL. Disponible en: https://repositorio.cepal.org/bitstream/handle/11362/45527/5/S2000325_es.pdf [fecha de consulta 30 de mayo de 2020].

Consejo Coordinador Empresarial (CCE) (2020), "Recomendaciones para el Acuerdo Nacional. 68 ideas para México", CCE, mayo. Disponible en: https://www.cce.org.mx/wp-content/uploads/2020/05/68-ideas-para-M%C3%A9xico-Mayo-2020.pdf [fecha de consulta 30 de mayo de 2020].

Consejo Nacional de Evaluación de la Política de Desarrollo Social (CONEVAL) (2020). "La crisis sanitaria generada por la covid-19 y sus consecuencias económicas ponen en riesgo avances en desarrollo social y puede afectar en mayor medida a grupos vulnerables", Comunicado No. 6, CONEVAL, 11 de mayo. Disponible en: https://www.coneval.org.mx/SalaPrensa/Comunicadosprensa/Documents/2020/Comunicado_06_POLIITICA_SOCIAL_EN_CONTEXTO_COVID_19.pdf#search=%E2%80%9CLa%20pol%C3%ADtica%20social%20en%20el%20contexto%20de%20la%20pandemia%20por%20el%20virus%20SARS%2DCoV2%20%28Covid%2D19%29%20en%20M%C3%A9xico%E2%80%9D [fecha de consulta 3 de junio de 2020].

Diario Oficial de la Federación (DOF) (2020). "Decreto por el que se establecen las medidas de austeridad que deberán observar las dependencias y entidades de la Administración Pública Federal bajo los criterios que en el mismo se indican", DOF, publicado el 23 de abril. Disponible en: https://www.dof.gob.mx/nota_detalle.php?codigo=5592205&fecha=23/04/2020 [fecha de consulta 30 de mayo de 2020].

Economía Hoy (2020). "Las pérdidas económicas por la pandemia de coronavirus podrían alcanzar los 8.8 billones de dólares", *Economía Hoy*, 15 de mayo. Disponible en: https://www.economiahoy.mx/economia-eAmmexico/noticias/10545107/05/20/Las-perdidas-economicas-por-la-pandemia-de-coronavirus-podrian-alcanzar-los-88-billones-de-dolares-.html [fecha de consulta 3 de junio de 2020].

El Economista (2019). "SHCP reestructura y consigue respiro en pago de deuda", *El Economista*, 24 de julio. Disponible en: https://www.eleconomista.com.mx/economia/SHCP-reestructura-y-consigue-respiro-en-pago-de-deuda-20190724-0138.html [fecha de consulta 26 de junio de 2020].

______ (2020). "Hacienda aplaza pago de deuda local para el 2022 y 2050", *El Economista*, 4 de julio. Disponible en: https://www.eleconomista.com.mx/economia/Hacienda-realiza-quinta-permuta-del-ano-aplaza-pago-de-deuda-local-para-2022-y-2050-20200604-0078.html [fecha de consulta 5 de julio de 2020].

El Financiero (2020a). "Nuevo pronóstico de Hacienda para PIB 2020: en el mejor escenario, avance de 0.1%; en el peor, caída de 3.9%", *El Financiero*, 1 de abril. Disponible en: https://www.elfinanciero.com.mx/economia/hacienda-le-pasa-tijera-al-pronostico-del-pib-para-2020 [fecha de consulta 7 de junio de 2020].

______ (2020b), "Desplome histórico en exportaciones de México a EU", *El Financiero*, 5 de junio. Disponible en: https://www.elfinanciero.com.mx/economia/exportaciones-de-mexico-a-eu-se-desploman-48-en-abril-su-mayor-caida-en-la-historia [fecha de consulta 10 de junio de 2020].

Forbes (2020). "Más de la mitad de los mexicanos ha visto una reducción del 60% en sus ingresos: EY", *Forbes*, junio 3. Disponible en: https://www.forbes.com.mx/economia-mas-de-la-mitad-de-los-mexicanos-ha-visto-una-reduccion-del-60-en-sus-ingresos-ey/?fbclid=IwAR2Sv5ylcb6KR7hhMJ7qJ1WFHdbwpC48kCw3w3AXUd53qBCapAW6HuDR8Q [fecha de consulta 4 de junio de 2020].

Fondo Monetario Internacional (FMI) (2020). "Perspectivas Económicas Mundiales, abril 2020", Informes de perspectivas de la economía mundial, sitio Web, abril. Disponible en: https://www.imf.org/es/Publications/WEO/Issues/2020/04/14/weo-april-2020 [fecha de consulta 1 de junio de 2020].

Georgieva, Kristalina (2020). "Reducir la desigualdad para generar oportunidades", Fondo Monetario Internacional, sitio Web. Disponible en: https://www.gob.mx/shcp/gacetaeconomica/documentos/reducir-la-desigualdad-para-crear-oportunidades-fmi [fecha de consulta 1 de junio de 2020].

Instituto Nacional de Estadística y Geografía (INEGI) (2020). "Resultados de la encuesta telefónica de ocupación y empleo (ETOE). Cifras oportunas de abril de 2020", Comunicado de prensa núm. 264/20, INEGI, 1 de junio. Disponible en:

https://www.inegi.org.mx/contenidos/saladeprensa/boletines/2020/enoe_ie/ETOE.pdf [fecha de consulta 8 de junio de 2020].

Martínez, Ignacio (2020). "Covid-19: pérdidas por 900 mil mdp en un mes", *La Jornada,* 22 de marzo. Disponible en: https://www.jornada.com.mx/ultimas/economia/2020/03/22/covid-19-perdidas-por-900-mil-mdp-en-un-mes-4993.html [fecha de consulta 1 de junio de 2020].

Milenio (2020). "Elevan 108% estimación de pérdidas para turismo en México por coronavirus", *Milenio*, 20 de abril. Disponible en: https://www.milenio.com/negocios/turismo-mexico-perdera-500-mil-mdp-coronavirus-cicotur [fecha de consulta 1 de junio de 2020].

Nuguer, Victoria y Andrew Powell (Coords.) (2020). *Políticas para combatir la pandemia: Informe macroeconómico de América Latina y el Caribe 2020*, Banco Interamericano de Desarrollo. Disponible en: https://publications.iadb.org/publications/spanish/document/Informe_macroecon%C3%B3mico_de_Am%C3%A9rica_Latina_y_el_Caribe_2020_Pol%C3%ADticas_para_combatir_la_pandemia.pdf [fecha de consulta 30 de mayo de 2020].

Santiago, Javier (2020a). "Deuda pública y COVID", *La Crónica de Hoy*, 3 de mayo. Disponible en: https://www.cronica.com.mx/notas-deuda_publica_y_covid-1152680-2020

______ (2020b). "¿Cuándo y cómo volver a la normalidad?", *La Crónica de Hoy*, 16 de mayo. Disponible en: https://www.cronica.com.mx/notas-cuando_y_como_volver_a_la_normalidad-1153993-2020

Suárez, Francisco (2020). "La banca de desarrollo debería triplicar financiamiento por la crisis: Suárez", *Economía Hoy*, 2 de junio. Disponible en https://www.economiahoy.mx/economia-eAm-mexico/noticias/10581726/06/20/La-banca-de-desarrollo-deberia-triplicar-financiamiento-por-la-crisis-Suarez.html [fecha de consulta 3 de junio de 2020].

¿Nueva normalidad o anomia renovada?
Gerardo Ávalos Tenorio*

El autor es Profesor-investigador Titular de Tiempo Completo, adscrito a la División de Ciencias Sociales y Humanidades de la Universidad Autónoma Metropolitana Xochimilco (UAM-X) y Coordinador del Doctorado en Ciencias Sociales en la misma institución. Su libro más reciente es Hegel actual. La paciencia de lo negativo, Gedisa/UAM-X, México (2018).

Era difícil contener el ímpetu de opinar sobre las consecuencias de la pandemia en el futuro de la vida social. Se impuso como obligación reaccionar sobre el COVID-19 y sus repercusiones (AA.VV., 2020). Al menos dos sentencias afirmaron su condición absoluta: la vida humana es frágil, efímera e insegura; la ciencia y la tecnología, no obstante su inmenso desarrollo, no nos blindan de que una extraña microentidad ponga en peligro real a la humanidad entera. Aunque la comunidad científica mundial ha avanzado prodigiosamente en el conocimiento de la naturaleza, todavía quedan muchas lagunas por llenar. El nuevo coronavirus 19 se suma a la lista de virus de los que se conoce su estructura y dinámica pero se desconoce su origen y, lo peor, el tratamiento para desactivarlo del organismo vivo una vez que interactúa con él. De hecho, la emergencia de este nuevo virus reveló la heterogeneidad de perspectivas, de posiciones, de metodologías y de epistemologías, así como de derivaciones tecnológicas, de las ciencias naturales;[1] este

---

[1] De hecho, la Organización Mundial de la Salud (OMS) como agencia de la Organización de las Naciones Unidas (ONU), son organizaciones

153

carácter no es, pues, exclusivo de las ciencias sociales. En lo que sí hay consenso es que se sabe muy poco del virus: es muy contagioso (muy virulento) pero tiene baja tasa de mortandad, es decir que un alto porcentaje (80 por ciento) de quienes lo contraen (o por lo menos de quienes lo han contraído) logran superarlo con el funcionamiento normal de su sistema inmunológico, sin embargo, ha resultado letal para personas con padecimientos previos, destacadamente con obesidad, hipertensión y diabetes.

Esta condición de *terra ignota* del virus y la enfermedad que causa ha abierto de par en par las puertas de la especulación filosófica y, sobre todo, de la ficción; también ha sido el terreno propicio para el despliegue de las utopías políticas y ecológicas de distintos signos. Por lo demás, la ficción también hizo su aparición considerablemente amplia en las redes sociales y en las distintas plataformas, donde abundan historias de complots, de guerra comercial entre Estados Unidos y China, de invasiones extraterrestres, etcétera. También se abrieron paso distintas formas alternativas de enfrentar la enfermedad, desde la medicina tradicional hasta psicoterapias no convencionales. Sin embargo, lo inverosímil frente a la realidad del virus, su existencia, sus efectos, y la posibilidad de la muerte, se alzaron como una tremenda tempestad que asola globalmente a la humanidad entera. El virus originado en China pronto cubrió todo el planeta, pero no a todos

---

políticas que no aparecen como tales, pero sus directrices parecen tener un carácter taxativo. Esto acontece precisamente cuando ha de imponerse por necesidad un acuerdo o una decisión que, dejada a merced de la controversia, el diálogo y la discusión, se extendería al infinito. La propia denominación de "COVID-19", para referirse tanto al virus como a la enfermedad, proviene de una decisión de la OMS sustentada en un comité de expertos virólogos y epidemiólogos. Lo lógico sería denominar a la enfermedad SARS-CoV-2, pues se trata de un síndrome de insuficiencia respiratoria aguda, causado por un virus, el coronavirus descubierto en 2019, COVID-19. La OMS tomó la decisión política de llamarle COVID-19 al virus y a la enfermedad con lo que se desliga el nombre de la enfermedad respecto del SARS de 2003, que también surgió en Asia.

los países los afectó de la misma manera. Siguiendo el camino del sol, Europa recibió el virus y echó a andar las medidas restrictivas del caso. Italia y España vivieron sus peores consecuencias. Más tarde fueron los Estados Unidos los que padecieron agudamente las consecuencias mortales del virus.

La pandemia se ha revelado como un catalizador de la forma social establecida y de sus particulares formas históricas de existencia. En este sentido, la pandemia ha funcionado como síntoma social que ha revelado la situación que guarda el entramado social y su envoltura política. Los modos distintos en los que ha repercutido en los distintos países no tienen que ver con que sus regímenes políticos sean democráticos o autoritarios, salvo de manera francamente secundaria; tampoco ha sido fundamental que estén gobernados por mujeres o por varones, aunque circunstancialmente ello haya contribuido a generar una mayor proporción de audacia, sensibilidad e inteligencia, virtudes que, por cierto, no están concentradas en ningún sexo/género en particular. Lo que sí ha sido esencial es el lugar que ocupa el espacio económico nacional del que se trate en el mercado mundial y, por tanto, en la geopolítica de los grandes espacios. El sistema categorial que contribuye a la comprensión de este hecho fundamental es el relacionado con la unidad contradictoria que forma el centro/periferia. Estas categorías resultan sumamente útiles para interpretar las repercusiones sociales de esta nueva peste, toda vez que los alcances y límites de la acción estatal están condicionados por la posición que se ocupe en la unidad global del capital. Debe advertirse, de entrada, que el sistema centro/periferia es una construcción categorial del pensamiento y no coincide con las demarcaciones territoriales de los Estados naciones. Hay capitales en los países subordinados que interactúan de manera compleja con el mercado mundial y que producen, en las sociedades subordinadas, una clase dominante cuyas formas de vida se asemejan a las de la élite del poder mundial. Pero esta alta burguesía de los territorios estatales de las antiguas colonias está subordinada a la ciencia y la tecnología concentrada en los centros imperiales. Este sistema centro/periferia, en efecto, se concreta o manifiesta en la existencia de Estados dominantes y Estados subordinados, pero estos últimos no tienen otro tipo de capitalismo (dependiente o subdesarrollado) sino que es el mismo capitalismo mundial padecido de manera diferente por la mayor parte de la población. El signo distintivo del sistema centro/periferia cuando deviene (es un devenir que se produce en el pensamiento) en sistema de Estados naciones, es que existen Estados naciones soberanos que realmente organizan el mundo de manera negociada después de una competencia abierta por el control de los mercados y las materias primas; otros Estados, en cambio, en cuanto subordinados, no tienen soberanía realmente, y como no puede haber "soberanía limitada" o "restringida" (o se tiene o no se tiene, no es una cuestión de grado), entonces podemos hablar de *subveranía*, un tipo de poder que toma decisiones, pero subordinada a la lógica del poder mundial del capital.[2]

La peste, o ¿por qué atacan los pájaros?

"Algo huele mal en Dinamarca", hace decir Shakespeare al centinela que acompaña a Hamlet en la tragedia del mismo nombre. El hermano ha asesinado al hermano para hacerse del trono y de la reina. La presencia de una epidemia es expresión de una irregularidad en el curso natural de los acontecimientos, es la manifestación de una anormalidad soterrada que incumple las leyes de la naturaleza, de la comunidad o del destino, es, en definitiva, un signo ominoso de la anomia (Girard, 2002: 28).

Por supuesto, se trata de una conjetura del pensamiento mágico, capturada y relanzada estéticamente por la imaginación poética. Una epidemia es un castigo, pero la conducta punible no siempre fue

---

[2] "Quizá más que hablar de 'soberanía restringida', concepto que causa problemas en cuanto al significado preciso de la soberanía (poder supremo de hacer leyes encima del cual no hay ningún otro poder), hablaríamos, con un neologismo, de 'subveranía' como aquel supremo poder de los Estados subalternos al interior de sus territorios, pero que está subordinado al poder de la empresa global y al poder del centro imperial, dependiendo de la posición geoeconómica y geopolítica (por tanto, geoestratégica) que ocupe" (Ávalos, 2006: 216).

resultado de la deliberación o de la voluntad. Los chivos expiatorios (Girard, 2002) no han sido suficientes para alejar el mal; la administración de un veneno dosificado y controlado (es decir, de una vacuna) no ha sido efectiva para garantizar la inmunidad (Esposito, 2005). Hay un mal comunitario que, soterrado, está causando ese mal universal y colectivo, que hace desaparecer las diferencias sociales y le espeta al humano su finitud, fragilidad e intrascendencia. "Estirpe miserable de un solo día, hijos del azar y la fatiga, ¿por qué me fuerzas a decirte lo que para ti sería muy ventajoso no oír? Lo mejor de todo es totalmente inalcanzable para ti: no haber nacido, no *ser*, ser *nada*. Y lo mejor en segundo lugar es para ti… morir pronto" (en Nietzsche, 1995: 52). Esta futilidad de la vida ha sido cantada por los poetas en diversos tiempos y lugares: "Ay mísero de mi, ay infelice/ apurad cielos pretendo/ ya que me tratáis así/ qué delito cometí/ contra vosotros naciendo/ más pues que nací ya entiendo/ qué delito he cometido/ bastante causa ha tenido/ vuestra justicia y rigor/ porque el delito mayor/ del hombre es haber nacido" (Calderón de la Barca, 1994: 28). De la tragedia clásica griega al Romanticismo, de la tragedia victoriana al expresivismo, ha sido puesto en escena el imperio de eso que Hegel llamó "el amo absoluto", la muerte y su aparición espectral constante generadora de angustia, no de castración sino de finitud. La pandemia provocada por el nuevo virus, para la cual no hay tratamiento ni vacuna, genera angustia pues, a pesar de su baja mortandad, nadie puede estar seguro de que su sistema inmunológico responderá al desafío. Y entonces resurgen los miedos ancestrales que nutren las más diversas visiones apocalípticas; pero también se reafirman los apegos supersticiosos de las religiones tradicionales que desafían la voz de la ciencia y "del gobierno", para dejarlo todo en manos de dios.

Y es que algo del orden de lo místico sale a flote cuando las certezas del método científico se desvanecen. Slavoj Žižek, refiriéndose al clásico filme de Hitchcock, se pregunta ¿por qué atacan los pájaros? "… la figura terrorífica de las aves, en realidad, corporiza en lo real una discordia, una tensión irresuelta en las relaciones intersubjetivas. En la película, las aves son como la plaga en la Tebas de Edipo: encarnan un desorden fundamental en las relaciones familiares. El padre está ausente, la función paterna (la función de la ley pacificadora, el Nombre del Padre) está suspendida, y llena ese vacío el superyó materno 'irracional', arbitrario, feroz, que bloquea la relación sexual 'normal' (solo posible bajo el signo de la metáfora paterna). El atolladero del que realmente trata *Los pájaros* es, desde luego, el de la familia estadounidense moderna: el ideal del yo paterno deficiente determina que la ley haga una represión a un superyó materno feroz, que afecta el goce sexual (éste es el rasgo decisivo de la estructura libidinal del 'narcisismo patológico')" (Žižek, 1994: 149).

Toda patología individual, sin embargo, es relacional, y el alcance de esa relación, siendo intersubjetiva, se tiende en un contexto determinado, desde un grupo social determinado. Por eso, las patologías psíquicas parecen modas, como en su momento aconteció con los trastornos alimenticios e imaginarios (concernientes a la imagen, es decir, al "ideal del yo") como la anorexia y la bulimia, por un lado, y la obesidad, por el otro. La ansiedad, la depresión y las adicciones son también patologías extendidas que proceden de una forma de vida socialmente construida, aunque ciertamente padecida como drama individual. La peste en la mancha que forman los pájaros, en la crítica de Žižek. La pandemia del COVID-19 es análoga, entonces, al ataque de las aves. Pero ¿qué es lo que no esta bien? ¿Cuál es el "desorden" (Roudinesco, 2004) familiar que padece la sociedad?

Por supuesto que no se trata de una vinculación mística entre la peste y el desorden social; se trata, antes bien, de un operador teórico que permite funcionar como revelador de las contradicciones sociales no resueltas.

Un Estado cuasi fallido

No era ingenuidad pensar que a partir del 1 de diciembre de 2018 se iba a revertir todo el proceso de descomposición estatal que había resultado de la reestructuración global del capital precipitada en México con singular fuerza a partir de 1988. En inmejorables condiciones de legitimidad electoral, ascendió al gobierno un gobernante y un partido político con una plataforma si no de izquierda al menos restitutiva de los derechos conculcados por las sucesivas administraciones del Partido Acción Nacional (PAN) y del Partido Revolucionario Institucional (PRI). La peculiaridad mexicana de que no exista una clara demarcación entre izquierda y derecha, revolucionarios y conservadores, se debe a una cultura política híbrida que viene de la colonia virreinal y, en consecuencia, de la forma en que el territorio de la Nueva España fue Integrado al mercado mundial. La cultura política mexicana es una manifestación fenomenológica muy compleja de las instituciones del reino americano de la España imperial y, desde luego, de la accidentada construcción de una estatalidad nacional autónoma. No se pueden pedir peras al olmo: no puede florecer una cultura democrática ahí donde ha sido el pacto tradicional señor/siervo el que ha primado y anegado todas las relaciones sociales, incluidas las estrictamente económicas. En la esfera pública, sin embargo, con la apertura electoral abierta con voluntad y entusiasmo en la Reforma política de 1996, se mezclaron (por oportunismos o por pragmatismos) las diversas tendencias ideológicas dentro de los partidos políticos, y tal combinación dio como resultado una alternancia en el gobierno entre el PRI y el PAN, pero con una ortodoxia económica neoclásica compartida. En sentido estricto, de 1994 a 2018 el régimen político mexicano puede ser caracterizado como tecnoburocrático, pues los economistas formados en la Universidad de Chicago, en Harvard y en Yale, dominaron el diseño de la estatalidad y de la política pública. Y la oposición de izquierda, cuando no fue cooptada, tampoco desarrolló una forma organizativa de la clase trabajadora, la clase creadora del capital, sino que se orientó exclusivamente hacia el terreno electoral.

El problema en México no fue tanto la "aplicación" del neoliberalismo sino las determinaciones estructurales en las que se produjo la reestructuración global del capital. Tres características centrales tuvo esta reconfiguración: en primer lugar, la privatización y cambio de función del aparato estatal constituyó grupos económicos muy poderosos asociados con la alta tecnoburocracia; el mecanismo de esta asociación fue la corrupción; en segundo lugar, hubo un reparto del poder político entre el PRI y el PAN, feudalizando el territorio nacional y fragmentando el país por medio de acuerdos locales y regionales que estuvieron en la base de las gubernaturas priístas y panistas. En tercer lugar, se incrementaron las ramas del capital ilegales, particularmente el tráfico de drogas hacia los centros imperiales, el tráfico de armas (en sentido inverso) y el tráfico de personas. Este capitalismo criminal (Altvater, Mahnkopf: 2008) no es otro capitalismo sino el mismo, el legal, el que conocemos, el que le sirve para legalizar el dinero obtenido. Crimen, blanqueo (Del Cid) y acumulación del capital forman una triada perversa pero determinante de las economías y los órdenes políticos de los países subordinados. Esta dimensión precipitó al país entero en el abismo de la violencia que ha cobrado la vida de cientos de miles de jóvenes, pero, además, ha significado el control territorial por parte de los cárteles.

Esta violencia criminal se enlaza con la violencia sistémica (Žižek, 2009) y el resultado es catastrófico para el entramado social. Más del 50 por ciento de la Población Económicamente Activa (PEA) labora en el sector informal; el crecimiento económico ha sido más bien mediocre y, en los últimos dos años se ha agravado la parálisis económica. La crisis del COVID-19 ha implicado 10 millones y medio de desempleados nuevos. El empleo precario sigue desplazando al trabajo formal con derechos. Esos derechos de los trabajadores, asociados con la educación pública, la salud pública y la vivienda, han sido conculcados por todos lados, pero uno de los más desafortunados, aunque menos evidente, está en la calidad de la salud y la educación: se cuenta con la infraestructura y el personal desplegado para atender la institucionalización de estos derechos, pero los resultados concretos son nefastos. Esta es en suma, la anomia que ha caracterizado el país desde 1982.

El bonapartismo

La ruta de Andrés Manuel López Obrador desde la jefatura de gobierno del (entonces) Distrito Federal en el 2000, a las tres candidaturas presidenciales sucesivas (2006, 2012 y 2018), fue un proceso de construcción de una opción política con un programa que no rebasaba el retorno a la ideología de la Revolución Mexicana en su periodo institucional, pero con muy estrechos márgenes de maniobra.

En estas condiciones, la llegada de esta "izquierda" si bien no significaba una restitución de los derechos de los trabajadores, al menos sí podía representar una contención de la corrupción y, por tanto, de la violencia criminal. Si el Estado había colapsado, no era descabellado esperar una restauración de la estatalidad mexicana a partir del gobierno de López Obrador. Pero esta restauración no podía ser sino bonapartista, es decir, una tentativa de mediar entre capital y trabajo situándose por encima de todos los grupos, las clases sociales y los factores de poder real. Como muestra la historia, el bonapartismo es un fenómeno político episódico y siempre va asociado con el culto a la personalidad del líder. Este aspecto no es el resultado de un narcisismo patológico sino una necesidad estructural a fin de poder levantarse como el gran constructor de las grandes soluciones. El combate a la corrupción ha desestructurado las cadenas productivas ya armonizadas por los funcionarios, los capitales legales y el crimen. La reorganización económica libre de corrupción y ajena a los funcionarios públicos y a los políticos, no se ha concretado. Mientras tanto, el ejército, la marina y la fuerza área (las fuerzas armadas) seguirán haciendo labores de seguridad pública, frente a lo cual, el proyecto de constitución de la Guardia Nacional ha sido marginado como una fuerza secundaria.

Conclusión

La pandemia no vino sino a agravar las ya mermadas condiciones del país. Si los servicios médicos habían sido abandonados por años, si la población mexicana padece de obesidad, diabetes e hipertensión, como males endémicos desde que la alimentación chatarra sustituyó a la tradicional, si la educación pública y cívica ha colapsado desde que la industria cultural estadounidense se apoderó de la mentalidad colectiva, no fue una sorpresa que la enfermedad pondría a México entre los países más afectados del mundo. Ante este panorama, un gobierno bonapartista tiene muy pocas posibilidades de éxito.

Bibliografía y referencias

AA.VV. (2020). *Sopa de Wuhan. Pensamiento contemporáneo en tiempos de pandemias*, Editorial ASPO, Pablo Amadeo, editor.

Altvater, Elmar y Birgit Mahnkipf (2008). *La globalización de la inseguridad. Trabajo en negro, dinero sucio y política informal*, Paidós, Argentina.

Ávalos, Gerardo (2006). "La resurrección del Leviatán", en *Veredas. Revista del pensamiento sociológico*, año 7, núm. 12, Universidad Autónoma Metropolitana-Xochimilco, Ciudad de México.

Calderón de la Barca, Pedro (1994). *La vida es sueño*, RBA Editores, España.

Del Cid Gómez, Juan Miguel (2007). *Blanqueo internacional de capitales. Cómo detectarlo y prevenirlo*, Ediciones Deusto, España.

Esposito, Roberto (2005). *Immunitas. Protección y negación de la vida*, Amorrortu, Argentina.

Girad, René (2002). *El chivo expiatorio*, Anagrama, España.

Roudinesco, Elizabeth (2004). *La familia en desorden*, Fondo de Cultura Económica, Argentina.

Žižek. Slavoj (1994). "¿Por qué atacan los pájaros?", en *Id. et al. Todo lo que usted siempre quiso saber sobre Lacan y nunca se atrevió a preguntarle a Hitchcock*, Manantial, Argentina.

_____ (2009). *Sobre la violencia. Seis reflexiones marginales*, Paidós, España.

Educación a distancia: la incertidumbre como futuro
Delia Crovi Druetta*

La autora es Profesora-investigadora en la Facultad de Ciencias Políticas y Sociales de la Universidad Nacional Autónoma de México (UNAM), comunicóloga y latinoamericanista, así como autora de más de una decena de libros sobre comunicación, educación y digitalización.

La segunda década del siglo XIX ha sido señalada como el tiempo en que inicia formalmente la educación a distancia.[1] Apoyada en materiales impresos, usaba a un servidor público de entonces, el cartero, como enlace entre quienes impartían los cursos y los estudiantes. La institución de enseñanza se ubicaba en grandes urbes, en tanto que los alumnos vivían en pequeñas ciudades o pueblos alejados de esos centros de innovación pedagógica. Su objetivo era capacitar a los estudiantes en el ejercicio de determinados oficios, mediante un sistema que hoy consideraríamos como educación no formal o informal. Su versión actual podrían ser los cursos de actualización o diplomados, muchos de ellos en línea.

Desde entonces y hasta ahora la educación a distancia ha mantenido una estrecha relación con las innovaciones tecnológicas. De los cuadernillos impresos distribuidos por el cartero, se pasó a la radio, luego a la televisión, a la educación programada y, más recientemente, a la educación digital. Cada uno de estos recursos (incluido el cine, de menor empleo por su costo y comple-

---

[1] Es posible que haya experiencias anteriores no registradas, no obstante, la historia de este campo indica que fue en ese tiempo y en el Reino Unido.

jidad productiva) se usaba por separado, estableciendo programas educativos para un único medio. Con el tiempo, en algunas ocasiones esos medios sumaron esfuerzos o interactuaron, incipiente preámbulo de la convergencia que en la era digital estallaría frente a las posibilidades de ensamblar sus capacidades y lenguajes.

Resumido en apenas dos párrafos, este proceso que parece sencillo y rápido fue culturalmente lento, ya que necesitó dos siglos para llegar a nuestro año 2020 y encontrarse sorpresivamente con la pandemia del coronavirus. Frente al aislamiento social, la educación a distancia aumentó su presencia en procesos digitales para los cuales no estábamos totalmente preparados, ni desde nuestras prácticas culturales ni desde las habilidades digitales necesarias para esta actividad. El objetivo de este trabajo es reflexionar críticamente acerca de esas condiciones, señalando los retos de un futuro incierto pos-COVID-19.

Las naciones del mundo, globalmente afectado por este coronavirus, encararon el confinamiento y sus secuelas con los recursos del presente. Digitalizar la opción para superar distancias e inmovilidad, convirtiéndose en la respuesta posible a la parálisis de diferentes actividades sociales. Nuevas situaciones se fueron incorporando a lo cotidiano: educación a distancia, teletrabajo, compras en línea, entretenimiento digital, ofertas culturales en línea (museos, conciertos, películas y series, entre otros). La primera evidencia del débito de esta digitalización fue una revisualización de las brechas digitales, entendidas no solo en su dimensión técnica sino también cognoscitiva, tanto por las habilidades desarrolladas para usar las tecnologías disponibles como por el capital cultural y nivel educativo de los usuarios.

¿Estábamos preparados para eso? La respuesta es no, al menos no de una manera genérica, ecuménica. Tampoco estábamos preparados para un aislamiento de tal magnitud. Como se pudo y apelando a sus diferentes niveles de habilidades digitales, cada uno de los que debió participar en estos procesos ha salido adelante haciendo su mejor esfuerzo y no sin algunos tropiezos (por ejemplo, una periodista transmitiendo mientras sus gatos se pelean quitándole protagonismo, micrófonos abiertos a destiempo, distracciones propias de un lugar improvisado para transmitir).

Es un hecho que se empleó a fondo lo que había, no hubo opciones ni la posibilidad de elegir entre varios caminos viables, lo que nos permitió corroborar que aún no estamos preparados para un cambio de tal magnitud hacia lo digital. De la transformación que la mayoría está viviendo emergen retos a superar; la base económica, muy afectada por el cierre de la producción y los servicios, es sin duda la preocupación mayor, pero están también los retos culturales que, de no atenderse adecuadamente, podrían sumar otro tipo de brechas a las digitales.

Voy a referirme en este espacio a los que considero son dos desafíos nodales para la educación a distancia: las consecuencias de generalizar la dimensión espacio-temporal digital, y las condiciones en que se desarrolla el proceso de acceso, uso y apropiación tecnológica. En el cierre mencionaré un tema pendiente y muy preocupante: la incertidumbre generada por la información de escasa calidad que conduce a la incertidumbre y, en ocasiones, a la parálisis.

Esto no puede quedarse así

La nueva dimensión espacio-tiempo es quizás el rasgo más destacado de los cambios propiciados por la digitalización en el contexto de una Sociedad de la Información y el Conocimiento (SIC) anunciada a finales del silgo XX y que aún no acaba de concretarse equitativamente. A mi juicio, una de las principales consecuencias del COVID-19 será justamente trabajar en la robustez de este tipo de sociedad, vigilando que no se persigan solo frutos económicos, sino que su consolidación contenga una mirada democrática, incluyente y participativa.

Ante estas actividades educativas digitales y a distancia, nos estamos moviendo ahora de un espacio fijo y estable hacia una suerte de *no lugar*, noción propuesta por Marc Augé (1993). Éste la describe como un área de tránsito o flujo donde no echamos raíces sino que solo circulamos. ¿Será que el ciberespacio va en camino a convertirse en un sitio de paso por donde transitamos velozmente entre actividades, antes diferenciadas, pero sin echar raíces?

En materia de espacio también surgen preguntas sobre el hogar, donde tanto maestros como alumnos llevan a cabo el proceso educativo. ¿Qué es un hogar en asilamiento? ¿un lugar de trabajo? ¿una escuela? ¿un cine o un museo? Es, de manera destacada, un espacio despojado de sus características históricas. Si el entorno doméstico se dedica desde el COVID-19 a tantas cosas, podríamos estar pulverizando las matrices culturales[2] que conocíamos e integrándolo a un flujo digital en el cual podemos convertirnos solo en transeúntes.

Este espacio lábil, precario, del hogar durante el confinamiento, no contribuye a la personalización y a la construcción de la identidad, porque dificulta interiorizar sus componentes. En él la comunicación que se establece resulta artificial, controlada, restándole tiempo y espacio a las interacciones familiares o educativas espontáneas. Las familias son ahora testigos de estas rupturas espacio-temporales que dan paso a la educación, al trabajo, a la cultura o al entretenimiento.

Ya algunos docentes han señalado su preocupación acerca de esto. Del lugar antropológico en el que se construyen matrices culturales (escuela, trabajo, entretenimiento, compras, cultura), vamos hacia un flujo digital constante donde transcurren estudios, ocupación, ocio, adquisiciones. Espacios sin densidad, como carreteras por las que se circula a toda velocidad y que por ello, para Augé, son *no lugares*, lugares de anonimato.

Este espacio físico diluido en lo virtual, embona con un tiempo también difuso. La globalidad digital rompió fronteras y

---

[2] Entendemos por matrices culturales una estructura flexible, integrada por nociones, valores, conceptos e ideas. Estas matrices poseen también una dimensión estructurante, ya que orientan las prácticas y actitudes de las personas en momentos históricos determinados y en una cultura específica, marcando continuidades y cambios.

usos horarios, socavando junto con ello actividades que organizaban el día a día. Y es por esas razones que algunas personas digitalizadas por la fuerza del COVID-19, reclaman la ausencia de separación entre el tiempo productivo y el de descanso, viven en un discurrir de horas y minutos que necesita ser reordenado, reclaman sus antiguos tiempo-espacios culturales.

En el caso de la enseñanza no solo es claro sino también preocupante. Los medios digitales o electrónicos, como bien sabemos, no son escuelas. Apenas son recursos para apoyar los procesos educativos. Hay ámbitos de especial interés en las instituciones educativas que se ven cancelados o, al menos, disminuidos en la enseñanza virtual. Cuando un estudiante de cualquier nivel educativo va a su centro de enseñanza ¿aprende solo en el aula? También aquí la respuesta es no. La escuela forma parte de las matrices culturales de los individuos, porque junto con la reproducción del sistema político, ideológico y de prácticas sociales organizadas, están los amigos, el trayecto hacia la escuela, los recreos, los encuentros sociales, y las fiestas que personalizan, dan identidad y, de paso, alimentan un sinnúmero de anécdotas que se instalarán en el futuro.

Por varias razones existirá la tentación de seguir con el esquema de enseñanza a distancia. Para comercializar mejor la educación; para liberar a profesores y alumnos de los esquemas de espacio-tiempo anteriores a la pandemia; para eliminar los gastos de la educación presencial en infraestructura, su conservación y actualización; así como para ampliar el rango de los tiempos productivos mediante horarios flexibles. Sin embargo, no hay que ignorar el mayor reclamo planteado desde el ámbito educativo digitalizado en la pandemia COVID 19, que ha sido justamente la nueva distribución del tiempo en el hogar y la necesidad de contar con espacios idóneos para llevar a cabo esta tarea.

Si la tentación es permanecer como estamos ahora, en pleno aislamiento, desde las esferas gubernamentales de decisión tendrá que haber, junto con la anunciada nueva normalidad, una nueva normatividad que preserve el trabajo docente, el administrativo y de gestión, la infraestructura escolar, así como el hogar de los estudiantes, sin vulnerar las dinámicas familiares. Aunque los medios digitales son importantes y ofrecen beneficios por los que llegaron para quedarse, no debemos perder de vista que son solo instrumentos a los cuales no debemos atribuirles la potestad de ordenar nuestro espacio-tiempo del hogar, como tampoco dejar que se transformen en organizadores del tiempo social.

Acceso, uso y apropiación

Llegar al dominio de las tecnologías digitales requiere pasar por un proceso de tres etapas: acceso, uso y apropiación. El acceso (al cual las políticas públicas sobre el tema le han puesto mucha atención con miras a conquistar la universalidad), es la arquitectura, la geografía de redes que permite a un ciudadano convertirse en usuario cuando las conexiones digitales llegan hasta él. El uso es el proceso de exploración que un usuario con acceso experimenta con sus recursos técnicos, estableciendo rutinas y caminos hacia sus objetivos de exploración, de sondeo o curiosidad.[3]

La apropiación implica la culminación del proceso, por ser una transformación cultural. Su mecanismo trasciende en mucho ser dueño de algo o apropiarse de un objeto material. El concepto, que ha merecido algunos tratamientos posteriores a la propuesta de sus autores originales, surgió hace un siglo cuando lo digital no existía. Dos autores rusos, Lev Vygostky y Alekséi Leóntiev constituyen sus primeros referentes. A riesgo de simplificar sus apor-

---

[3] Es importante señalar que algunos usuarios se quedan en esta etapa, ya que por motivos diversos son incapaces de seguir avanzando con el fin de crear nuevas rutas y caminos. Son repetidores y no innovadores. No solo la edad determina esto, también lo hacen factores económicos, el lugar de residencia, el capital cultural y, en menor medida, el género. Por ejemplo, en el caso que analizamos, el hecho de que una computadora sea compartida por varios miembros de una familia, determina las formas de navegar, pudiendo repercutir en la exploración y el desarrollo de habilidades digitales.

taciones, destaco el tratamiento de la interiorización y la teoría de la actividad, dos aspectos que resurgen en la educación a distancia en nuestros días de pandemia.

La interiorización refiere a un proceso de autoconstrucción y reconstrucción psíquica. Mediante dicho proceso una actividad externa pasa a un plano interno preexistente, lo que da lugar a un nuevo tipo de interacción con los productos de la cultura. En el caso de la digitalización, no solo internalizamos los diversos productos que nos ofrece, sino que también asumimos las prácticas que los acompañan (por ejemplo, reorganizar las fuentes informativas según Internet o los tiempos mediante el uso del celular). Así, al apropiarnos de estos productos de la cultura, nos apropiamos también de las interacciones sociales que los involucran.

Vista de este modo, la apropiación es situada en tiempo y espacio; parte de la construcción histórico-cultural existente para transformarla, y es voluntaria ya que requiere de la voluntad del individuo para apropiarse de un objeto cultural determinado. Se trata de un proceso de cambio y no de reproducción, que se realiza mediante la actividad que es la que crea sentido e integra aspectos prácticos, emocionales, relacionales y cognitivos. "El mundo real, inmediato, el hombre, que más que cualquier otra cosa transforma su vida, es un mundo transformado y creado por la actividad humana" (Leóntiev, 1983: 132).

Las experiencias educativas a distancia del tiempo CO-VID-19 están pasando por este proceso en tres etapas: acceso, uso y apropiación. El acceso es tal vez el segmento que más se ha comentado en las redes y notas periodísticas. Es fácil advertirlo y también criticarlo, por ser desigual y excluyente. De entrada esto limita las pretensiones de convertir este tipo de programas de enseñanza en una práctica generalizada y universal.

El uso también es inequitativo en tanto y en cuanto depende de los atributos del acceso: ¿son precarias las señales que reciben esos usuarios? ¿los equipos disponibles entre estudiantes y maestros están actualizados o son de generaciones tecnológicas atrasadas? lo que limita ciertos usos, ¿son personales o se comparten con otros miembros de la familia? lo cual condiciona espacios, modos y lugares desde donde se navega, ¿tienen maestros y alumnos espacios adecuados para desarrollar el proceso de enseñanza-aprendizaje o por sus condiciones se dificulta la interiorización? Entre los maestros ¿hay experiencias previas en educación a distancia?, y los alumnos ¿han experimentado antes programas en los que necesitan desplegar hábitos de autoestudio? Estos y otros son factores que pueden lesionar el uso provechoso de las rutinas de educación digital a distancia.

En este contexto, es probable que maestros y alumnos estén cumpliendo roles que no son voluntarios. No pocos de ellos deben asumirlos como una forma de contribuir, desde la obediencia, con el mandato de seguir los programas educativos surgidos del aislamiento. Pero ¿qué va a pasar cuando regresemos a la nueva normalidad? Mucho habrá cambiado, sobre todo en la gestión de la educación presencial, presionada por las nuevas experiencias a distancia.

Un futuro incierto

Hay retos pendientes para el después del COVID-19. A manera de cierre mencionaré algunos, todos amenazados por la incertidumbre. Dialogar sobre la pandemia como experiencia de vida, interiorizarla críticamente, en el ámbito personal y social, es una actividad que los maestros pueden encarar mediante relatos y bitácoras personales de los alumnos. La teoría de la actividad, propuesta como eje de la apropiación, debe ser indagada desde las prácticas que desarrollaron maestros y alumnos en sus acciones educativas a distancia. El tiempo y el lugar, sus límites y libertades, también podrán ser indagados para focalizar los retos y medir posibilidades a futuro.

A nivel institucional y docente, se tendrá que abrir un diálogo acerca de las formas de educar, de las interacciones digitales, indagar pros y contras, gustos y disgustos sobre la experiencia educativa a distancia en esta pandemia. Las vivencias personales de maestros y estudiantes pueden alimentar la elaboración de diagnósticos situados en realidades concretas y ofrecer respuestas. Presente en los planteamientos originales de la SIC, en tiempos del COVID-19 resurge una preocupación: el volumen de información al alcance de los usuarios conectados, antes impensable, implica también un acceso caótico, desordenado y sin jerarquías a esos datos, lo que conduce a la desinformación. El exceso de información y desinformación constituye dos caras de una misma moneda que lleva a una incertidumbre paralizante. Lejos de ayudar en la toma de decisiones adecuadas, paraliza. Informarse con datos de calidad, en fuentes verificadas, eludir el ensayo potenciando el valor de la investigación científica y periodística, son algunos de los caminos a sondear.

Tal vez el futuro de la educación a distancia deba ser mixto, híbrido, *blend*, mezclando distancia digital con presencia física y lugares concretos desde donde sea posible producir y reproducir matrices culturales, así como apropiarse de los objetos técnicos con la voluntad de transformarlos y con ello, transformar la cultura.

Bibliografía y referencias

Augé, M. (1993). *Los no lugares. Espacios del anonimato. Antropología de la Sobremodernidad*, Gedisa, Barcelona, 67 pp.

Crovi, D. y C. Lozano (2010). *La faena de lo incierto. Medios de comunicación e incertidumbre*, UNAM-SITESA Editores, Ciudad de México, 162 pp.

Lentiév, A. (1983). *El desarrollo del psiquismo*, Akal Editor, España, 264 pp.

Vygotsky, L. (1978). *Pensamiento y lenguaje*, Piadós, Madrid, 336 pp.

La escuela post-pandemia: hacia nuevas coordenadas espacio-temporales[1]

Carlota Guzmán Gómez*

* La autora es Doctora en Ciencias de la Educación e Investigadora en el Centro Regional de Investigaciones Multidisciplinarias (CRIM) de la Universidad Nacional Autónoma de México (UNAM) (e-mail: carlota@unam.mx).

¿Qué le depara a la escuela después de esta pandemia? ¿volverá a ser la misma? ¿qué cambiará? no lo sabemos, no son momentos de plantear certezas, pero sí de preguntarnos qué ha pasado, qué nuevos escenarios vislumbramos, qué hemos aprendido y con qué nuevas bases enfrentaremos el futuro.

¿Qué ha pasado?

La pandemia llegó a las escuelas mexicanas por aproximaciones sucesivas: inició como una noticia de una lejana ciudad de China, a través de los medios de comunicación y redes sociales, y se fue acercando cada vez más a territorios conocidos. Sin embargo, el golpe contundente en las escuelas llegó el 17 de marzo de 2020, cuando estaba previsto el regreso a clases después del "puente" por el festejo del natalicio de Benito Juárez. Desde ese momento inició la confusión: se anunció que se adelantarían las vacaciones

---

[1] Me voy a referir en términos genéricos a la escuela de nivel básico (primaria y secundaria), sin abordar las diferencias que existen entre niveles educativos, contextos rurales y urbanos o escuelas públicas y privadas.

de Semana Santa (que estaban programadas del 6 al 19 de abril) y que el último día de labores sería el 20 de marzo; pero en los hechos algunas escuelas decidieron no esperar hasta esa fecha y hubo padres de familia que no quisieron ya enviar a sus hijos. Fue así como se cerraron las escuelas de una forma intempestiva, sin que los maestros pudieran planear la manera como se continuaría con el trabajo y mucho menos despedirse. De hecho, algunos alumnos dejaron sus libros y cuadernos en la escuela pensando que regresarían el siguiente martes, pero como dicen algunos maestros "la pandemia nos agarró en curva". Fueron días extraños en los que no se sabía si eran vacaciones o no. Algunas familias trataron de seguir con los planes previstos y llenaron playas y balnearios. La fecha de regreso a clases se volvió cada vez más lejana y, como declaró el secretario de Educación Pública (SEP), tenía solo un carácter referencial.

Después del periodo vacacional marcado por el calendario escolar, los maestros tuvieron que establecer estrategias para continuar con el trabajo a distancia. En algunos casos, éstos acataron los lineamientos establecidos por la escuela, en otros, los fueron ajustando según les funcionaban. También hubo maestros que afrontaron esta etapa solos, con los recursos con que contaban y con las necesidades propias de los alumnos del nivel y las asignaturas que impartían.

Casi a finales de abril se planteó la propuesta de la SEP del programa "Aprende en Casa" para dar continuidad a las actividades escolares a partir de plataformas digitales y programas de radio y televisión.[2] En éste el apoyo y supervisión de los padres era necesario, sobre todo para el nivel primaria. Se requirió para ello de la comunicación entre las escuelas y las familias, activando los mecanismos con los que ya contaban: teléfonos, *Whatsapp* y cuentas de *Facebook*.

---

[2] El Programa "Aprende en Casa" pretendía mantener las actividades educativas durante la emergencia sanitaria por el COVID-19. Se planteó como una herramienta complementaria a los libros de texto gratuitos, reforzando los Aprendizajes Fundamentales (SEP, 2020).

Desde el inicio del programa se presentaron tensiones al intentar desarrollar las actividades escolares en la casa. La primera dificultad fue la conectividad a Internet y la falta de dispositivos para acceder a las plataformas. Este problema se debió a que no toda la población tiene acceso a Internet, además de que no es frecuente que cada alumno cuente con una computadora personal para trabajar, cuando más, existe una sola por familia. El teléfono celular se convirtió, en muchos casos, en una herramienta fundamental, sin embargo, no cualquier dispositivo tiene capacidad para visualizar videos o para acceder a pesadas plataformas, como, también, resulta oneroso para muchas familias cubrir el saldo.

Otro factor que dificultó el funcionamiento del programa fue que los padres de familia no siempre tenían el tiempo necesario para apoyar el trabajo escolar de los hijos pues debían alternarlo con los quehaceres domésticos. Tampoco todos los padres de familia tenían la preparación académica necesaria para ayudar a sus hijos o la disposición para fungir como maestros. En cuanto a los programas de radio y TV, la televisión abierta no se podía captar en todos los lugares, principalmente en el medio rural; los horarios no correspondían con los nuevos ritmos del confinamiento y los contenidos de los programas escolares no coincidían con los televisivos. Por otra parte, la idea de "casa" en la que estaba sustentado el programa no respondía a las características de las viviendas mexicanas, en las que no hay espacios para estudiar ni las condiciones para llevarlo a cabo. A su vez, el modelo de "familia" en el que se sostenía éste tampoco respondía a la realidad de muchos hogares, en los que no se podía guardar el confinamiento ya sea por necesidades laborales de los padres o por decisiones familiares.

El programa "Aprende en Casa" fue una respuesta gubernamental para continuar con el aprendizaje y tratar de generar certidumbre en los alumnos y sus familias. Sin embargo, parecía que la preocupación principal estaba fincada en la idea de no "perder el año" y poder evaluar al final de los cursos. Los procesos de enseñanza y de aprendizaje se trastocaron, y quedaron suspendidas la mayor parte de las actividades prácticas, como el trabajo en laboratorios y talleres. Fue difícil para los maestros promover el trabajo colaborativo, en equipo o la aclaración de las dudas en el momento en que surgían, así como la ayuda entre compañeros. En el contexto del confinamiento, lo más viable para los maestros fue trabajar con los contenidos establecidos y promover trabajos de investigación. En fin, quedaron suspendidas actividades que son muy valoradas por los alumnos: el juego, la convivencia, los amigos, el recreo y la diversión. No hubo actividades deportivas, torneos ni eventos artísticos; se perdieron los festejos del día del niño, del día de las madres, del día del maestro, del día del estudiante, las graduaciones y las fiestas de fin de cursos.

¿Qué está cambiando?

La experiencia vivida en la pandemia nos ha dejado, hasta el momento, grandes lecciones. Se han movido las coordenadas espacio-temporales en las que descansaba la idea tradicional de la escuela. Hoy nos enfrentamos a una escuela dinámica que tenemos que comprender y valorar.

De manera consciente o inconsciente le habíamos conferido a la escuela una esencia material: el edificio, los salones, la dirección, el patio, y se asociaban dichos espacios con las actividades y tiempos escolares. Lo mismo, relacionamos de manera automática lo escolar con el pizarrón y las bancas. Tal vez por ello nos ha resultado tan difícil tratar de pensar la escuela sin ese sustrato material y sin ese ambiente que se genera alrededor de ésta. Con la pandemia, los niños y adolescentes se encontraron en el comedor de la casa o encima de la cama intentando hacer el trabajo escolar, como si fuera eternamente la tarea a la que estaban acostumbrados. Tuvieron que realizar las actividades propias de la casa y de la escuela en un mismo espacio, traslapadas y confundidas.

Un golpe similar lo recibimos en las escuelas a partir del sismo de 2017, cuando vimos muchas de éstas derrumbadas. Sin embargo, la apuesta se jugó en el mismo edificio escolar, al repararlo, reconstruirlo o construir uno nuevo. Las pérdidas también fueron muy dolorosas, sobre todo cuando se trató de vidas humanas. A diferencia de hace tres años, el vacío por la escuela se vuelve a sentir pero con las instalaciones intactas. Éstas quedaron tal cual estaban el 17 de marzo y el único cambio es que han acumulado polvo.

Los cuadernos, los libros, los lápices y las mochilas, que tradicionalmente han representado lo escolar, ahora lo comparten con las pantallas de computadora, de celular o de televisión. Los libros de texto y los cuadernos han sido un medio complementario y muchas veces el vehículo para enviar la foto de un trabajo por medio del *Whatsapp*. El teléfono celular, que se había convertido en un invasor de la atención de los alumnos en las aulas, se convirtió en una herramienta necesaria durante la pandemia; las consignas de los maestros: "guarden el celular", "apaguen el celular", "dejen de estar tomándose fotos", cambió en unos días a "consigue un celular", "búsquenlo en su celular", "mándenlo por el celular". Bajo esta misma tónica, las mochilas perdieron su sentido de transportar útiles escolares y ahora en ellas solo se guardan.

En estos momentos, y en el contexto del confinamiento, los uniformes escolares están guardados, no tienen sentido ni representan algo o quizás solo la nostalgia de haberlos portado. Cuando regresen los alumnos a las aulas, seguramente sus uniformes les quedarán cortos o ajustados y los educandos habrán aprendido que el uniforme no hace al estudiante.[3] Las coordenadas temporales que regían la escuela también se movieron con la pandemia. Si bien desde hace algunos años los gobiernos estatales pueden ajustar los calendarios escolares, estos últimos son definidos y comunicados al inicio del año. Lo mismo sucede con los días festivos, los puentes y los periodos de evaluación. En términos formales, la definición de fechas es parte de un proceso de planeación escolar y del aprendizaje. Sin embargo, la emergencia sanitaria nos mostró que esos cimientos también pueden quebrarse y que el lugar de las certezas lo puede

---

[3] En redes sociales circuló la imagen de una niña peruana portando uniforme al tomar sus clases, sin embargo, en México no está documentado (*El Heraldo de México*, 2020).

ocupar la confusión y la propia incertidumbre. La autoridad educativa quedó supeditada a la sanitaria y ésta última a la evolución de un fenómeno y al comportamiento de un virus del que poco se conoce.

Los horarios de clase también se movieron, algunas escuelas operaron bajo la idea de seguir la lógica escolar en la casa y mantener los mismos horarios. Otras, en cambio, dieron libertad para que los alumnos realizaran los trabajos a la hora que quisieran. Para los maestros sucedió lo mismo; no tuvieron horarios de clase y hay quienes dijeron que trabajaban durante todo el día y que se iban dando tiempo entre los quehaceres de la casa o prácticamente lo hacían a cualquier hora, de día o de noche. Estos nuevos usos del tiempo se vieron reflejados en la hora en que se enviaban y regresaban los trabajos; muchas veces a media noche o los fines de semana.

Las relaciones maestro-alumno se trastocaron, pues no es lo mismo tener al maestro cara a cara todo el día o en una asignatura, que mirarlo por la pantalla o recibir sus *Whatsapp*. Algunos alumnos expresaron que extrañaban a sus maestros y los querían volver a ver. Otros descubrieron con sorpresa la entrega y el esfuerzo de profesores que ellos creían indiferentes o autoritarios. Finalmente, generó empatía saber que todos vivían la pandemia y sus consecuencias. Sin embargo, también hubo quienes mandaron excesivas tareas, o no las revisaban, o quienes se desaparecían y no respondían los mensajes.

Las habilidades tecnológicas de los docentes quedaron al descubierto frente a sus alumnos. Algunos maestros manejaban fácilmente las plataformas y fueron capaces de acceder a diversos recursos digitales, mientras que otros tuvieron que iniciarse en el campo de las nuevas tecnologías a partir de la emergencia. Los problemas y errores fueron inevitables: cámaras fuera de foco, micrófonos silenciados, problemas de audio y videos monótonos.[4] Al aparecer los docentes en las pantallas de las casas o por medio de sus mensajes,

---

[4] En los medios de comunicación y en las redes sociales circularon imágenes y testimonios de maestros que narraban las dificultades que enfrentaron.

las familias pudieron percatarse de sus formas de trabajo, de su esfuerzo y empeño, pero también quedaron sujetos al juicio y escrutinio de quienes quisieran observarlos. De esta manera, la diversidad de maestros y formas de trabajo quedaron evidentes.

Con respecto a los alumnos, la preocupación principal de los maestros era por "aquellos que no respondían", que no se sabía bien a bien cuál era la razón: si no tenían los medios para hacerlo, no querían trabajar bajo estas modalidades o habían decidido abandonar la escuela. A los profesores les preocupaban también aquellos que estaban desmotivados, deprimidos, con problemas familiares o que debieron trabajar. Con respecto al aprendizaje, los maestros trataron de desplegar los medios que tenían a su alcance y ajustaron poco a poco los que tenían mejores resultados. En general, se sintieron limitados por no poder explicar o trasmitir ciertos conocimientos y por no poder dar seguimiento a quienes tenían más dificultades. Seguramente quedaron huecos en el programa que tendrán que resarcirse en otros momentos y en otras circunstancias. Los maestros también están conscientes de que quedaron huecos emocionales, temores y muchas situaciones de orden afectivo que tendrán que afrontar.

La pandemia y el subsecuente confinamiento nos ha mostrado que la escuela no tiene el monopolio del conocimiento. Durante este periodo los alumnos tuvieron otro tipo de aprendizajes; reflexionaron y desarrollaron algunas habilidades. Quizá lo más importante fue que algunos alumnos asumieron la autogestión ya que aprendieron a distribuir su tiempo y a administrar el aburrimiento; trataron de resolver por sí mismos los problemas, se sintieron capaces y lograron mayor autonomía. Ellos aprendieron que no se requiere necesariamente que el maestro esté presente, sino que hay múltiples fuentes de consulta y medios para acceder al conocimiento.

¿Cómo afrontamos el futuro?

El primer paso importante es reconocer que no existen certezas y que tenemos que aprender a vivir y a conocer la escuela con su carácter movible y cambiante. Tenemos que reconocer también que la esencia de la escuela no está necesariamente en sus referentes espaciales ni temporales, que tradicionalmente le han dado sentido. Es necesario trascender el concepto de escuela a su esencia en la construcción y difusión del conocimiento, como un espacio de encuentro y de relaciones entre personas.

Seguramente las nuevas tecnologías se quedarán en la escuela de múltiples maneras: alternando el trabajo presencial y virtual; utilizando recursos audiovisuales y las herramientas aprendidas; se reconocerá su utilidad y pertinencia, pero con la conciencia clara de que tienen sus límites. De ninguna manera pueden sustituir el trabajo presencial, el encuentro cara a cara, los diálogos e intercambios, el trabajo colaborativo y práctico. En este aspecto, los maestros han sentido la necesidad de capacitarse sobre el uso de estas tecnologías, pero ahora tienen identificadas sus necesidades y los aspectos que tienen que reforzar. Por ello, se requiere de una amplia y diversificada oferta de recursos de aprendizaje para que cada maestro, de acuerdo con sus necesidades, pueda acceder a éstos.

En esta pandemia hemos aprendido que la importancia de cumplir con los contenidos establecidos en los programas es relativa y habrá que comenzar en donde se quedó cada alumno y desde donde puede avanzar, reconociendo los aprendizajes adquiridos durante esta etapa y sus nuevas necesidades. No se puede dar marcha atrás en la autonomía ganada por los alumnos y volver al esquema en el que el maestro resuelve todo.

Tenemos que re-conocer a los alumnos, pues han tenido nuevas experiencias, han reflexionado y tomado decisiones. Queda una amplia labor de acompañamiento y apoyo para que puedan dar cauce a sus vivencias, trabajar sus emociones y temores.

Seguramente todas las experiencias construidas durante el confinamiento han llevado a generar procesos de resignificación de la escuela. Al parecer, los alumnos prefieren ir a la escuela que quedarse en casa; lo que ellos más extrañan es a sus compañeros, a los amigos, la convivencia, la recreación, los festejos, pero sobre todo, la posibilidad de tener espacios alternativos fuera de casa.

Paradójicamente, la autonomía que ganaron los alumnos frente a la escuela, se vio limitada con respecto a la familia.

El esfuerzo, la entrega y el compromiso mostrado por los maestros durante la pandemia no lo podemos olvidar. Socialmente tendrá que traducirse en la redignificación del maestro, de su oficio y de su imagen.

La desigualdad de condiciones económicas y de acceso a los aprendizajes que quedó en evidencia durante esta pandemia tiene que ser atendida. Se requieren políticas claras para hacer posible el acceso a Internet de toda la población escolar, así como a dispositivos móviles para los alumnos que no los tengan. A partir de esta pandemia las computadoras y los teléfonos celulares tienen que concebirse como herramientas de trabajo. Necesariamente se tendrá que aprender de la experiencia y cada plantel, de acuerdo con las particularidades de su propio contexto, tendrá que elaborar estrategias sanitarias, de trabajo y de comunicación para posibles escenarios futuros.

El reto que sigue es ofrecer una escuela a la altura de las necesidades y expectativas de los alumnos. Una escuela que pueda dar respuesta a los deseos de convivencia y de encuentro entre pares, pero, también, de aprendizajes significativos que puedan traducirse en oportunidades educativas.

Bibliografía y referencias

Secretaría de Educación Pública (SEP) (2020). "Se sustenta el programa Aprende en Casa en los Libros de Texto Gratuitos", Boletín núm. 98, SEP, México, 18 de abril. Disponible en https://www.gob.mx/sep/articulos/boletin-no-98-se-sustenta-el-programa-aprende-en-casa-en-los-libros-de-texto-gratuitos-sep?state=published

El Heraldo de México (2020). "Viral: Niña es captada usando uniforme escolar para sus clases virtuales", *El Heraldo de México*, 9 de abril. Disponible en: https://heraldodemexico.com.mx/orbe/viral-nina-es-captada-usando-uniforme-escolar-para-sus-clases-virtuales/

UAM: reconversión organizacional y reconfiguración del quehacer docente ante el COVID-19

Arnulfo Arteaga-García*

El autor es Sociólogo y Maestro en Estudios Latinoamericanos por la Universidad Nacional Autónoma de México (UNAM); Doctor en Estudios Organizacionales por la Universidad Autónoma Metropolitana (UAM); dos veces premio Nacional en Estudios Laborales de la STyPS; Profesor universitario desde 1978 y en la UAM desde 1983 a la fecha; es miembro del Sindicato Independiente de Trabajadores de la UAM (SITUAM) desde 1983; actualmente es asesor de la Federación de Sindicatos Independientes de las Industrias del Automóvil, Autopartes, Aeroespacial y del Neumático (FESIIAAAN).

"Los más grandes avances de la civilización son procesos que casi hunden a las sociedades en las que ellos se producen" A. N. Whitehead (citado en Marshall y Fiore, 1967).

Es ya un lugar común referir cualquier reflexión sobre la coyuntura abierta por la pandemia causada por el coronavirus SARS-CoV-2 al trastocamiento global en todos los ámbitos de la vida humana. En un libro histórico publicado en la década de 1960, Marshall McLuhan planteó la compresión del tiempo y el espacio de la siguiente manera: "El «tiempo» ha cesado, el «espacio» se ha esfumado. Ahora, vivimos en una aldea global" (McLuhan y Fiore, 1967: s/p);[1] se trata de una

---

[1] Esta obra magnífica es un libro objeto que, curiosamente, no tiene paginación.

183

imagen premonitoria y desafiante, planteada en los albores de la era de la electrónica, que como nunca se hizo realidad en este primer semestre de 2020.

Las movilizaciones locales y globales que arrancaron desde 2019, fueron el preludio del contradictorio y "confinado" 2020. La insurgencia del movimiento feminista y de mujeres que aparentemente fue desarticulado al regresar a sus protagonistas al espacio privado de los hogares (Estévez, 2020), en realidad las situó en el corazón mismo de la articulación machista patriarcal. Visibilizó la necesidad de la deconstrucción varonil en el trabajo de la reproducción y, a la par, permitió valorar el trabajo doméstico como fuente de bienestar social. Esto es, el espacio de lo global se metió hasta la cocina, las recámaras y en la intimidad de los *lugares de trabajo*. Además, de paso ha dado una nueva dimensión a la conciliación entre vida del trabajo y vida familiar.

En este escenario, en el que la única certidumbre es la incertidumbre, tenemos que agregar la profundización de la crisis económica mundial que hoy se pronostica ya como la más severa desde la Gran Depresión de los años 20-30 del siglo pasado. El aniquilamiento de millones de empresas refleja el amargo proceso de la centralización del capital, que implica la sobrevivencia del "más apto". La consecuencia social más profunda es el desempleo de millones de personas y el agravamiento de la desigualdad social a escala proletaria y planetaria (Marx, 1974: 517-606).

Lo evidente es que en el recuento de las dimensiones así como de las diversas interpretaciones sobre el proceso en curso, lo que está en juego, dada la profundidad de sus efectos inmediatos, a mediano plazo y sobre todo a largo plazo, son las acciones necesarias para paliar los efectos negativos y replantear el tipo de sociedad en el que vivimos. Este reto es especial, en particular en el campo de las ciencias sociales, para intentar dar cuenta de *las nuevas relaciones sociales* que se abren paso en este nuevo contexto mundializado, pero al mismo tiempo local y regionalizado. A la divisa emblemática de "Pensar globalmente, actuar localmente", la dialéctica impuesta por la nueva realidad le sucede, *Pensar local-*

mente, actuar globalmente, en la medida en que la manera cómo concebimos el mundo repercute más allá de nuestra inmediatez y que, como nunca, hasta la mutación de un conglomerado de moléculas, llamado virus, es capaz de poner de cabeza al mundo entero.

"Nada parece tan antiguo como el pasado reciente". Cuenca, Joâo Paulo (Cuenca, 2020).

Pareciera pues, que, como nunca, la velocidad y profundidad de los cambios en la vida social nos alcanzan en nuestro entorno profesional, laboral y de vida. Tal es el caso de la Universidad Autónoma Metropolitana (UAM) que, como prácticamente todas las instituciones públicas de educación superior (IPES), ha tenido que reconvertirse a marchas forzadas para encarar su funcionamiento en medio de estas macrotendencias y sus diversas manifestaciones. Particularmente, introduciendo de manera compulsiva el uso de las tecnologías de la información y comunicación (TICs) para implantar de manera apresurada la modalidad de "educación remota", "educación virtual" y sus variaciones. Aunque no hay que perder de vista, que, ante todo, esta reconfiguración debe apuntar al cumplimiento de su propósito principal y de las funciones sustantivas que la sociedad le ha encomendado; es decir, la docencia, la investigación y la preservación y la difusión de la cultura.

En la dinámica institucional, la modificación del ciclo escolar 2019 por efecto de la huelga de ese año, apenas nos permitió terminar el segundo trimestre lectivo del mismo año en la víspera del 2020. Simbólicamente, iniciamos el trimestre 19-O (trimestre correspondiente al otoño de ese año) en la última semana laborable de 2019. No bien habíamos terminado el trimestre en la tercera semana de marzo del año siguiente, cuando fuimos confinados por efecto de la pandemia del SARS CoV-2. De hecho, no se pudieron llevar a cabo de manera presencial los exámenes de recuperación. A partir de ese momento, para la comunidad universitaria hubo una especie de *blackout* institucional que nos dejó únicamente con la certeza de la postergación del inicio del trimestre 20-I. Sin embargo, nadie esperaba que ese inicio se estableciera en un nuevo contexto organizacional: la UAM reconvertida por arte de la urgencia en una IPES volcada a la *educación remota*. Este giro de 180 grados ha implicado un conjunto de disposiciones que es expuesto de manera resumida en el Proyecto Emergente de Educación Remota (PEER) de la UAM (UAM, 2020a), presentado en la Sesión 474 de su Colegio Académico el 17 de mayo del presente año (UAM, 2020b). En esa sesión se decidió iniciar el Trimestre 20-I (Trimestre de invierno) el 11 de mayo, cuando todavía estaba vigente la suspensión de actividades no esenciales a nivel nacional, prevista hasta el 31 de mayo, fecha en la que concluyó la etapa de Sana Distancia.

Para efectos prácticos, en la vida institucional implicó la reconversión organizacional del sistema de enseñanza-aprendizaje, pasando de la educación presencial a la *educación remota* con base en el uso de las TICs, tanto en la docencia como en las actividades administrativas requeridas para iniciar el trimestre el 11 de mayo. El plazo perentorio, tres semanas. Visto a la luz de ese momento, parecía una medida apresurada para ponerse en sintonía con las decisiones de la Asociación Nacional de Universidades e Instituciones de Educación Superior (ANUIES). Esas decisiones quedaron plasmadas en el Acuerdo Nacional por la Unidad en la Educación Superior frente a la emergencia sanitaria provocada por el COVID-19, cuyo objetivo principal quedó escrito en el documento "Acciones de las Instituciones de Educación Superior ante la Emergencia Sanitaria" de la siguiente manera:

> "Procurar la continuidad de la formación universitaria, así como desarrollar las funciones sustantivas de la Universidad, la docencia, la investigación y la difusión de la ciencia y la cultura, en la medida de las posibilidades tecnológicas actuales, sin poner en riesgo la salud de la comunidad universitaria en el contexto de la emergencia sanitaria impuesta por la pandemia del COVID-19" (ANUIES, 2020).

La propuesta institucional de la UAM fue la elaboración del PEER, que centró su respuesta básicamente en la docencia, sin que hubiera algo semejante para el resto de sus funciones sustantivas: la investigación y la difusión y preservación de la cultura.

En el centro de la reconversión organizacional: la mutación del docente en tutor virtual

Si bien en América Latina el trabajo docente a nivel superior ha sido transformado de manera sustantiva en las instituciones de educación de este nivel durante las cuatro últimas décadas (Basail, 2019), esos cambios se han dado sobre todo por la vía de la flexibilidad[2] contractual, funcional y salarial (Arteaga-García, 2019: 18-29), si bien se puede considerar que la UAM es la joya de la corona.

Sobre la *flexibilidad contractual*, el cambio más significativo se dio a inicios de la década de 1980, cuya intención básica fue impedir a los sindicatos su intervención en los procesos de ingreso, promoción y permanencia del personal académico, introduciendo de manera artificial la separación entre lo académico y lo laboral (Ruiz, 2017: 4).[3] Esa modificación constitucional implicó la supresión de

---

[2] Si bien el concepto de flexibilización se acuñó para dar cuenta de la manera en que los parámetros establecidos en la regulación laboral fueron modificados en interés del capital a partir de la consideración del salario y los beneficios asociados como un costo susceptible de ser reducido al máximo, y no obstante que este proceso se ha profundizado de muchas maneras, también ha implicado la modificación de la correlación de fuerzas en los lugares de trabajo, sobre todo a partir del fortalecimiento de la bilateralidad en el campo de las relaciones labores.

[3] Al finalizar esta década (1970) se va perdiendo la fuerza mixta de los sindicatos universitarios cuando se presentan iniciativas de reforma de corte laboral en las universidades, culminando en 1980 con las modificaciones a la fracción VIII del art. 3º Constitucional, en las que se eleva a rango constitucional la autonomía universitaria y se establece la regulación laboral para las universidades autónomas en el art. 123 apartado A. En este marco, se modifica la Ley Federal de Trabajo, con la adición

todas las cláusulas referidas a la intervención sindical y derivó en la creación de la Comisión Mixta General de los Procedimientos de Ingreso, Promoción y Permanencia del Personal Académico (CMGVPIPPA), cuya regulación quedó establecida en el Contrato Colectivo de Trabajo (CCT), en el Título Cuarto de las Comisiones Mixtas, Capítulo I y Título Sexto (SITUAM, 2018: 8-35).

La *flexibilidad funcional* tiene expresión en el conjunto de procedimientos que se fueron introduciendo como parte del desempeño docente en la UAM. Algunos de éstos son derivados de las "externalidades" que fueron incorporándose para cubrir, por ejemplo, requisitos de informes o apoyos económicos, exigiendo el cumplimiento de diversas gestiones con organismos como el Consejo Nacional de Ciencia y Tecnología (CONACYT), la Secretaría de Educación Pública (SEP), empresas, instituciones gubernamentales y organizaciones de la sociedad civil. En buena medida, esas acciones corresponden al cumplimiento de la investigación, para lo cual el/la académica debe desarrollar una estrategia con el objetivo de obtener los recursos necesarios para sus proyectos personales, de área o de cuerpos académicos.

Aunado a lo anterior, también se incluyó la ampliación de la figura del/la docente en su papel de "tutor", figura que no estaba incluida al ser contratado como profesor/a de tiempo completo. Dada esta situación, en muchos casos, la autoridad, sin ningún criterio conocido por los docentes, envía una lista de estudiantes, con

---

del capítulo XVII, referido al trabajo universitario, dentro del apartado de "trabajos Especiales". Esas modificaciones tuvieron impacto en las universidades e institutos públicos autónomos por ley, dándoles la facultad de establecer sus reglas y mecanismos para los procesos de ingreso, permanencia y promoción de su personal académico, con lo que se perdió el carácter bilateral, es decir se eliminó la intervención del sindicato en los asuntos delimitados como de carácter académico y no laboral. Así, la pérdida de la fuerza de los sindicatos se dio a partir de la incorporación de políticas que asociaron la evaluación docente con la dotación de recursos extraordinarios para las universidades.

los que muchas veces la única interacción se reduce a firmarles un informe para que continúen siendo beneficiarios de una beca de manutención. Se puede concluir que muchas de estas funciones están vinculadas con procesos de gestión, tanto en lo que corresponde a las funciones de docencia, investigación y difusión como de preservación de la cultura.

La consolidación y afianzamiento de este proceso de flexibilización se expresa con toda claridad en los mecanismos de remuneración, es decir en la *flexibilización salarial*. No abundaré demasiado sobre este punto ya que en otro lugar lo he planteado de manera más detallada (Arteaga-García, 2019), simplemente recalcaré el hecho de que ésta se basa en la monetarización del ejercicio académico. En términos monetarios, las becas y estímulos pasan de ser compensaciones por el desempeño, a constituirse en el componente más importante del ingreso, convirtiéndose en una forma distorsionada del reconocimiento a la trayectoria académica. A esto tenemos que añadir, si bien no para la mayoría de profesores, el ingreso proveniente del Sistema Nacional de Investigadores (SNI), que a pesar de ser una externalidad, se suma al incremento del ingreso proveniente, también, de la monetarización del esfuerzo.

Si bien el análisis de la flexibilización y la precarización del trabajo ha ocupado una enorme producción intelectual tanto teórica como empírica, el resultado final desde el punto de vista del orden capitalista se traduce en un incremento del grado de explotación del trabajo vía su *intensificación* y la *prolongación de la jornada laboral*. Estos dos fenómenos han sido propiciados por la supresión de los límites, real y formal, de la *jornada laboral académica* desde finales de la década de 1980, que en muchos casos se ha traducido en una moderna forma del trabajo domiciliario, existente desde los albores del capitalismo (Marx, 1974: 383-401).[4]

---

[4] No es el momento ni el lugar, pero es importante no pasar por alto la refuncionalización del trabajo domiciliario a la moda de las TICs (*cfr*. Marx, 1974: 383 y ss.).

La maquinaria institucional puesta en marcha (forzada) para la instrumentación del PEER. Del docente presencial al "tutor virtual"

Este panorama general, gestado en las cuatro décadas recientes, sirve de referencia para ubicar el momento en el que estamos actualmente, provocado por la pandemia del COVID-19 y que derivó en la instrumentación, de manera acelerada, del proceso de reconversión de la figura del/la docente a la de "tutor/a virtual".

Podríamos considerar que esta transformación se daría tarde o temprano como resultado de la creciente incorporación de las TICs en los diversos ámbitos del mundo laboral (Palermo *et al.*, 2020: 2-35). Esta tendencia se ha acelerado pronunciadamente debido a la crisis sanitaria, particularmente en el sector empresarial y gubernamental (*Infobae*, 2020) , anunciando ya planes para impulsar la modalidad del *home office* y sus variantes. En una encuesta levantada por *Chiefs of Financial Officer* (CFO) y divulgada en *Forbes* (Minaya, 2020), en términos generales, los planes post COVID-19 perfilan que entre el 20 y el 50 por ciento de los empleos tratarán de ser mantenidos en la modalidad de *home office*, o de incrementar este porcentaje, estableciendo una clara estrategia de recorte de gastos financieros. Sin embargo, en relación con la reconfiguración al trabajo, existen dimensiones que serán profundizadas, como la *explotación del trabajo cognitivo y apropiación del general intellect, la condición ambivalente del trabajador digital en términos de autonomía y subordinación*, y *la difuminación de los límites entre el mundo del trabajo y el mundo de la vida* (Palermo *et al.*, 2020). No podemos extrapolar mecánicamente estos rasgos a la función del trabajo docente, debido a que el principio de la *libertad de cátedra* le permiten a éste mantener el control de una buena porción de su trabajo. No obstante, tampoco podemos minimizarla, ya que tendencialmente algunos de esos rasgos se expresaban desde antes de esta reconversión, particularmente en lo que se refiere a la relación contradictoria entre autonomía y subordinación (Estévez, 2020) y la conciliación entre trabajo y mundo de vida.

Con base en las evidencias que se tienen hasta ahora, incluido el documento oficial del PEER, y las discusiones, testimonios y reflexiones de la propia comunidad universitaria, en el centro de esta mutación está la figura responsable de conducir los procesos de enseñanza-aprendizaje: el/la docente, y su nueva función aparece como una vuelta más a la tuerca de la flexibilización *funcional*. En el esquema presentado por las autoridades de la UAM se pueden identificar cuatro principios reguladores (Figura 1); sin hacer de lado el soporte administrativo que requiere la instrumentación y operación del programa emergente, el objetivo principal es *la continuidad de (la) docencia en el contexto de la crisis sanitaria.*

Figura 1. Proyecto Emergente de Enseñanza Remota

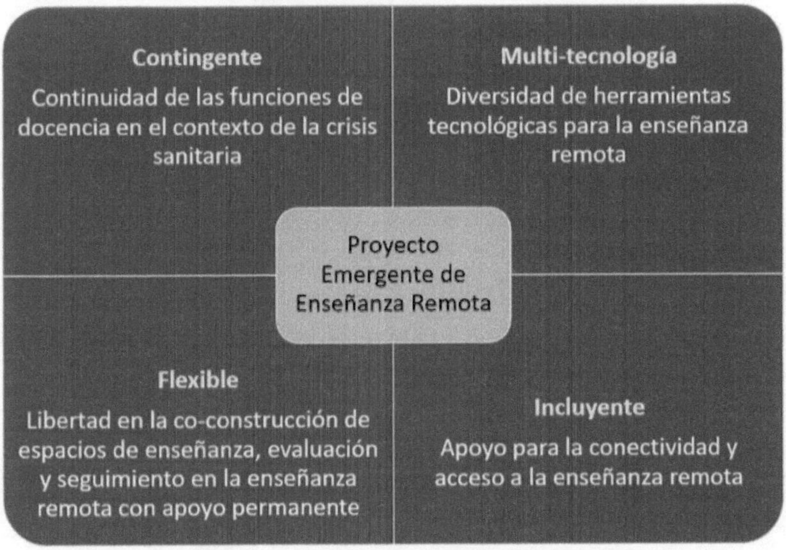

Fuente: Elaboración propia con base en el Proyecto Emergente de Educación Remota (PEER) (UAM, 2020a).

Atender la docencia en principio, es responder al cumplimiento de esa función sustantiva de la UAM; se trata de dar certidumbre al grueso de la comunidad universitaria, constituida por las y los estudiantes. El medio que se plantea es la "multi-tecnología", que, de entrada, supone una modificación sustancial del lugar y del medio ambiente de trabajo del/la docente, aunado al uso de medios y herramientas de trabajo que solo de manera circunstancial la inmensa mayoría del personal docente utilizamos. ¿Qué fue de la "sensación de la lima? (Coriat, 1983) y del banco de trabajo (Linhart, 1989)? De pronto los saberes del aula, del pizarrón, tal vez del cañón, pero sobre todo del *performance* del salón de clases, se diluyeron frente a la apremiante necesidad de que cada profesor/a se dedicara a "construir aulas virtuales" para cada uueeaa asignada en el trimestre 20-I. Ante estas circunstancias, sin la menor intención de generalizar, pasamos del enojo por encontrarnos frente a hechos consumados (UAM, 2020b), a la angustia, la ansiedad y la incertidumbre, para nada exclusivas del sector académico, ya que experiencias similares han tenido el estudiantado, el personal operativo y las propias autoridades.

Nos cambiaron el escenario, nos movieron el piso y, una vez pasado el azoro, afloró la resiliencia como recurso colectivo. De entrada, tuvimos que hacer el inventario de nuestros conocimientos sobre plataformas y herramientas diseñadas para llevar a cabo la educación virtual o de nuestra carencia absoluta sobre sus antecedentes. Volcarnos en las opciones de apoyo institucional, en el caso particular de UAM-Iztapalapa, Virtu@mi. Los cursos exprés para entrenarnos resultaron la vía más rápida para habilitarnos en la creación de nuestras aulas virtuales, haciendo evaluaciones sobre la marcha entre la accesibilidad y, sobre todo, la capacidad de comprensión y su manejo.

También recurrimos a distintas opciones tecnológicas, pero esencialmente didácticas, acordes con el principio del PEER de la "Libertad en la co-construcción de espacios…" (véase Figura 1). Nos preguntamos cómo reconvertir nuestras estrategias presenciales, mediadas por la ausencia del vínculo personal y vivencial, en vías para la construcción de aprendizajes significativos frente a un estudiantado también en vías de reconstitución como *alumnos virtuales*.

Por último, lo hicimos bajo el principio de *Inclusión*, cuya enunciación siempre es promisoria, pero que implica remontar una inclusión coartada desde la educación presencial de diferentes maneras. Ahora, qué debemos entender cuando se trata esencialmente del acceso a un gadget de *hardware* (computadora, tablet, *smartphone*) con capacidades suficientes para soportar una conexión estable, en una red muchas veces inestable, dependiendo de proveedor y del ancho de banda, como para soportar el *software* utilizado por cada maestro/a con el que imparte sus sesiones virtuales.

Este brevísimo recorrido sobre el nuevo contexto institucional para el ejercicio de la función sustantiva de la docencia me permite hacer apenas una serie de reflexiones que incluiré a manera de conclusiones.

1) Destaco en primer lugar la respuesta del sector docente en general (*cfr. Foro Virtual. Repensar y fortalecer el trabajo docente* (MEJOREDU, 2020)), y de la UAM en particular, que se ha caracterizado por asumir la condición de emergencia, más como un reto que como una fatalidad frente a la que hay poco que hacer (*cfr. Foro Virtual. Enseñanza remota emergente: retos y oportunidades en el contexto universitario frente a la contingencia del COVID-19* (UAM-I, 2020a)). En esta última videoconferencia, académicos/as de las distintas unidades han vertido una serie de reflexiones en torno a la necesidad de un eventual "nuevo modelo de universidad" propiciado por la situación de emergencia. Se han apuntado algunos rasgos que van desde la filosofía y la ética, el desarrollo de una nueva "pedagogía" y el impulso al trabajo de aprendizaje colectivo y colaborativo, con diferentes modalidades tales como la presencial, no presencial e híbrida, aunque sin prescindir de la evaluación como recurso para constatar avances en la operación del modelo. Estas reflexiones y propuestas, obvio, son resultado de las carencias y errores que se han visibilizado a raíz de la pandemia.

La carencia que me parece más notable, más allá de lo presencial o lo virtual, es la débil formación docente del personal académico. Destaca particularmente la ausencia de la habilitación en andragogía (Fernández, 2001), disciplina enfocada a la educación para adultos, por lo que más que una "nueva pedagogía", tendríamos que empezar por identificar que la población con la que trabajamos está considerada como adulta. Lo relevante de esta consideración es que el estudiantado en ese grupo etario tiene intereses, ritmos, experiencias y estilos de aprendizaje distintos. Quienes hemos ejercido por décadas la función docente, debemos saber y constatar que las generaciones más recientes no aprenden de la misma manera como lo hicimos quienes nos formamos en las décadas de 1970, 1980 y 1990. Eso en sí mismo representa un desafío.

La oportunidad que se abre con el uso de las TICs es que puede llevarnos a una sincronización de generaciones que, de alguna manera, nos ponga en la misma condición desde el punto de vista de los recursos por medio de los cuales se puede desarrollar la docencia, esto sin dejar a un lado las desigualdades tanto entre la planta docente como en el alumnado. En relación con los primeros, no todos/as ellos/as han transitado hacia su reconversión tecnológica en las décadas anteriores. No hay que pasar por alto que el promedio de edad de nuestro profesorado es de más de 55 años. En el otro extremo está el personal académico temporal, que si bien en su mayor parte son en promedio más jóvenes, su condición precaria desde el punto de vista de la inestabilidad en el empleo y de sus ingresos, puede implicar restricciones en el acceso a su reconversión; incluyendo las propias restricciones institucionales que en los lineamientos de acceso a las plataformas contratadas por las autoridades, limitaron el tiempo de uso de ese recurso, desconociendo que existe un buen número de profesores/as temporales que tienen incluso una carga mayor de docencia que los profesores de tiempo completo, y, además, están excluidos del conjunto de garantías labores del que disfruta el personal de tiempo completo indeterminado. Por lo que las autoridades y el Sindicato Independiente de Trabajadores de la Universidad Autónoma Metropolitana (SITUAM) deben, en principio, establecer mecanismos que garanticen su estabilidad en el empleo y el ingreso, para entonces ser considerados/as en cualquier programa o iniciativa de fortalecimiento de la formación docente a través de las TICs.

Atendida la contingencia, para tener un verdadero análisis situacional sobre las competencias, capacidades, habilidades y recursos del grueso de la planta docente, la autoridad debe llevar a cabo un diagnóstico que le permita determinar en qué nivel está el grueso de la planta docente. No se trata de identificar si "alguien" ha utilizado de manera eficiente los recursos existentes, lo que debe redundar en experiencias rescatables; se trata de identificar necesidades reales de formación para estos nuevos entornos, lo cual permitirá desarrollar de manera modular cada uno de los aspectos que se relacionan con la "construcción de nuestras aulas virtuales" y, lo más importante, de la conducción de procesos de aprendizaje basados en la andragogía. La ausencia de estrategias didácticas se ha reflejado en que existe una sobrecarga de lecturas y tareas para los/as estudiantes, que ha sido utilizada como un mecanismo para compensar la poca asertividad de los/las docentes para "pararse frente a la pantalla". Del lado de los estudiantes eso hace posible que éstos se sumerjan en el anonimato de una foto y que, eventualmente, abran la pantalla para simular que están presentes en el "salón de clases".

Se trata pues de la adecuación de los contenidos de cada una de las uueeaas y sus condiciones de operación cotidiana, así como de la elaboración de presentaciones *ad-hoc* para un ambiente virtual. Nuevamente, no se trata solo de manejar adecuadamente las TICs, se trata del desarrollo de materiales para sesiones que permitan garantizar la transmisión de aprendizajes significativos para todos/as y cada uno/a de los/as estudiantes. De manera paralela, también se tienen que formular instrumentos de evaluación confiables y transparentes para el estudiantado, justamente para no propiciar el síndrome de la presencia del "alumno/a virtual".

2) Otro aspecto que debe destacarse es la movilización institucional, visibilizando, ampliando y difundiendo las acciones que en el orden administrativo ha llevado a cabo para responder a la contingencia (*cfr. Recursos institucionales presentes y futuros para la educación remota: orientaciones y límites* (UAM-I, 2020b)). En esta videoconferencia se expuso de manera amplia el repertorio de acciones llevadas a cabo para operar el PEER. Las áreas involucradas abarcan desde servicios escolares, acervos bibliográficos y recursos electrónicos de la biblioteca, al igual que el desarrollo de sistemas administrativos y de gestión, como el Sistema Integral de Información y Planeación de la Unidad Iztapalapa (SIIPI), basado en el desarrollo de *software* libre para la operación de los sistemas que soportan el andamiaje operativo. Destaca en particular el área de educación virtual, alojado en Virtu@ mi, coordinación que ha sido el eje de la habilitación de un buen número de profesores/as para la operación de las aulas virtuales, así como del acompañamiento en la resolución de las dificultades que se han presentado en su operación durante el trimestre.

El aspecto que sigue siendo una asignatura pendiente es la desigualdad en lo que se refiere a las condiciones tanto de la habilitación del aula virtual para la planta docente, como, y de manera más apremiante, la creación del "salón virtual" de los y las estudiantes. Sobre estos últimos, la invasión de la intimidad derivada del cambio de las reglas de su formación universitaria, ha visibilizado la carencia de lugares apropiados, cómodos y aislados para mantenerse en línea hasta por 6 horas diarias, en hogares donde tienen que combinar el trabajo doméstico y de cuidado de hijos/as o personas enfermas, por poner algunos ejemplos. Igualmente, aflora la necesidad de acuerdos familiares sobre el uso de los equipos disponibles en la unidad doméstica para varios de sus miembros, quienes, también, eventualmente están en la condición de realizar actividades de educación remota o de *home office*. Sin duda, el tema de la habilitación del estudiantado va más allá del ofrecimiento de becas en especie en forma de tablets con capacidades restringidas para su uso.

3) En todo este entramado de procesos, retos y transformaciones, el gran ausente ha sido el SITUAM, que se ha circunscrito a actuar de manera reactiva en lo que se refiere al trabajo operativo, pero con una nula participación en el ámbito de sus competencias, en la fijación de una postura y en el establecimiento de medidas concretas respecto del trabajo académico en particular. En este sentido, es un tema muy relevante la visibilización del los/as académicos temporales, sobre los que recae cada vez más la docencia, quienes en términos laborales viven en condiciones cada vez más precarias, tendencia que resulta inexplicable a la luz de que la UAM tiene la planta docente con la mayor proporción de personal de tiempo completo de todas las IPES.

4) A partir de esta crítica y autocrítica propiciada por la pandemia del COVID-19 y su impacto en la universidad, se hace necesario, también, repensar sobre las funciones sustantivas de la investigación y la preservación y difusión de la cultura, lo que incluye los espacios físicos en los cuales estas funciones se desenvuelven. Su habilitación, tanto en el curso de la emergencia como en "el día siguiente", debe llevarnos a una reapropiación que permita a la comunidad resarcir el tiempo en el que su cumplimiento ha estado ausente.

Bibliografía y referencias

Asociación Nacional de Universidades e Instituciones de Educación Superior (ANUIES) (2020). "Acciones de las IES asociadas a la ANUIES ante la emergencia sanitaria (Sección UAM)", ANUIES, Disponible en: https://educacionsuperiordurante-covid.anuies.mx/ciudad-de-mexico/ [fecha de consulta 20 de junio de 2020].

Arteaga-García, A. (2019). "El trabajo universitario en el centro del conflicto de la huelga de 2019", en *El Cotidiano*, núm. 215, mayo-junio, Ediciones EON-UAM-Azcapotzalco, pp. 19-28. http://elcotidianoenlinea.com.mx/pdf/215.pdf.

Basail, Alain (Coord.) (2019). *Academias asediadas. Convicciones y conveniencias ante la precarización*, CESCA-UNICACH-CLACSO, México.

Comisión Nacional para la Mejora Continua de la Educación (MEJOREDU) (2020). *Foro Virtual. Repensar y fortalecer el trabajo docente. Experiencias en la pandemia (COVID-19) y aprendizajes para el futuro*, MEJOREDU, 4 de junio. Disponible en: https://www.youtube.com/watch?v=btIxfRWItR4&feature=youtu.be [fecha de consulta 3 de junio de 2020].

Coriat, B. (1983). *El taller y el cronómetro. Ensayos sobre el taylorismo y el fordismo*, Siglo XXI Editores, México 1983.

Cuenca, Joâo Paulo (2020). "Nada parece tan antiguo como el pasado reciente", en *Revista de la Universidad de México*, Dossier en línea Diario de la Pandemia, junio. Disponible en: https://www.revistadelauniversidad.mx/articles/bf0471e6-a159-4afe-835c-153abca5d27e/nada-parece-tan-antiguo-como-el-pasado-reciente [fecha de consulta 7 de junio de 2020].

Estévez, Ariadna (2020). "El zoomismo y el disciplinamiento para la inmovilidad productiva", en *Blog de Nexos*, 6 de abril. Disponible en: https://medioambiente.nexos.com.mx/?p=277&fbclid=IwAR3Sxk54a_rZ7AjZ7DKY8hIiPDlf2j0WPXJwDmVbcU4k-BYv7P94J2Zv-xo [fecha de consulta 28 de junio de 2020].

Fernández, Néstor (2001). "Andragogía. Su ubicación en la educación contínua", UNAM-Dirección de Educación Contínua. Disponible en: http://www.paginaspersonales.unam.mx/files/275/andragogia.pdf [fecha de consulta 11 de junio de 2020].

Infobae (2020). "El Gobierno alentará a empresarios y sindicalistas a acordar el teletrabajo en los convenios colectivos", *Infobae*, 4 de junio. Disponible en: https://www.infobae.com/politica/2020/06/06/el-gobierno-alentara-a-empresarios-y-sindicalistas-a-acordar-el-teletrabajo-en-los-convenios-colectivos/ [fecha de consulta 2 de junio de 2020].

Linhart, R. (1989). *De cadenas y de hombres*, Siglo XXI Editores, México.

Marx, Karl (1974). *El Capital. Tomo I*, Fondo de Cultura Económica, México, sección cuarta, cap. XIII, apartado 8, pp. 383 y ss.

McLuhan, Marshall y Quentin Fiore (1967). *El medio es el masaje. Un inventario de efectos*, Bantam Books, Nueva York.

Minaya, Ezequiel (2020). "CFOs Plan To Permanently Shift Significant Numbers of Employees to Work Remotely-Survey", *Forbes*, 3 de abril. Disponible en: https://www.forbes.com/sites/ezequielminaya/2020/04/03/cfos-plan-to-permanently-shift-significant-numbers-of-employees-to-work-remotely---survey/#5c9ea68a575b [fecha de consulta 28 de junio de 2020].

Palermo, Hernán; Natalia Radetich y Luis Reygadas (2020). "Trabajo mediado por tecnologías digitales: sentidos del trabajo, nuevas formas de control y trabajadores ciborg", en *Revista Latinoamericana de Antropología del Trabajo*, vol. 4, núm. 7, enero-junio. Disponible en: http://www.ceil-conicet.gov.ar/ojs/index.php/lat/article/view/687/549 [fecha de consulta 7 de junio de 2020].

Ruiz, Iliana (2017). "La UAM y el SITUAM: un estudio de las relaciones laborales y sus condiciones organizacionales. Un acercamiento a través de los procesos de emplazamiento a huelga", ponencia presentada en el XIV Congreso Nacional de Investigación Educativa, San Luis Potosí, México. Disponible en: http://docplayer.es/86193250-La-uam-y-el-situam-un-estudio-de-las-relaciones-laborales-y-sus-condiciones-organizacio-nales.html [fecha de consulta 4 de junio de 2020].

Sindicato Independiente de Trabajadores de la Universidad Autónoma Metropolitana (SITUAM) (2018). *Contrato Colectivo de Trabajo UAM-Situam 2018-2020*, SITUAM. Disponible en: https://transparencia.uam.mx/cct/CCT_UAM_2018_2020.pdf.

Universidad Autónoma Metropolitana (UAM) (2020a). *Proyecto Emergente de Educación Remota (PEER)*, Comité de Innovación Educativa de la UAM. Disponible en: https://www.uam.mx/educacionvirtual/uv/doc/peer/PEER-proyecto-ejecutivo.pdf.

_______ (2020b). "Sesión Número 474 (urgente) del Colegio Académico en modalidad virtual", Dirección de Comunicación Social de la UAM. Disponible en: https://www.youtube.com/watch?v=DwM9woT3J30.

Universidad Autónoma Metropolitana Iztapalapa (UAM-I) (2020a). *Foro Virtual. Enseñanza remota emergente: retos y oportunidades en el contexto universitario frente a la contingencia del COVID-19*, UAM-I, Canal IZT, 16 de junio. Disponible en: https://www.youtube.com/watch?v=SsJDM64tLFI&feature=youtu.be.

_______ (2020b). "Recursos institucionales presentes y futuros para la educación remota: orientaciones y límites", UAM-I, Canal IZT, 18 de junio. Disponible en: https://www.youtube.com/channel/UCYlG7d5Y7X0nh20RBw5VoVg/live.

Anemia digital: otra comorbilidad que agrava la crisis del COVID-19

Guillermo Vega Zaragoza*

** El autor es escritor, periodista y profesor. Ha escrito varios libros de cuento y poesía. La Tertulia. Ensayos sobre literatura mexicana (El Tapiz del Unicornio, 2019) es su obra más reciente. Estudió Periodismo y Comunicación Colectiva en la Universidad Nacional Autónoma de México (UNAM). Ha sido profesor de literatura y comunicación en diversas universidades e instituciones culturales y educativas. Fue editor y jefe de redacción de la Revista de la Universidad de México, de la UNAM.*

Como se sabe, ciertos padecimientos previos agravan los efectos de la enfermedad por coronavirus (COVID-19) en las personas que la contraen. En el caso de México —de acuerdo con las autoridades de salud—, las principales de estas llamadas "comorbilidades" son la hipertensión, diabetes y obesidad, y, en menor medida, el tabaquismo, insuficiencia renal crónica, enfermedad pulmonar obstructiva crónica (EPOC), enfermedad cardiovascular, inmunosupresión, asma y VIH/sida.

La pandemia de COVID-19 ha provocado el colapso de los sistemas de salud en muchos países, por la magnitud y la extensión de los contagios, y ha frenado drásticamente el funcionamiento de la economía mundial, paralizando sectores industriales completos, debido a la puesta en marcha de la estrategia de distanciamiento físico y aislamiento de las personas que intenta evitar la propagación de la enfermedad.

Muchas de las actividades que las personas realizaban en público, para lo cual se trasladaban en sus vehículos o en transporte público a oficinas, centros de trabajo y escuelas de todos los niveles, ahora se hacen desde la casa mediante la computadora conectada a Internet. Lo mismo ha sucedido con el entretenimiento y la cultura, como el cine, el teatro, los deportes, los museos, las presentaciones de libros, etcétera. Para ocupar el tiempo de ocio los públicos se han volcado hacia las redes sociales, la televisión y los servicios de video en línea *streaming*.

Educación, la más afectada

Uno de los sectores más afectados y menos preparados para enfrentar una situación tan complicada, y de por sí inédita, como esta pandemia es el educativo. Su precaria condición en cuanto a su calidad se ha visto agravada por lo que podríamos llamar su crónica "anemia digital", es decir, la casi absoluta ausencia de integración de herramientas digitales en el proceso educativo. Con esa debilidad tecnológica y cultural, alumnos y docentes fueron lanzados a un océano desconocido y proceloso, con apenas una balsa, sin remos y sin saber nadar.

Este problema de la "anemia digital" adquiere proporciones gigantescas, pues involucra a todos los niveles del sistema educativo. De acuerdo con los datos del extinto Instituto Nacional para la Evaluación de la Educación (INEE), en el periodo 2017-2018 había en México 30 millones 684 mil 470 alumnos de educación básica (prescolar, primaria y secundaria) y de educación media superior. Estos eran atendidos por 1 millón 519 mil 322 docentes en 244 mil 117 planteles (INEE, 2019).

Para darle continuidad a la educación de estos millones de niños y jóvenes de educación básica, impedidos de acudir a los recintos educativos, las autoridades improvisaron una estrategia llamada "Aprende en Casa", conformada fundamentalmente por clases por televisión, complementadas con materiales audiovisuales compartidos en Internet. Y ya. Eso fue todo. El programa duró del 30 de abril al 6 de junio, como paliativo para que los alumnos trataran de recuperar algo del ciclo escolar.

Docentes integrantes de la disidencia magisterial del Sindicato Nacional de Trabajadores de la Educación (SNTE) señalaron que por la falta de un plan definido por parte de la Secretaría de Educación Pública (SEP) "se llevó a los maestros a generar una precaria virtualidad del aprendizaje sin más herramientas que las propias: su celular, su computadora, su Internet o el diseño de guías y materiales de estudio con sus materiales". La mayoría de los maestros "buscó soluciones, se las ingenió para establecer comunicación con sus estudiantes, poniendo por delante su compromiso y convicción".

Agregaron que la estrategia "exhibe la brecha digital, pues solo el 44.3 por ciento de hogares cuenta con computadora, el 39.1 por ciento carece de conexión a Internet, el 44.6 por ciento usan la computadora como herramienta de apoyo escolar en los hogares y el 10.7 por ciento de usuarios de Internet acceden fuera del hogar" (*La Jornada*, 2020).

En efecto, el problema no es solo la cobertura limitada de infraestructura tecnológica y, por ende, la poca penetración de servicios que utilizan esas tecnologías, sino el analfabetismo digital de autoridades gubernamentales, docentes y alumnos, lo que ha implicado una utilización restringida de los recursos digitales para hacer frente a las dificultades y problemas derivados de la situación de emergencia por la pandemia.

Aunque no es representativo estadísticamente, resulta significativo el ejercicio llevado a cabo por la asociación Mexicanos Primero, que reunió a un grupo de alumnos de secundaria de seis estados, a través de una videoconferencia, para que expresaran sus experiencias sobre el mencionado programa gubernamental "Aprende en Casa". Los estudiantes reconocieron como un impedimento que no todos tenían computadora, televisión o Internet para consultar los materiales e interactuar con los maestros. Varios de ellos señalaron que en casa cuentan solo con un dispositivo y tienen que compartirlo con sus hermanos.

Además, se quejaron de la poca retroalimentación que establecían con sus profesores y que en sus casas no siempre tenían a quién les ayudara a resolver sus dudas, pues muchos de sus padres trabajan y, ante esta situación, es difícil estar con los hijos apoyándolos. En resumen, de acuerdo con la información dada a conocer, indicaron que "no aprenden, no pueden comunicarse con sus maestros, no les resuelven sus dudas, les encargan más tarea de lo normal y en sus casas tienen que estudiar, a la vez que ayudan a sus papás" con las labores del hogar (*Reforma*, 2020).

El nivel superior, aún peor

Se podría llegar a pensar que las instituciones de educación superior estarían en una mejor posición para enfrentar la emergencia por la pandemia, pero las cosas no pintan mucho mejor. De acuerdo con las cifras de la Dirección General de Educación Superior Universitaria (DGESU) de la SEP, la matrícula de educación superior a nivel nacional es de 4 millones 430 mil 248 estudiantes, atendidos por 3 mil 665 instituciones, de las cuales 27.74 por ciento son públicas y 72.26 por ciento son privadas (DGESU, s/a). En una mesa redonda virtual, el subsecretario de Educación Superior, Luciano Concheiro, reconoció las carencias tecnológicas que existen en las instituciones de educación superior, tanto públicas como privadas, pues su condición no es tan diferente entre unas y otras. Informó que 58 por ciento de las instituciones de educación superior reportaron "carencias de equipo de cómputo o Internet, así como equipo inservible para la realización de las actividades de educación a distancia".

Ahí se reveló que, de acuerdo con una encuesta de la SEP, 116 instituciones públicas y privadas de educación superior reportaron la forma en que enfrentan el reto de impartir clases a distancia: 55 por ciento de los alumnos y docentes respondieron tener desconocimiento sobre el uso y manejo de las plataformas utilizadas para la educación a distancia.

Un 35 por ciento reportó la saturación de la red para el uso de las plataformas o mala calidad de la señal de Internet; 21 por ciento respondió tener poca disponibilidad de materiales y herramientas digitales y el 16 por ciento una falta total o insuficiencia de infraestructura tecnológica. Solamente 14 de las 116 instituciones encuestadas utilizan una plataforma diseñada exclusivamente para ellas; 52 más reportaron la adquisición de una plataforma comercial, y el resto utiliza herramientas digitales gratuitas o de pago.

Como se señaló en dicha mesa redonda, "el escenario se presenta muy complejo y extraordinariamente difícil, en una realidad que desde antes del COVID-19 imperaba la desigualdad y la inequidad social, pero que ahora se agravará con la crítica situación económica que ya empieza a reflejarse en la sociedad entera" (Román, 2020).

Sobre advertencia no hay engaño

Es posible argüir que la emergencia de la pandemia nos tomó desprevenidos en todos los ámbitos, que no era posible prevenir el problema y que ningún país estaba preparado para enfrentar las consecuencias. Sin duda. Pero también es posible pensar que se habría estado en mejores condiciones para atenuar los efectos si se hubieran tomado ciertas medidas desde hace mucho tiempo. Para no complicarnos, nos restringiremos al aspecto de la utilización de la tecnología digital en el ámbito educativo.

Desde hace por lo menos dos décadas (o un poco antes) ya se venía hablando de la inevitabilidad del cambio de paradigma que se estaba dando en muchos ámbitos, como el económico, político, social, cultural o educativo, con el advenimiento de la digitalización del mundo.

Hace 14 años, en 2006, el escritor italiano Alessandro Baricco publicó un polémico libro titulado *Los bárbaros. Ensayo sobre la mutación*. Los "bárbaros" a los que se refería eran una nueva especie de individuos nunca antes vistos, "seres extraños que pueden respirar donde otros (generalmente mayores de 40 años) se ahogan"; hordas de jóvenes que estaban aterrorizando a los serios críticos culturales; "comentaristas de sí mismos, aficionados y con frecuencia analfabetos, sin un prestigio establecido que escriben descripciones de complejos fenómenos históricos, culturales y científicos", conformando una "nueva clase de narcisistas" que estaban "matando nuestra cultura" a través de Internet.

Baricco nos mostró entonces una fotografía algo desenfocada del entonces novedoso "animal". Era lógico que estuviera desenfocada. Estaba en rápido movimiento, no se sabía aún a dónde se dirigía ni a dónde nos llevaría, pero lo cierto es que se estaba moviendo tan rápidamente que apenas alcanzábamos a distinguir una ráfaga y unos cuantos rasgos de su comportamiento, a saber: a los bárbaros les encantaban las innovaciones tecnológicas; les encantaba comprar y estar a la moda en todo; les encanta lo espectacular, lo llamativo, lo vistoso; sus valores supremos eran la simplificación, la superficialidad, la velocidad, la medianía; solo entendían lo que se acomoda a su forma de ver el mundo (que generalmente cabe en una pantalla de computadora o de televisión); lo único que les hacía sentido es que las experiencias siempre estaban en relación con algo más; no tenían sentido del respeto para el pasado, ni para lo elevado, lo culto, lo espiritual, ni lo noble. Todo lo que tocaban lo transformaban, lo simplificaban, lo manoseaban y lo utilizaban para sus propios fines.

Para ejemplificar este paso destructor Baricco utilizó cuatro campos de la cultura que estaban siendo "mancillados" por los bárbaros: el futbol, los vinos, la música clásica y los libros. A través de las herramientas digitales, los bárbaros se estaban apropiando de todo, desacralizándolo y resignificándolo. Los bárbaros estaban haciendo cosas escandalosas, por ejemplo: hacían videos solo con los goles y jugadas de los partidos para verlos una y otra vez, en lugar de atesorar en sus recuerdos los momentos culminantes de la contienda; estaban "maridando" exquisitos vinos importados con hamburguesas y demás *fast food*; se atrevían a escuchar fragmentos en modo *random* de conciertos y sinfonías en sus reproductores digitales, como si fueran éxitos pop. Y (¡qué escandalo!) estaban comprando, compartiendo y leyendo *e-books* en sus tabletas electrónicas, en lugar de ir a la biblioteca o a la librería a adorar ese objeto inmaculado, fuente única del conocimiento, conocido como libro impreso en papel.

¿Qué estaba pasando, por Dios! ¡Era el empezose del acabose!

Y no es que Baricco estuviera en contra de esa mutación a la que aludía. De hecho, más que entusiasta, estaba fascinado (y continúa estándolo) por todos los cambios culturales que acontecen en nuestro tiempo (empezando en 2002 con el librillo *Next. Sobre la globalización y el mundo que viene*).

Baricco no juzga: simplemente describe, muestra y, desde aquel entonces, vocea el cambio al que nadie parecía poner atención o, más bien, por el que muchos estaban escandalizados, en lugar de tratar de comprenderlo. Y estableció algo muy importante: los bárbaros llegaron para quedarse. Resultaba inútil cualquier tipo de resistencia a la mutación que estaba provocando la revolución digital (Baricco, 2008).

La digital es una revolución mental

En 2018 este autor publicó *The Game* (así, en inglés, ahora ni siquiera se molestaron en traducir el título al español), que es una crónica de cómo llegamos a donde estamos hoy, escrita como si fuera un manual para un videojuego (porque nos descubre que la explosión de lo digital comenzó con *Space Invaders*, en 1978). Me interesa destacar dos puntos expuestos por Baricco en *The Game*.

Es una forma de pensamiento ampliamente extendida comparar la revolución tecnológica desatada por la invención de la computadora con las revoluciones provocadas por la invención de la imprenta (que llevó al Renacimiento), o por la máquina de vapor (que impulsó la revolución industrial). Pero, dice Baricco:

"De hecho, simplificando un poco, podríamos decir que muchas son las revoluciones que cambian el mundo, y que a menudo son tecnológicas; pero son pocas las que cambian a los hombres y lo hacen radicalmente: quizá sería el caso de llamarlas REVOLUCIONES MENTALES. Lo curioso es que, de manera instintiva, COLOCAMOS NUESTRA RE-

VOLUCIÓN, LA REVOLUCIÓN DIGITAL, EN EL SEGUNDO GRUPO, ENTRE LAS REVOLUCIONES MENTALES. Aunque nos parezca evidentemente una revolución tecnológica, le atribuimos un alcance del que las revoluciones tecnológicas suelen carecer: le reconocemos la capacidad de generar una nueva idea de humanidad. Es en este punto en el que reaccionamos, y en el que saltan nuestros miedos. No nos limitamos a percibir los riesgos que se pueden atribuir a cualquier revolución tecnológica: mucha gente perderá el trabajo, la riqueza se distribuirá de manera injusta, culturas enteras serán aniquiladas, el planeta Tierra sufrirá por ello, cerrarán las viejas lecherías, etcétera, etcétera. Anotamos, es cierto, todas estas objeciones, pero, como hemos visto, en el momento apropiado nos remontamos a miedos más altos, que conciernen al tejido moral, mental y hasta genético de los hombres: hacen temer una mutación radical, la generación de un hombre nuevo surgido de manera casual de un hallazgo tecnológico irresistible. Intuimos en esa revolución menor, en tanto que tecnológica, el paso de una revolución mayor, abiertamente mental".

Baricco está convencido de que "hay algo espléndidamente exacto en nuestra sospecha de que aquí no está cambiando algo, sino todo. Una especie de admirable instinto animal nos empuja a reconocer en lo que está sucediendo una mutación que no se detendrá en nuestra forma de elegir un restaurante". Es decir, que con toda probabilidad estamos viviendo realmente una revolución mental.

Pero va más allá: plantea que cometemos un error al creer que una revolución mental es producto de una revolución tecnológica, cuando la verdad es lo contrario: las revoluciones tecnológicas suceden como consecuencia del surgimiento de una nueva forma de pensar.

"Pensamos que el mundo digital es la causa de todo y tendríamos, por el contrario, que leerlo como lo que probablemente es, o sea, un efecto: la consecuencia de una determinada revolución mental. Estamos mirando el mapa al revés, os lo juro. Es necesario darle la vuelta. Es necesario invertir esa condenada secuencia: primero la revolución mental, luego la tecnológica. Creemos que los ordenadores han generado una nueva forma de inteligencia (o de estupidez, llamadlo como os apetezca): invertid la secuencia, rápido: un nuevo tipo de inteligencia ha generado los ordenadores. Lo que significa: una cierta mutación mental se ha dotado de los instrumentos adecuados para su modo de estar en el mundo y lo ha hecho a gran velocidad: lo que ha hecho lo llamamos revolución digital. Seguid invirtiendo la secuencia y no os paréis. No os preguntéis qué clase de mente puede generar el uso de Google, preguntaos qué clase de mente ha generado una herramienta como Google. Dejad de intentar entender si el uso del smartphone nos desconecta de la realidad y dedicad el mismo tiempo a intentar entender qué clase de conexión con la realidad buscábamos cuando el teléfono fijo nos pareció definitivamente inapropiado. Os parece que el multitasking genera una incapacidad sustancial de prestar la debida atención a las cosas: invertid la secuencia: ¿de qué rincón estábamos intentando salir cuando nos construimos instrumentos que por fin nos permitían jugar en varias mesas de forma simultánea? Si la revolución digital os asusta, invertid la secuencia y preguntaos de qué estábamos huyendo cuando enfilamos la puerta de una revolución semejante. Buscad la inteligencia que ha generado la revolución digital: es bastante más importante que estudiar la que ha sido generada: esa es la matriz original de la misma. Porque el nuevo hombre no es el producido por el smartphone: es el que lo inventó, el que lo necesitaba, el que lo diseñó para su uso y consumo, el que lo construyó para escaparse de una prisión, o para responder a una pregunta, o para acallar un miedo (Baricco, 2019)".

Urgente cambio de mentalidad y paradigma

Resumiendo: es el cambio de mentalidad el que impulsa los cambios tecnológicos (y también los económicos, políticos, sociales y culturales) y no al revés. Pero también es cierto que los cambios tecnológicos terminan empujando el cambio en la forma de pensar y de hacer las cosas de aquellos que se resisten y se siguen resistiendo a cambiar de mentalidad para hacer frente a la nueva realidad.

La pandemia de COVID-19 ha puesto en una situación límite a muchos de los que se habían resistido a entender que la revolución digital es inevitable y que no hay forma de oponerse a ella; lo más razonable es entenderla, abrazarla, adaptarse y aprovecharla para tratar de mejorar y resolver los problemas más apremiantes de la sociedad actual, como lo es el educativo.

Nuestro país está capoteando la pandemia como mejor puede, con resultados desiguales. La polarización política y social complica todo aún más. Pero lo cierto es que una vez que la vida pública regrese a la "normalidad", esa normalidad no podrá ser la misma de antes durante mucho tiempo. Serán necesarios cambios radicales. Entre ellos está el del cambio no solo de modelo sino del paradigma educativo, a todos los niveles. No se puede seguir educando con un paradigma que data de la época medieval: un maestro delante de un grupo, como si el mundo no hubiera cambiado para nada desde entonces. Como lo demuestra Baricco, lo digital forma parte de la vida cotidiana de casi todo el mundo prácticamente desde el nacimiento, y sigue sin ser integrado adecuadamente al proceso educativo, como si no existiera, y sigue sin ser aprovechado como una poderosa herramienta.

Ojalá que la pandemia de COVID-19 impulse la revolución mental que se requiere para que todos los participantes del proceso educativo (autoridades, docentes, sindicatos, alumnos y padres de familia) superen esa anemia digital que ataca al sistema. Si no hay una revolución mental acorde a la magnitud del problema que se afronta, las consecuencias serán impredecibles y el daño incalculable.

Bibliografía y referencias

Baricco, Alessandro (2008). *Los bárbaros. Ensayo sobre la mutación*, Anagrama, Barcelona, 254 pp.

_______ (2019). *The Game*, Anagrama, Barcelona, 335 pp.

Dirección General de Educación Superior Universitaria (DGESU) (s/a). "Estadísticas Básicas de Educación Superior". Disponible en https://www.dgesu.ses.sep.gob.mx/EBESNACIO-NAL.aspx.

Instituto Nacional para la Evaluación de la Educación (INEE) (2019). *Principales cifras. Educación básica y media superior. Inicio del ciclo escolar 2017-2018*. Disponible en https://www.inee.edu.mx/wp-content/uploads/2019/08/P2M111.pdf.

La Jornada (2020). "Programa Aprende en casa de la SEP tiene muchas deficiencias: CNTE", *La Jornada*, 30 de mayo. Disponible en https://www.jornada.com.mx/ultimas/socie-dad/2020/05/30/programa-aprende-en-casa-de-la-sep-tie-ne-muchas-deficiencias-cnte-1143.html.

Reforma (2020). "Reprueban estudiantes programa Aprende en Casa", *Reforma*, 20 de mayo. Disponible en https://www.reforma.com/reprueban-estudiantes-programa-apren-de-en-casa/gr/ar1947450?md5=01c0378219400cf02d3a-d76c54862ff7&ta=0dfdbac11765226904c16cb9ad1b2e-fe&lcmd5=691b91ae0357a97efbbe8ca003abd9de.

Román, José A. (2020). "Doce universidades, en crisis financiera", *La Jornada*, 29 de mayo. Disponible en https://www.jornada.com.mx/2020/05/29/politica/015n3pol.

Internet y memoria después de la primera ola de la pandemia del COVID-19

Alejandro Pisanty*

** El autor es profesor de carrera en la Facultad de Química de la Universidad Nacional Autónoma de México (UNAM). En esta institución fue Secretario del Consejo Asesor de Cómputo, Coordinador de Universidad Abierta y Educación a Distancia, y Director General de Servicios de Cómputo Académico. Preside la Sociedad Internet de México. Ha sido miembro de los Consejos Directivos de ICANN (Internet Corporation for Assigned Names and Numbers), del cual fue vicepresidente, y de la Internet Society; fue miembro del Grupo de Trabajo para la Gobernanza de Internet en la Organización de Naciones Unidas (ONU) y, en la misma institución, miembro del Grupo Asesor del Foro sobre Gobernanza de Internet. Co-lideró la campaña "Internet Necesario" en 2009 y fue miembro del Consejo Consultivo de la Comisión Federal de Telecomunicaciones.*

¿Qué recordaremos, qué querremos olvidar, y qué debe ser imborrable en la memoria de la pandemia del COVID-19? Es difícil determinarlo ahora cuando la primera ola de la pandemia es todavía una marea ascendente, quizás un tsunami, y aún no sabemos qué altura alcanzará, qué daños dejará, ni cómo evolucionará en los años por venir. Sí tenemos ya la certeza de que "nada será igual" o, al menos, de que estamos en el umbral de cambios radicales, extensos, duraderos e insidiosos en prácticamente todos los aspectos de nuestras vidas. Los gobiernos quieren convencernos de que avanzamos hacia una "Nueva Normalidad" cuando ape-

213

nas estamos a las puertas de la fase pospremonitoria de la Nueva Excepcionalidad.

Quizá podamos modelar el diseño de la memoria del futuro con una visión de la memoria de pandemias pasadas, quizá queramos diseñar esa memoria con las necesidades más acuciantes del presente. Quizás aspiremos a frenar el alud de memorias que a mediano y largo plazo puedan resultar irrelevantes, contradictorias, confusas, confundentes, o demasiado vagas o innecesariamente puntuales y precisas; habrá quien las quiera cualitativas y agregadas, quien desee legarlas cuantitativas y aseguradas contra toda posible falsificación.

¿Querremos recordar el aroma y la cálida conversación de la última comida en el restaurante antes de la orden de confinamiento? ¿O las semanas de alimentarnos en casa, procurando economía, sabor, valor nutricional, variedad, con la nostalgia de los días en que nos parábamos junto al trompo de tacos al pastor y los comíamos a la voz de "de uno en uno"? ¿Querremos, en un par de años, rememorar el sufrimiento de los trabajadores esenciales que no dejaron de fabricar y entregar esos alimentos? ¿Irán antes en la memoria los médicos, enfermeras, químicos, farmacéuticos, camilleros, afanadoras de los hospitales, los paramédicos de las ambulancias y puestos de socorro? ¿O las salidas en falso de los políticos, las proyecciones estadísticas que nunca se cumplieron, unas por apocalípticas y otras por demasiado conservadoras? ¿Las buenas y malas decisiones de gobiernos, empresas, sociedad, de las que puedan extraerse lecciones para el futuro? ¿Las constancias de acciones, omisiones, postergaciones, procrastinaciones, distracciones, agresiones, decisiones y discursos por los que burócratas y muchos otros rendirán cuentas?

Imposible predecir qué constituirá la memoria de esta época. Improbable atinar a señalar mucho más que sus rasgos sobresalientes. Sin embargo, certero es pronosticar que Internet será parte fundamental de su depósito, de su tejido, a la vez trama, urdimbre, telaraña, hilo de Ariadna, vehículo, faro, lente. En Internet están quedando depositados ya los primeros datos de la infección y su propagación en los alrededores de la ahora infame

Wuhan; la sorprendente velocidad del avance del conocimiento sobre el virus, tanto como la desconcertante torpeza y lentitud de las decisiones de algunos gobiernos; así como la fiel y veraz representación de la estructura del virus, aminoácido por aminoácido de cada una de sus proteínas, al igual que las delirantes mentiras que pretenden conectar su propagación con las redes de telecomunicaciones de tecnología 5G.

Más difícil que situar esta memoria será recuperarla, no solo por el riesgo de que partes importantes sean borradas y sobreseídas cuanto por la dificultad de abrirse paso para recuperar *ese* artículo, *ese* dato de *esa* fecha en que un país entero atravesó una bifurcación de su camino epidemiológico y salvó a su población del infierno o la condenó a un sufrimiento innecesario. No será Internet en abstracto la que lo logre, sino la forma en que facilita y atrae el trabajo de bibliotecólogos, archivistas, arquitectos de la información, químicos, médicos, biólogos, físicos, epidemiólogos, demógrafos, sociólogos, antropólogos, filósofos, historiadores, narradores y poetas, cada uno de ellos jalonando desde hoy mismo, desde ayer si se pudiera, lo que pueda resultar el dato, la visión, el sentimiento significativo y perdurable, no solo desde el hoy sino anticipándonos a lo que será exigido desde el mañana.

Es esta quizás apenas la segunda pandemia de gran importancia de la era de Internet, y no solo es distinto el virus SARS-CoV-2 de 2019-2020 al AH1N1 de 2009, también Internet es diferente una década más tarde.

En 2009 Internet alcanzaba a menos de la tercera parte de seres humanos que en la actualidad, y veía los despuntes de las redes sociales en línea en expansión hacia la población abierta, saliendo de su nicho escolar (*Facebook*), profesional (*LinkedIn*), y amateur (*YouTube*). En México había 40 mil usuarios de *Twitter*, hoy son más de cuatro millones. Similares o mayores proporciones de crecimiento se observan para *Facebook*, *Instagram* y otras redes que en 2009 no existían o eran insignificantes. Mil 600 millones de personas eran usuarias de Internet en abril de 2009, a nivel mundial, hoy lo son más de 4 mil 500 millones.

No son solo los números lo que cambia, ni el modo de uso, sino la conectividad entre los usuarios y los efectos de Internet en la conducta humana y en la sociedad.

¿Quedará Internet en la memoria de Internet? ¿Recordaremos las enormes esperanzas, extensas soluciones, y también las no escasas frustraciones del comercio electrónico, el teletrabajo, la educación a distancia? ¿La difusión de conocimiento veraz, oportuno, de aplicación inmediata; la propagación desenfrenada de mentiras y desinformación, fuese por ignorancia, por mala fe individual, o por designio político?

Si, como dice Vinton Cerf, "Internet es un espejo de la humanidad", ¿nos gustará en cinco o diez años nuestro retrato de hoy, daguerrotipado en páginas Web, videos en línea, cadenas de *WhatsApp*?

¿Será Internet o solo nuestra memoria en húmeda y gelatinosa materia gris donde recordemos los recorridos urbanos de marimbas, saxofones, murgas y también grupos de salsa y de rock, forzados a recorrer las calles para paliar la pérdida de ingresos que les trajo el cierre de bares, restaurantes y mercados? ¿El desesperante pero también desesperado pregón del comprador de fierro viejo, en la voz de una niña que tiene eternamente once años? ¿Los tamales oaxaqueños, antes proveedores de una enorme masa de oficinistas, ahora apenas alimento de unos cuantos vigilantes, porteros y policías? ¿Cuáles son los sonidos de la pandemia y del confinamiento en distintos barrios y ciudades, en el campo, en pueblos cuyo único mercado debió cerrar y ser sustituido por "canasteras" y otros marchantes? ¿Será tan limitada la huella del dolor, la muerte, las secuelas de la enfermedad, que podamos también recordar el renovado cantar de los pájaros en ausencia de bocinas de automóvil y el retiemble de los motores diésel?

¿La memoria que recojamos dentro de cinco o diez años, en una generación, será la de una clase media profesional asalariada o con ahorros, que pudo confinarse durante semanas manteniendo su actividad laboral y la escolar de sus hijos? ¿La de los miles y miles de trabajadores, eventuales o de sueldos precarios, que no pudieron inmovilizarse, sostuvieron la logística de toda la sociedad, y fueron estigmatizados a su vez por considerarlos la correa de transmisión de la infección entre los populosos barrios marginados y las zonas urbanas de clase media y alta, trasladándose entre unas y otras en congestionado transporte público siempre insuficiente? ¿La de los campesinos y los pueblos indígenas que establecieron cercos, retenes y toques de queda para posponer la fatalidad del contagio? ¿La de los médicos, enfermeras, químicos, camilleros, afanadoras, enfrentados simultáneamente a un microorganismo desconocido cuya conducta harto impredecible parece perversa por diseño, y a un sistema de salud estructuralmente escaso y lastimado por malas decisiones recientes que solo un esfuerzo ímprobo de última hora trató de amortiguar para la emergencia? ¿La de una población insuficientemente educada que "no cree" en el virus, o no desea acercarse al hospital "porque ahí los médicos tienen instrucciones de matarte y sacarte el líquido de las rodillas, que se vende de forma clandestina a precios mayores que el platino"? ¿La memoria de quienes mañana, tarde y noche se esforzaron en difundir información de calidad, pertinente y asequible, a combatir bulos, a explicar bases científicas como el pH y la naturaleza de los microorganismos, o conceptos elementales ya no de estadística sino de simple aritmética? ¿La de quienes se arremangaron y construyeron, compraron, vendieron, instalaron y operaron dispositivos médicos, sistemas de información, redes de agua potable en operación ininterrumpida, gel antibacterial, cubrebocas, redes de fibra óptica para telecomunicaciones reparadas en sábado por la noche, la de quienes aumentaron por factores de cien la capacidad de respuesta de una tienda en línea o de un banco, la de quienes armaron en horas un sistema de educación a distancia de emergencia? ¿La de los profesores y los alumnos que dos veces por semana construyeron un remanso de paz, humanidad, cálida solidaridad y también aprendizajes científicos, en un mosaico de 20 rectangulitos de colores en una pantalla de *Zoom* o bluejeans? ¿La de la sobrevivencia de la "tiendita de la esquina", aliada con las grandes empresas de alimentos y bebidas, de medios de pago, de comercio electrónico y logística, o la de la quiebra, desaparición y desesperación de miles de empresas pequeñas, "changarros", restaurantes, bares, heladerías y tantos que no son viables económicamente con la tercera parte de los clientes para los que fueron diseñados sus locales, sus nóminas y sus modelos de negocio? ¿La de quienes pudieron haber recibido un apoyo del gobierno para mantener funcionando una editorial o un centro de investigación, o la de los científicos que perdieron una temporada de trabajo de campo, un reactivo químico insustituible, una cepa de microorganismos producto de años de selección, por falta de fondos federales o de becas? ¿Encontraremos —querremos encontrar— la memoria de los prejuicios, las discriminaciones, los arreciamientos del odio y la desconfianza? ¿Querremos averiguar en unos años que una parte de la población sostenía que el gobierno mentía para esconder el número de muertos mientras otra parte argüía que el gobierno mentía, pagando a los deudos para que declararan que su familiar había muerto por el COVID-19 y así "inflar" las cifras de una epidemia que según ellos no existía? ¿Habrá en esa memoria futura las trazas que nos permitan rastrear por qué fueron agredidos médicos, enfermeras, repartidores y empleados de supermercados "portadores de la enfermedad", por qué fueron incendiados hospitales y balaceadas casas?

No lo sabemos, no lo podemos saber ahora: necesitamos que todas las memorias queden registradas, que puedan ser encontradas, que cada una brille con luz y con metadatos propios.

La memoria de la pandemia del COVID-19 será diferente de la de pandemias anteriores por esta capacidad de registro y, posteriormente, si lo hacemos bien, de acceso. En otros textos he explicado cómo los efectos de Internet sobre los fenómenos humanos y sociales pueden ser entendidos a partir de seis factores, de los cuales el sexto es la memoria, de la que aquí me ocupo. Los otros cinco también son de interés al analizar la pandemia; me he referido a ellos brevemente en otro texto (Pisanty, 2020), que repaso a continuación para volver a interrogarme sobre la memoria. Los seis factores han estado en juego y ayudan a entender por separado los motores humanos o sociales básicos y la forma en que Internet modifica los eventos.

Los seis factores son escalamiento masivo (que incluye efectos de red), identidad y anonimato, efectos transjurisdiccionales, reducción de barreras, reducción de fricción, y efectos de memoria y olvido.

En la respuesta de Internet a la pandemia y sus efectos en los primeros meses de 2020 observamos en acción estos factores:

Escalamiento masivo y efectos de red. El confinamiento súbito de miles de millones de seres humanos en sus hogares, acompañado de la necesidad de continuar la subsistencia personal y familiar, con la gran mayoría de los lugares de trabajo y escuelas cerrados, obligó a estas personas a utilizar Internet como medio casi exclusivo para el trabajo, la educación, las comunicaciones en familia, la compra de todo tipo de bienes y servicios (empezando por los de alimentación), la atención a la salud, y la recreación. En pocos días los patrones de tráfico de Internet se alteraron sustantivamente, tanto en su distribución espacial como en sus patrones temporales. El tráfico de trabajo, negocios, educación y salud se trasladó de los nodos comerciales a los domésticos, prácticamente sin solución de continuidad y con una alteración masiva de horarios y patrones de tráfico. Algunos países, entre ellos los de la Unión Europea, abordaron a los principales proveedores tanto de acceso a Internet como de contenidos para administrar este cambio repentino y contender con algunos eventos de congestión. La Unión Europea logró, además, que esta negociación se diera sin violar su normativa de Internet Abierta, que es la versión europea de Neutralidad de la Red. Entre otras medidas, los proveedores de contenido que usan recursos de red en forma masiva, como *Netflix*, acordaron proveer versiones de menor resolución en sus videos, lo cual reduce el volumen de tráfico que generan. En muchos países, los proveedores de acceso a Internet y de servicios de telecomunicaciones adaptaron sus tarifas, generaron paquetes especiales para las necesidades emergentes, volvieron gratuitos algunos servicios, suspendieron los cobros por tráfico arriba de los topes contratados, intensificaron sus labores de mantenimiento, y de algunas otras formas apoyaron también a la sociedad para facilitar la transición a la situación de emergencia.

Lo que no ha podido ocultarse son las deficiencias en la infraestructura de "última milla", tanto en anchura de banda y calidad como en el acceso mismo a la red. Si bien cientos de millones de niños pudieron continuar en contacto con sus escuelas y avanzar en su educación, también es cierto que millones de niños y jóvenes quedaron excluidos y desconectados por no haber servicios en las poblaciones aisladas y márgenes urbanas. Este grave déficit deberá ser subsanado como una de las más urgentes respuestas pospandemia.

Los efectos de red se manifestaron tanto positiva como negativamente; en la pospandemia debemos aplicar un esfuerzo extraordinario para que los efectos positivos de colaboración, altruismo y solidaridad sean superiores a los de desinformación, fraude y agresión, que también crecen más allá de lo lineal gracias a los efectos de red.

Identidad. Los efectos de identidad hacen que conductas que en el mundo pre Internet se basan en la identificación de las personas y otras entidades, sean substituidas por una identificación basada, en el mejor de los casos, solamente en una dirección IP —un conjunto de números que identifica a una Interfaz en la red— (que además puede ser disfrazada en la red TOR —*The Onion Router*—, con VPNs —*Virtual Private Networks*— y por otros mecanismos). El anonimato que se facilita como resultado, en tanto otras capas como las de aplicación no requieren una identidad firme, produce efectos positivos extensos y perdurables, como proteger a los activistas que protestan contra regímenes opresivos así como a quienes transmiten ideas y educación en sociedades que restringen tareas tan elementales como la educación sexual y reproductiva. Es bien sabido que este anonimato también facilita muchas formas de delito, hostigamiento y otras conductas indeseables.

En el contexto de la pandemia, este anonimato ha facilitado la difusión de desinformación, teorías conspiratorias, "phishing" basado en engaños relativos al coronavirus y medidas de respuesta, y otras actividades lesivas a la salud pública. Sin embargo, en sociedades en las que se cuestiona la existencia misma del virus SARS-CoV-2 o las medidas indispensables para contener la propagación de la epidemia, este anonimato ayuda a difundir información verificable y eficaz.

Los factores transjurisdiccionales son connaturales a Internet en tanto que desde su diseño mismo los elementos de la red están identificados únicamente por sus direcciones IP y éstas no están obligadas a seguir esquemas nacionales. En los protocolos de la *Internet Engineering Task Force* (IETF) no se presupone frontera nacional alguna. En consecuencia, la información sobre el coronavirus se propagó desde los primeros días sin restricciones entre el país de origen (una vez liberada en éste), a las primeras personas que tuvieron conocimiento y precauciones respecto de la pandemia y al resto del mundo. El ir y venir transnacional de la información y las comunicaciones al que nos ha habituado Internet se refleja en las inmensas colaboraciones internacionales para identificar el genoma y demás características bioquímicas del virus, las variantes genéticas y su propagación geográfica, los tratamientos que surten, o no, efecto, las respuestas sociales como el confinamiento voluntario y la presión sobre los gobiernos para imponerlo de manera obligatoria, la transmisión global de conciertos y actividades culturales para paliar el aislamiento de las personas y el cierre de las instalaciones en que se llevan a cabo, la educación y capacitación, congresos académicos y profesionales, las campañas de solidaridad para llevar dinero, insumos médicos o alimentos a quienes los necesitan de emergencia en la crisis, psicoterapia, y múltiples formas de comunicaciones interpersonales. Editoriales que dejaron de vender libros ante el cierre de las librerías (y de producirlos, por la suspensión de operaciones de las imprentas en muchos lugares del mundo), pasaron casi instantáneamente sus catálogos a publicaciones y ventas en línea, transformaron sus modelos de promoción de la lectura y de sus programas de ventas mediante reuniones por *Zoom* que permiten presentaciones de libros, lecturas de poesía, y nuevos formatos de interacción entre autores y con el público en general. Si bien el impacto en ventas ha sido limitado todavía, salvó a algunas editoriales y librerías de la quiebra y les permite construir una cabeza de playa en lo que será el futuro de la lectura y las ediciones, que sin duda se acompañará de una renovada y robusta base digital.

Estos factores transjurisdiccionales también han revelado su lado oscuro durante la primera oleada de la pandemia. "Phishing" y fraudes de comercio en línea, con engaños referidos a medicamentos, donativos, supuestos subsidios gubernamentales o becas, constituyen uno de los principales frentes. El "zoombombing", ataque a las teleconferencias que se llevan a cabo mediante el software *Zoom*, en el que se ofende a los participantes, se inyecta pornografía o violencia (¡o ambas!), o de alguna otra forma se vuelve imposible la realización de la reunión, se presentó sorpresivamente y requirió ajustes de la propia empresa y de cientos de miles de usuarios.

Viendo a futuro, deberemos seleccionar lo mejor de los factores transjurisdiccionales para sumarlos a otros elementos de gobernanza multisectorial o "multistakeholder" en el contexto de la pandemia. Aprender de la gobernanza de Internet "multistakeholder", heurística, colaborativa, horizontal, y con soluciones proporcionales a los problemas, nos debe permitir gobernar la acelerada difusión del conocimiento, colaboraciones académicas, profesionales, industriales, económicas y sociales, así como la asignación de recursos para la atención de la salud, educación amplia desde los conceptos más básicos, y acotar la acción de gobiernos o entes privados que resulte contraria a los intereses y salud de la población. Los organismos multilaterales no están resultando suficientes; sin perjuicio de fortalecer a entidades como la Organización Mundial de la Salud (OMS) y la Organización Panamericana de la Salud (OPS), será necesario multiplicar y coordinar nuevas redes de gobernanza para los temas que emergen, huérfanos o vírgenes, en el ascenso mismo y en la resaca de esta primera ola de la pandemia.

Reducción de barreras. La reducción de barreras ha sido una característica de Internet desde sus años iniciales. Toma varias formas. Una de ellas es consecuencia de la administración de identidad ya descrita y la descentralización de la gestión de la red, y aparece en el carácter no jerárquico de las comunicaciones (*"on the Internet nobody knows you are a dog"*, rezaba una caricatura hace más de dos décadas, en la que la frase era proferida por un perro sentado al teclado de una computadora). Se reducen también las barreras de entrada a muchos mercados cuando aparece el comercio electrónico; al no ser necesaria una tienda física, pagar renta por un local, electrificarlo e iluminarlo, darle seguridad e higiene a cientos de clientes presentes simultáneamente, contratar demostradores, cajeros, vigilantes de entrada, cuerpos de seguridad y aseo, contender con daños manuales a la mercancía y robos, y proveer estacionamiento a los automóviles de los clientes; se pueden armar las tiendas en línea con muy pocos elementos y personal en tiempos breves, dimensionarlas de manera flexible y escalable, y contar con procesos de mercadotecnia, publicidad, catálogos, inventarios, ventas, cobranza, crédito y demás componentes, en poco tiempo y a mucho menor costo que el de una tienda física (lo mismo vale para organizar una banda criminal). *Wikipedia* tanto como *Amazon* o *Mercado Libre* ejemplifican este efecto.

Dicha reducción de barreras ha permitido formar organizaciones virtuales para el diseño y construcción de ventiladores mecánicos que auxilian la respiración (equipo médico sofisticado, paradigmático de la crisis del COVID-19), compartir planos para la impresión 3D o fabricación aditiva de productos tan variados como caretas plásticas para protección facial o componentes complejos de maquinaria respiratoria, organizar acciones filantrópicas y, desde luego, proveer servicios educativos y de auxilio a la salud.

En los próximos años deberemos estar muy atentos a esta reducción de barreras pues será exigida en nuevos niveles para contender con, igualmente, nuevas barreras originadas por la pandemia, al menos hasta en tanto no exista vacuna contra el SARS-CoV-2: "distancia social", que debe en realidad ser distancia física pero con aumentada cercanía, empatía y solidaridad. Deberemos contender con la imposibilidad de usar locales físicos a plena capacidad, con la necesidad de proteger a poblaciones vulnerables recién definidas y masivas contra el daño de su salud y contra la discriminación. Súbitamente quizás un tercio de la población mundial es víctima potencialmente aumentada de amenazas a la salud y de discriminación. Personas con co-morbilidades y condiciones predisponentes (que incluyen la edad mayor a 60 años, apenas ayer una segunda juventud) están en este caso. Deben y debemos asegurar su participación plena en la sociedad, con igualdad de derechos, mediante medios técnicos novedosos y asequibles, y con prácticas sociales y de normatividad que reflejen y apoyen esta nueva demanda de equidad.

Reducción de fricción. Entendemos la reducción de fricción debida a Internet a partir de dos categorías diferentes. Una, proveniente de la economía, se refiere a "mercados sin fricción", mercados en los que la competencia es eficaz porque todos los participantes cuentan con "información perfecta" y por ello oferta y demanda se equilibran; Internet contribuye a este efecto al permitir la comparación de ofertas y precios de manera inmediata y transparente. La otra categoría se refiere al número de operaciones, al gasto de energía que el usuario necesita realizar para llevar a cabo una acción como, por ejemplo, una transacción en un sitio de comercio electrónico; este sentido proviene del estudio de la Experiencia de Usuario (UX) y requiere inversiones apreciables de tiempo de programadores, diseño de bases de datos, *software*, y equipamiento en computadoras y redes para alcanzar escala de Internet. Cada milisegundo cuenta pues los usuarios abandonan los sitios Web que les parecen lentos y acuden a sus competidores, si existen.

La reducción de fricción en Internet nos permite interactuar en tiempo real con personas e instituciones, permite que el "chat" o la compra en línea sean percibidos como instantáneos; permite emitir información con tan solo redactarla y oprimir un botón e, igualmente, permite un desfalco instantáneo contra una víctima de *phishing*.

En la primera ola de la pandemia del COVID-19 la reducción de fricción se ha manifestado favorablemente en la facilidad de emitir información, en la rapidez de las transacciones en línea, en los sistemas de registro de síntomas y respuesta orientadora a posibles pacientes, y en clases, seminarios, discusiones y exámenes en línea. Su lado obscuro se manifiesta en la desinformación, que se propaga de forma viral y corre como un incendio en pastizal seco, en el *phishing* y otros ataques informáticos, y en la polarización política que ha acompañado a la pandemia en muchos países.

Memoria y olvido. Uno de los cambios más fundamentales que la tecnología de la información y comunicación electrónica y digital ha traído, entre los que desde luego se cuenta Internet, es la inversión de la ecuación de costos entre memoria y olvido, como lo ha señalado entre otros Mayer-Schoenberger en su libro fundacional *Delete* (Mayer-Schoenberger, 2011). Hasta muy recientemente, para la humanidad, recordar, dejar registro duradero para la memoria, ha sido costoso, motivo de esfuerzo, mientras que olvidar es literalmente dejar a la naturaleza actuar en el cerebro humano, o a través de la Segunda Ley de la Entropía, sobre la obra escrita y grabada en piedra, papel, película fotográfica o cinta magnética. Con la aparición y expansión masiva de la tecnología digital, grabar texto o imagen bajó sus costos a un punto tal que las personas prefieren conservar todos los documentos que han producido, todas las fotografías que han tomado, todo el video que han grabado, en memorias y dispositivos de muy bajo costo. Al añadir a esto la conectividad de Internet, la memoria se distribuye por el espacio y se vuelve accesible desde infinidad de puntos de acceso; ahora recordar es la norma y olvidar, producir olvido, borrar, se vuelve costoso e incierto. Lo que se produce en un lugar y se almacena en muchos otros está a la espera de que alguien encuentre, por imprudencia o por maldad, correo electrónico, video íntimo, documentos incriminatorios, o huellas de actividad ilegal.

Esta memoria masiva es casi indeleble, aunque no está exenta de riesgos. Podemos perder esta memoria o dejar de tener acceso a ella, una especie de Alzheimer social, si se borran o pierden archivos, o compañías enteras como *Geocities* o los grupos de *Yahoo!*, si los administradores no tienen el cuidado de preservar versiones sucesivas de la información, o si en algún momento dejamos de contar con el *hardware* y/o *software*, o los permisos, o las llaves criptográficas para acceder a la memoria. Esto es lo que Vinton Cerf ha llamado una "edad obscura digital", en analogía a que de la Edad Media quedan muy pocos documentos de los muchos que la humanidad produjo.

También es posible incidir sobre la memoria mediante leyes, sentencias y otras decisiones que obliguen al borrado, al olvido. Es especialmente notable el "Derecho al Olvido" instituido en Europa, que en realidad es un derecho a que las búsquedas por nombre de la persona interesada no presenten ciertas noticias respecto de ésta. Progresivamente, las plataformas como *Facebook* están desarrollando sistemas en los que intervenciones humanas y procesos automáticos se conjuntan para borrar o negar acceso a contenidos puntuales e incluso a todo el de un usuario. En este tema *Facebook* está instituyendo un comité que se encargará de adjudicar controversias contra los borrados y generará algunos lineamientos más claros para la compañía.

Estos borrados, estos olvidos deliberados, pueden incidir de forma grave sobre el derecho de las sociedades a la información, al conocimiento, a la verdad, a escribir su propia historia. Personas en el poder pueden reclamar variantes del "derecho al olvido" para borrar partes inconvenientes de su pasado. En el futuro de la pandemia y pospandemia deberemos ser particularmente vigilantes de que quienes han tomado malas decisiones, quienes por acción u omisión dañen a la sociedad, no puedan hacer esta intervención orwelliana. Un futuro particularmente distópico sería que borrados de esta naturaleza eximieran a estas personas de una rendición de cuentas indispensable y nieguen a la sociedad la capacidad de extraer lecciones útiles, robustas y duraderas a partir de la memoria de la pandemia.

La memoria detallada, puntual en tiempo, espacio y demás datos, conlleva otros riesgos, los asociados con la divulgación no deseada de información personal. La protección de datos personales a largo plazo, contra riesgos como la deanonimización, además de la inspección deliberada y el filtrado al exterior de datos, llevará a que analicemos y construyamos un sistema robusto que logre este delicado balance de derechos.

En la historia de Internet la tensión entre memoria y olvido ha sido permanente. El dinamismo de la industria de Internet ha hecho surgir y caer empresas enormes, con la consecuente pérdida de muchos de sus acervos. Algunos tipos de información se generan dinámicamente, a solicitud, en el momento de una búsqueda u operación y son por naturaleza volátiles. Llevar una memoria como bitácora de cada evento de cambio sería imposible. Sin embargo, organizaciones como *Internet Archive* se aseguran de conservar página Web tras página Web, contenido tras contenido, en el estado que guardan antes de cada cambio. Deberemos preparar muchos archivos descentralizados de este tipo para dar robustez a esta parte de nuestra memoria.

Hay que recordar además que *Internet Archive* dio un gran paso durante la primera ola de la pandemia al liberar contenidos protegidos por derecho de autor, casi millón y medio de libros en formato digital a los que tenía acceso legal, para constituir la Biblioteca Nacional de Emergencia mediante un acto sencillo, eliminar los plazos de préstamo (Internet Archive, 2020). Este acto deberá marcar también nuestra ruta hacia el futuro, convocándonos a construir nuestra memoria, nuestros acervos, de tales maneras que estén disponibles en forma abierta, o al menos puedan pasar a esa condición al presentarse emergencias que lo exijan.

La crisis generada por la pandemia del COVID-19 ha alumbrado de manera enfática las deficiencias acumuladas en infraestructura para la salud, el gobierno, la producción, las telecomunicaciones; deficiencias en educación, en la comprensión más elemental de la biología, del propio cuerpo humano, de la estadística, de la sociedad, de la lógica, del razonamiento riguroso basado en números, de la validación de la evidencia; de la construcción de una base de confianza y comunicación en la sociedad.

"Cuando baja la marea se descubre quién entró al mar sin traje de baño", dice una frase en uso desde hace poco más de una década. ¿Qué nos faltó? ¿sabremos subsanar la falta?

Nos faltó, estábamos mal parados, conocimiento en materia de políticas de ciencia, tecnología e innovación. Estábamos sufriendo descalificaciones injustificables y recortes presupuestales y de prestaciones en institutos y centros de investigación, sufríamos un ataque de base ideológica tanto como administrativa contra los mecanismos de financiamiento modernos de la innovación; creadores artísticos tanto como científicos y tecnólogos estaban siendo acusados de defender intereses patrimonialistas y espurios. No estábamos construyendo amplios consensos sobre el futuro moderno del país. No teníamos una estrategia digital nacional integral, anclada en consensos y acciones compartidas, implantada con recursos suficientes y cercana a los niños en las escuelas y sus padres, con normatividad y seguridad suficientes para el teletrabajo, con atención a las personas con discapacidad, más allá de un manual para padres, con mecanismos accesibles para el comercio electrónico de las empresas más pequeñas. No volvamos a estar así. No esperemos a que pase la primera ola, baje la siguiente resaca, venga el siguiente tsunami. Construyamos la memoria que nos impulse a construir una sociedad mejor desde este mismo momento. No olvidemos, como bien nos convoca el director de la Biblioteca Pública de Nueva York, que la memoria deberá enriquecernos en nuestra diversidad. Y que la única Internet que nos servirá para construir esta multifacética memoria es una Internet libre, abierta, interoperable, escalable, gobernada por todos sus actores, una Internet para todos.

Agradecimientos. Agradezco a Antulio Sánchez la invitación a escribir el presente texto y su orientación a partir de mis intuiciones iniciales, y a Enzia Verduchi la lectura, discusión, corrección y edición del texto.

Bibliografía y referencias

Pisanty, A. (2020). "Open Internet Governance: The 6F Framework and COVID-19", en *Medianama*, mayo, India. Disponible en: https://www.medianama.com/2020/05/223-open-internet-governance-6f-framework.

Mayer-Schönberger, V. (2011). *Delete: The Virtue of Forgetting in the Digital Age*, Princeton University Press, Nueva Jersey.

Internet Archive (2020). "Why we Released the National Emergency Library". Disponible en: https://blog.archive.org/2020/03/30/internet-archive-responds-why-we-released-the-national-emergency-library/.

Entre interfaces y nuevas mediaciones: el futuro como metáfora expandida del presente

Jorge Alberto Hidalgo Toledo*

*El autor es Doctor en Comunicación Aplicada por la Universidad Anáhuac; fue presidente del Consejo Nacional para la Enseñanza e Investigación de las Ciencias de la Comunicación, CONEICC 2012-2015; Vicepresidente de la Asociación Mexicana de Investigadores de la Comunicación, AMIC 2017-2019; y Vicepresidente de Vinculación Académica de la Academia Mexicana de la Comunicación 2018-2020. Actualmente es Coordinador Académico de Posgrados en la Facultad de Comunicación e Investigador del Centro de Investigación para la Comunicación Aplicada CICA, de la Universidad Anáhuac; es coautor de los libros Medios y mediaciones en la cultura digital (2017); Signo vital: comunicación estratégica en la promoción de la salud (2011); y Comunicación Masiva en Hispanoamérica: Cultura y literatura mediática (2005) (e-mail: jhidalgo@ anahuac.mx).

El futuro es una metáfora expandida del presente. Siendo el presente una interfaz cultural que matiza nuestros esquemas mentales, configura nuestras percepciones y rearticula las estructuras sociales, culturales, políticas y sociales. El futuro, al más puro estilo mcluheano, es una amplificación de los sentidos que hemos potenciado y visibilizado en los últimos años (McLuhan y Ducher, 2009).

Internet se ha vuelto el motor energético que deslizó a las industrias hacia la Cuarta Revolución Industrial (Schawab, 2016).

231

En pocos años se ha convertido en el corazón de nuestras vidas, pero también empieza a vislumbrarse como un bien que puede escasear como los otros energéticos. La vida hiperconectada e hipermediatizada estará en algunos días dejando de manifiesto que así como el agua, el carbón y el petróleo, Internet puede llegar a hacernos falta. Literal, la red pende de un hilo, del número de megas de subida y de bajada empleados por cada miembro de familia en millones de hogares en el mundo. Hoy tenemos a más de 4 mil 648 millones personas conectadas, impactando al 59.6 por ciento de la población mundial (*Internet World Stats*, 2019). Con tantas descargas de video, clases en línea, reuniones virtualizadas, descargas de videojuegos, películas y canciones, puede caerse en cualquier minuto. Las nuevas brechas se han hecho más que notorias, quién y para qué se conecta. Si nos quedamos en un rubro de ocio o en la co-construcción de conocimiento; si es para cumplir con los deberes de la escuela, impartir un curso o cerrar transacciones financieras a distancia. Género, edad, nivel educativo y socioeconómico se aglomeran en categorías como info-riqueza e info-pobreza (Hidalgo, 2018).

Hoy para muchos la red se mueve en la categoría de tecnología de la esperanza. Muchos esperan encontrar en ella la otra vía que no les llega ni por la radio, la prensa ni la televisión. En ella encuentran luz, enjambres de confianza, núcleos de alegría, nodos que enmascaran el mundo que está por venir. Llevamos tan solo unas semanas del mundo futuro y ya se siente la nostalgia, el vacío y la falta de sentido en los contenidos que circulan. El mundo ya es otro y no esperemos volver al anterior cuando la contingencia acabe. Los días se contarán en otro ritmo y velocidad de transmisión de bits (Morduchowicz, 2012). La economía, igual pende de un hilo aún más delicado y finito. Las bolsas caen y parecen contraerse los mercados a partir de fórmulas de cierre de fronteras que nos recuerdan las acciones nacionalistas populistas de décadas pasadas. La economía digital mueve otros motores y acelera otros mercados, pero no los fundamentales. La emergencia sanitaria rompió la burbuja de la esfera pública y hoy por las pantallas gozamos de una nueva esfera privada semi-pública. Nos enteramos de decoraciones y aficiones dependiendo del encuadre de la *webcam*. La intimidad ya tiene otro significado. Hombres en mangas de camisa, alumnos tomando clase por la tarde entre pijamas. El mundo es una extensión doméstica de la recámara (Tubella, Tabernero y Dwyer, 2008).

Los horarios se quebraron, todo es un *continuum post-line*. Estamos siempre ahí, dispuestos para la conexión; a que suene *Skype* o te reclamen en *Zoom*. Nos hemos vuelto esclavos de la omnipresencia. Se nos acabaron los tiempos muertos y tiempos de descanso. La invitación a la vida relajada, desconectada, fungió tan solo como un acelerador de la hiperconexión. El mundo entero espectralizó su vida: migramos del átomo al código binario. Las personas se hicieron imagen eterna, haz de luz. El virus ya infectó la red. Se metió en nuestros hogares y en nuestros cerebros. Llenó nuestras expectativas de dudas y misterios. La vida eternamente conectada es un *reality show* de emisores y receptores que no descansan (Lipovetsky *et al.*, 2016).

Quienes quedaron en las calles también viven la hiperconexion a su manera. Sin trabajos, sin conexiones de todo tipo: económicas y sociales. Se han vuelto *los nuevos olvidados*. Los doblemente excluidos. Las personas están muriendo solas en los hospitales o transmitiendo sus últimos minutos de vida por una *tablet*. Las comidas dominicales las transmiten las familias por un teléfono celular. En pocas semanas las tecnologías exponenciales nos dejaron ver que el mundo era otro y que el mundo que solíamos conocer ya no será jamás el mismo. ¿Qué sigue entonces? ¿Cómo leer y escribir este capítulo en la historia? ¿Desde dónde entender esta nueva fase del capitalismo? ¿Cómo repensar nuestro lugar y modo de estar en este nuevo territorio?

Las otras brechas

En pocas semanas la afirmación se hizo contundente: acostúmbrate al mundo nuevo. El futuro ya nos ofreció una panorámica de cómo serán los años venideros. Los gobiernos y empresas de telecomunicaciones ya empezaron a notar la sobrecarga informativa y la multiplicación exponencial de datos derivados de la hiperconexión que provocó la cuarentena del COVID-19. Los mensajes de "bájale a tu consumo de video" empiezan a recorrer la web. Los ministerios y secretarias de educación pública mandaron la instrucción de golpe, logrando en unas semanas lo que llevaban décadas intentando (a veces de modo fallido): migrarnos a la ola digital. En pocos días alumnos y profesores dejaron sus hábitos de conexión orientados al ocio y entretenimiento para hacer uso de todas las pantallas posibles para continuar con el proceso alfabetizador. ¿Qué implicó para muchos este giro del tsunami digital? La migración emprendida, casi en modo de éxodo glaciar, puso en evidencia una serie de problemas, falacias y falsos imaginarios que se han filtrado en nuestra vida de modo muy sutil:

1. *Nuestros "nativos digitales" no nacieron con el chip integrado.* Más que nunca se ha evidenciado la falta de competencias digitales profundas y críticas de las jóvenes generaciones acostumbradas a la vida entre pantallas. Sus habilidades en muchos casos son superficiales y se limitan a usos y exploraciones que les permite rellenar tiempos muertos y convertirlos en tiempos de consumo (Morduchowicz, 2012). Sus recursos son limitados y se soportan en plataformas de entretenimiento, en búsquedas ligeras, copiar y pegar, pensamiento crítico poco estimulado y emular los juicios de otros como propios.

2. *Las posibilidades de hiperconexión son limitadas.* Cuando padres, hermanos y otros miembros del hogar están todos conectados, los flujos de datos sobrecargan la capacidad contratada y las conexiones se vuelven frágiles y limitadas, lo que provoca la ciber-ausencia en clases virtuales o las participaciones en modo fragmentado.

3. *Las fronteras de lo público y lo privado se diluyen.* El espacio doméstico se ha vuelto la escenografía de la nueva arena

pública (Turkle, 2011). Las videoconferencias en la sala, el estudio, la recámara, el jardín o la azotea se han vuelto comunes. El alumno que toma las clases en pijama, la madre que cocina en medio de una junta, los perros y gatos siendo protagonistas durante el pase de lista, son estampas cotidianas. No obstante, la solicitud de no invadir la privacidad se hace más común, pidiendo no encender la cámara para que los demás no vean cómo y dónde viven o usando un fondo "divertido" en *Zoom* para emular entornos físicos cotidianos.

4. Con la contingencia tendrás exceso de tiempo de ocio. Al inicio de la cuarentena se recomendaba preparar lecturas, ver películas, escuchar discos olvidados, entretenerse con juegos de mesa. La falta de un diseño instruccional efectivo ha llevado a saturar de actividades a los alumnos que se han visto imposibilitados para cumplir porque el tiempo no les basta. Faltan horas al día para cumplir con todas las actividades. Conciliar vida-ocio-familia y escuela es una competencia más a desarrollar.

5. Todo es un distractor de todo. El ocio de las tareas, las tareas del tiempo familiar, distraen una actividad de la otra. La disciplina y el respeto de los momentos es fundamental para el proceso de enseñanza aprendizaje.

6. La sobrecarga de actividades y la omniconexión hacen que maestros y alumnos estén rebasados. Se pide realizar actividades que después no se pueden evaluar por falta de tiempo o para realizarse con recursos digitales no siempre disponibles gratuitamente en la red.

7. Faltan protocolos y normas de netiqueta para gestionar clases y juntas de academia. No tenemos criterios o normativas para moderar y articular positivamente estos espacios

8. La vida se resuelve del todo estando hiperconectados. Cada vez se hace más evidente la necesidad de interacción social, los alumnos inician las sesiones comentando lo mucho que extrañan el salón de clase, a sus amigos e incluso a profesores. La interacción mediada por dispositivos es un bien que tiene que estarse renovando. Las familias piden comida a domicilio y pasan minutos platicando con el repartidor sobre cómo luce el mundo allá afuera. Extrañan salir a caminar, hoy todos quiere ir a tirar la basura; limpiar la casa es el más extremo de los deportes que practican.

9. *La resistencia digital empieza a contagiarse.* Aparecen grupos de personas afirmando en sus perfiles que habrán de desconectarse algunos días o colocando imágenes añorando los tiempos de la vida *off line.* Los conspiracionistas e incrédulos retan al sistema saliendo de casa para evidenciar que la otra vida todavía es posible.

10. *La infoxicación es la nueva infodemia e infoanemia.* Entre notas falsas, curas milagrosas, recetas ancestrales y conspiraciones que fluyen como plaga por *WhatsApp,* las personas empiezan a padecer otra pandemia, la de la desconfianza y el temor. El miedo se ha vuelto su constante.

11. *Se nos dislocaron los horarios.* La disciplina del horario laboral, de clase, de casa, se ha modificado a tal nivel que las personas cada vez descansan menos, se alteran los ritmos de sueño. Nos enfrentamos a una sociedad cansada pero inmóvil.

La vida desde hace semanas es otra. El mundo futuro se habla en presente. Apenas logramos percibir la punta de un iceberg que bien podríamos esquivar, aunque algunos ya sintieron que chocaron contra él.

Los de adentro y los de afuera, los de arriba y los de abajo

Desde hace semanas el mundo es otro y pareciera que hemos empezado a acostumbrarnos a sus modos y sus formas. La vida en su modalidad hiperconectada tiene sus normas y formas de evidenciar lo que significa *ser* y *estar* en el mundo digital (Turkle, 2013). *Ser en el mundo* implica estar siempre ahí: conectado, omnipresente, dispuesto al llamado, a dar me gusta o emitir un sentimiento con un emoticón. *Estar en el mundo* tiene sus dinámicas, sus expresiones algorítmicas. Sus patrones de comportamiento y navegación. La vida en el *continuum* tiene sus códigos particulares de simulación y representación: la imagen. Nuestra condición es avatárica, expresada en modo imagen de perfil. Hemos pasado de la imagen en dos planos a la imagen en movimiento, pasando por el *selfie*; la foto testimonial que da constancia de hechos y lugares, la que refleja emociones, momentos, valores o movimientos con los que empatizamos. Hemos dejado nuestro culto por el *selfie* para adquirir un culto por el video como una nueva forma de querer manifestarnos. El éxito de *Tik Tok*, la añoranza por los *vines*, el sueño del *youtuber*, ha llevado a muchos a colgar su foto interactuando en *Zoom* o participando en un *Hangout*. La imagen es una forma de evidenciar nuestra nueva condición. Implica estar dentro, en la red. Es una forma de expresar nuestro andar concreto por el continente digital. La red es hoy nuestro espacio doméstico, es nuestra arena pública. Es el lugar de los encuentros (Morduchowicz, 2012). El mundo entero tiene su espejo ahí: el trabajo, la escuela, los medios de comunicación, la banca, los comercio (Tapscott y Williams, 2007). El mundo entero implosionó en la red, ahí estamos evidenciando nuestra capacidad o incapacidad de nombrar y dar sentido al mundo. Amistades, amores y desamores se vuelcan en las pantallas. Desde la cuarentena los enamorados han buscado propiciar encuentros que rompan la lógica textual del *chat*; las video llamadas se han vuelto artilugios de tele transportación. Así se hacen presentes en la oficina, en las comidas familiares, las charlas entre amigos, las fiestas entre adolescentes o los bares simulados en las barras de cocina. Estamos en el *streaming* permanente de nuestras vidas. Nos hemos convertido en medio, canal y mensaje (García-Canclini, 2007). Transmitirnos es una forma de decirle al mundo estoy aquí.

Pero esa solo es la condición de los de adentro. Una nueva divisoria se ha marcado entre nosotros, ahora tenemos una nueva clase manifiesta: *los de adentro* y *los de afuera*. El mundo se contabiliza entre los que están *on line* y los *off line*, pero también entre los que quedaron de un lado y otro de la ventana y de la puerta. Los de afuera sufren doblemente nuestra ausencia. Ellos padecen hoy esa *triple marginación*: la del acceso, la del uso y la de la posibilidad o no de estar en línea permanente, por su nueva condición social. Ellos siguen limpiando nuestras calles o surtiendo de alimentos en un supermercado. Afuera hay niños adolescentes, adultos y ancianos que se quedaron marginados en múltiples sentidos. Algunos por la economía, las formas estructurales, las lógicas superfluas del poder y la misma dinámica del privilegio de la conexión (Giddens, 2005). *Los de afuera* hoy son los nuevos excluidos. Desde hace semanas el mundo es otro. Los medios nos advierten de los que han perdido sus empleos, los que siguen yendo a sus fondas y cafeterías esperando que se postre algún perdido o les hagan un pedido por teléfono. Repartidores estacionados, madres que limpian despachos en los que falta la mitad del personal, despachadores en gasolineras escuchando cómo se incrementan los contagios y decesos. Tenderos que esperan que mañana el mundo se encuentre en un lugar mejor que hoy. El mundo es muy distinto dentro que fuera. No solo por los 16 millones de colores que proyecta la pantalla; lo es por sus formas de representar el miedo, por la extensión de las sonrisas que provoca un cambio de escenografía en la foto de perfil. Desde hace semanas los de adentro y los de afuera comulgan con los de arriba y los de abajo. Esta forma concreta de visualizarnos, de entender a los nuevos *info ricos* e *info pobres*, a los conectados, los desconectados, los mediatizados, nos habla de un nuevo horizonte que cada vez será más y más excluyente. Hoy son muchos los privilegiados que tienen la posibilidad de estar bajo resguardo, pero son muchos más los que han quedado fuera y por más que quieran viven entre los *clicks* y los ladrillos (Castells, 2001). Son *outsiders* de esta nueva condición estructural. Desde hace semanas el mundo es otro. Espero que esta ola sea un oleaje pasajero y nadie se acostumbre a ver el mundo de un solo lado de la ventana.

De la vida, el lado B

Desde hace semanas el mundo es otro. Las escenas de calles vacías, museos abandonados, salas de cine cerradas, plazas públicas donde el eco del aleteo de las palomas es lo único que resuena, son la constante. Internet se llenó de notas falsas, gráficos que señalan el avance del COVID-19 por el mundo. Anuncios publicitarios luminosos en medio de esas calles vacías en Nueva York, Madrid o Roma, resultan ser un apocalipsis al que nunca pensamos llegar. Los cielos azules, la llegada de la primavera, los pájaros cantando del otro lado de nuestra ventana, chocan con la imagen de futuro —a la *Blade Runner*— de calles saturadas, oscuras, lluviosas y autos volando que habíamos imaginado. Autos estacionados, señales viales que no tienen respondiente, campanarios que dejaron de llamar a misa, un Papa solo en medio de la Plaza de San Pedro hablando al horizonte. En todas esas fotos la voz humana parece ausente. El mundo exterior se ha empezado a vaciar de nosotros (Molinuevo, 2004). La acción humana que circula por la red lo hace con postales de hospitales, ministros y gobernantes anunciando cómo combaten la batalla, pacientes que se han recuperado, o historias de médicos que dando todo dejaron su vida en el armario para salvar a otros tantos.

El mundo desigual es parte de esa estampa (Friedman, 2007). Aunque existen llamados a la generosidad y a sacar lo mejor de sí, el terror se quedó dentro de la casa. Delincuentes que llaman al saqueo de tiendas departamentales en grupos de *Facebook*; escenas de violencia intrafamiliar que se multiplican como plagas en fotos de *Instagram*; *Tik Toks* de gente comprando armas para defenderse de los otros; aumentos de ataques de estrés por sobrecarga de trabajo y de ansiedad por el distanciamiento social socializados en *Youtube*. Las otras desigualdades empiezan a florecer en medio de la cuarentena. Madres que enmedio del *home office* atienden a los hijos, cuidan a los padres, preparan la comida, limpian el hogar y se dan cuenta que 24 horas les son insuficientes para responder a lo que el mundo les demanda con solo dos manos, denuncian su dolor en comentarios de un *post*. El aislamiento introspectivo es muy distinto a la soledad forzada del confinamiento. La pérdida del sentido de libertad y de movilidad ha detonado cuadros de tristeza y depresión que tratan de calmarse consumiendo *meme* tras *meme*.

Ya empezamos a ver jóvenes aburridos de los videojuegos y las series de televisión. El *binge consumption* mediático también produce empacho. La saturación de notas sobre el coronavirus en todos los canales provoca un *framing overload*. Desde hace semanas vivimos los efectos de un resfriado no común. Un mundo que ha cambiado por un virus no puede ver la biología como algo ajeno a lo económico, social y cultural. Estamos ante algo más que una infección. El COVID-19 evidenció un mundo que ya estaba entre nosotros. Visibilizó nuestros dolores y carencias. Amplificó falacias y malestares. Agudizó todas nuestras divisorias. Levantó nuevas fronteras y ocultó el brazo salvaje del capitalismo más profundo. Muchas son las instituciones que no han podido sostenerse ante el contagio. El ecosistema que ha venido a talar es el humano (Postman, 1994). El mundo no era plano como afirmaba Thomas Friedman. Tiene demasiados picos y valles. El hiperindividualismo quedó a flor de piel entre los estantes vacíos del supermercado.

El coronavirus embargó nuestro futuro, evidenciando los males del presente. El mundo futuro, que se pronuncia en presente, ha tocado nuestras puertas. Necesitamos algo más humano que lo humano para no abrir o si abrimos superarlo. Volver al otro es lo único que quizá pueda salvarnos. El verdadero futuro debe pronunciarse en plural. En un modo más incluyente y solidario. Debe partir del nosotros para acercar al ellos. Desde hace semanas el mundo es otro. O quizás el pasado nunca fue distinto. Quizá solo es que nos habíamos negado a ver lo que hoy desde la ventana se ve más claro, porque no aparecemos nosotros entre lo que vemos.

El otro que me mira

Desde hace semanas el mundo no es el mismo. Nuestra ventana al mundo se amplificó desde Internet (Jenkins, 2008). Ese balcón por el cual hoy vemos el mundo pasar, se ha plagado de visiones en contraste: politización informativa; noticias falsas; ofertas de entregas de productos a domicilio; modelos de gratuidad para descarga de libros y películas; cursos a distancia para mantener la mente distraída; alarmas y conspiraciones producto de poderes militares ocultos; notas de pánico; avalanchas de bulos; recetas para cocinar en familia; juegos recortables o para producirse en impresoras 3D; incansables *hashtags* para insistir en el #quédateencasa; registros satelitales de la reducción de la contaminación; ruido visual y saturación informativa; memes, datos confusos, miedo iconográfico; infografías didácticas para explicar cómo lavarse las manos y qué hacer para evitar salir de compras; videos de retos sin sentido. La imagen se ha vuelto nuestro referente *del otro* y de *lo otro*. Mirar el mundo para sentirnos seguros o inseguros en él.

Contemplar se ha vuelto un acto de resistencia y de sobrevivencia. Se ha convertido, en medio de la sana distancia, en la única vía de aproximación a los demás. Ver al mundo se ha vuelto un acercarnos con temor para evitar el contagio ideológico o desinformativo. Nos cuidamos de acercarnos a aquellos cuya imagen no resuena en nuestras creencias y esperanzas. Rechazamos recomendaciones de contactos; de amistades que defienden posiciones políticas contrarias a las nuestras. El algoritmo ya no muestra aquellos *post* que se salen del rango de visión moral con el que estamos filtrando el mundo. La imagen se ha vuelto nuestro único referente de lo que ocurre allá afuera. En medio de la avalancha gráfica, personas por todos los lugares del mundo han empezado a colgar estampas de paisajes, mensajes inspiradores, recuerdos de la infancia. En esos casos, la imagen pasó de ser registro notarial del día a día, a una forma simbólica de expresar un luto. Una forma de decirnos a nosotros mismos: siempre estuvo y hoy me duele sentir que me había olvidado de.

Con esas imágenes evocamos olores, tintes de cabello, el tono deslavado de las prendas, el tamaño de una recámara o el color de una cortina. Ver lo que no está evidencia el golpe de la imagen. La orfandad en la que nos hemos quedado al perder nuestros sitios de recreo. La imagen está reavivando para ellos, aquello que no quieren clausurar en su imaginación. Aquello que, de lo eterno, siempre no. Duele saber que eso plasmado en la foto no tiene retorno. Que ese mundo que conocíamos empieza a disolverse; que el día a día nos llevó a cerrar nuestro pasado. Desde hace semanas muchos no quieren tener la sensación de que las puertas se cierran detrás de sí. Queremos que el mundo siga fluyendo. No queremos olvidar. Si hay que limpiar la casa para evitar cualquier tipo de infección, que sea de esta. La que nos hace olvidarnos de lo humano, de lo que nos hacía estar conectados con el mundo.

Barthes afirmaba que una imagen le hizo conocer verdaderamente a su madre. Por una imagen podemos recuperar el mundo que se ha quedado del otro lado de la venta y con el cual no nos puede conectar Internet. Internet sin duda acerca, invoca fantasmas y evoca también nuestros peores demonios. Si opera como un cordón umbilical con nuestra actual vida social, que sirva para encontrarnos con *el otro*. La imagen puede traernos el mundo a modo presente, pero le falta carne; le falta humanidad. Puede re-encontrarnos con todos los gestos posibles, pero le falta el tono carraspiento de una voz, o la alegría del chiste bien contado. Quizás ha llegado el día de explorar en el armario en busca de esa foto que impida cerrar la puerta que mueve el olvido. Desde hace semanas el mundo es otro. Un mundo entre paredes y miradas. Explorar la imagen para hacerla la ciencia del otro. Interroguemos al signo, el gesto, el sujeto y al objeto. Confrontémoslo para reinterpretar la realidad en otro tono. No como un diario íntimo, sino como libro abierto para reenamorarnos de la vida. Para experimentar en primera persona el *shock* con las partículas del otro. La imagen como en Whitman, puede ser un canto, una celebración a ese átomo de mí que también te pertenece. Construyamos nuevos significados, un nuevo discurso con lo que vemos. Desde hace semanas el mundo es otro, y todavía podemos evocar un nuevo canto visual. Si la imagen será el lenguaje de nuestros próximos meses de encierro, que también sea una garantía, un puerto para el bien, un arrullo en lo que llega el mañana. Desde hace semanas el mundo es otro. Que esa imagen del abuelo con la nieta en el regazo no se quede en la memoria, en las dimensiones de la nostalgia, en el *pa-*

thos de la momificación. Si el mundo es otro desde hace semanas, también puede someterse al escrutinio del futuro. Hoy quiero ver en esa comunidad de imágenes, comunidad de personas dotando nuevamente de cuerpo al mundo. Ver, para ser cierto, referir para salvar lo que ha quedado oculto, expresar para cerrar la grieta bajo el olvido. El mundo del futuro es otro cuando los otros lo vuelven diferente.

Bibliografía y referencias

Castells, M. (2001). *La Galaxia Internet*, Plaza y Janés, Madrid.

Friedman, T. (2007). *La tierra es plana: Breve historia del mundo globalizado del siglo XXI*, Planeta, México.

García-Canclini, N. (2007). *Lectores, espectadores e internautas*, Gedisa, Barcelona, España.

Giddens, A. (2005). *Un mundo desbocado: los efectos de la globalización en nuestras vidas*, Taurus, Barcelona, España.

Hidalgo, J. A. (2018). *Medios y Mediación en la cultura digital. Cambios estructurales y construcciones teóricas para la comprensión de la cultura digital*, Tirant lo Blanch, México.

Internet World Stats (2019). "Usage and Population in Central America", *Internet World Stats* (sitio Web). Disponible en: https://www.internetworldstats.com/stats12.htm [fecha de consuta 20 de agosto de 2019].

Jenkins, H. (2008). *Convergence culture*, Paidós, Barcelona, España.

Lipovetsky, G.; J. Serroy y Prometeo Moya, A. (2016). *La estetización del mundo: vivir en la época del capitalismo artístico*, Anagrama, Madrid.

McLuhan, M., y P. Ducher (2009). *Comprender los medios de comunicacion: las extensiones del ser humano*, Paidós, Barcelona, España.

Molinuevo, J. L. (2004). *Humanismo y nuevas tecnologías*, Alianza Editorial, Madrid, España.

Morduchowicz, R. (2012). *Los adolescentes y las redes sociales. La construcción de la identidad juvenil en Internet*, Fondo de Cultura Económica, Buenos Aires, Argentina.

Postman, N. (1994). *Tecnopolis: la rendición de la cultura a la tecnología*, Galaxia Gutenberg, Barcelona, España.

Schawab, K. (2016). *La Cuarta Revolución Industrial*, Penguin-Random House, Madrid, España.

Tapscott, D., y A. Williams (2007). *Wikinomics: la nueva economía de las multitudes inteligentes*, Paidós, Barcelona, España.

Tubella, I., C. Tabernero y V. Dwyer (2008). *Internet y televisión: La guerra de las pantallas*, Ariel/Editorial UOC/Generalitat de Catalunya, Barcelona, España.

Turkle, S. (2011). *Alone Together*, Basic Books, Nueva York.

_____ (2013). "The Documented Life", *The New York Times*, 13 de diciembre. Disponible en: https://www.nytimes.com/2013/12/16/opinion/the-documented-life.html?_r=0 [fecha de consulta 26 de abril de 2019].

Después de
la pandemia ¿control digital?
Alma Rosa Alva de la Selva*

*La autora es Profesora-investigadora en la Facultad de Ciencias Políticas y Sociales de la Universidad Nacional Autónoma de México (UNAM), Investigadora Nacional por el Sistema Nacional de Investigadores del Consejo Nacional de Ciencia y Tecnología y autora de varias obras sobre comunicación, la más reciente: Monitorear la Sociedad de la Información y el Conocimiento (2019).

Cuando el virus cumpla su ciclo y la pandemia por fin se aleje, la tranquilidad no habrá llegado del todo pues sus secuelas serán motivo de nuevas incertidumbres. En el ámbito de la comunicación se prefiguran ya algunas de ellas.

Aun cuando se vivan momentos de crisis y varios sectores de la economía resulten debilitados, en contraste, los tiempos por venir serán de mayor impulso al desarrollo de alta tecnología de lo previsto en el pasado (es decir, apenas unos cuantos meses atrás). Esto debido a que con la insólita expansión de un virus que ha puesto en conflicto a la sociedad global, es muy factible que se implemente de forma contundente un proyecto de gran alcance que ya estaba en curso pero el cual, ahora, con el argumento de la utilidad que ofrecen las herramientas digitales para sortear la pandemia, podría ser significativamente acelerado, aunque con un objetivo distinto al de la emergencia sanitaria.

Ese proyecto, al que ya desde antes de la crisis se le venían inyectando importantes recursos económicos, cuenta entre sus bases tecnológicas con desarrollos que parecerían provenir de la ciencia ficción, pero que constituirán los núcleos a partir de los cuales se pretende crear la sociedad digital del siglo XXI: el Internet de las Cosas (IoT), la Inteligencia Artificial (IA) y la 5G (la quinta generación de comunicaciones inalámbricas). La piedra angular de este repertorio tecnológico que impulsará la llamada *Revolución 4.0* es la analítica de datos.Hasta donde es posible avizorar, la nueva organización social que se dibuja para las décadas siguientes pudiera conllevar más rasgos distópicos que aspiraciones logradas. Ciertamente, el panorama arrojado por la emergencia sanitaria se aleja de las deslumbrantes promesas de los primeros años del siglo XXI, vertidas en la Cumbre Mundial de la Sociedad de la Información (CMSI), ese cónclave que reunió a mandatarios de numerosos países, Organizaciones No Gubernamentales (ONG) e incluso representantes de los entonces emergentes consorcios de las empresas *punto com*. Aunque con un claro sesgo tecnodeteriminista, ese fue un espacio donde se discutió sobre la construcción de una sociedad avanzada y más democrática, sustentada en las pujantes Tecnologías de la Información y la Comunicación (TICs), por medio de estrategias regionales y nacionales encaminadas a proveer a la sociedad mundial de equipos informáticos, así como de procurar el acceso de todos a Internet.

Tres lustros después de realizada la CMSI, el escenario es distinto al que pretendían alcanzar los compromisos planteados en la *Declaración* final de la citada reunión. Como bien ha señalado el investigador Ramón Zallo (2016: 36), lo que apareció en el panorama fue una "Sociedad de la Información" desigual, con disparidades múltiples que han obstaculizado la participación de amplios sectores sociales para contribuir en la generación de conocimiento, la clave para convertirse en una sociedad auténticamente avanzada y con bienestar para la comunidad mundial.

En medio del imparable avance de la tecnología de la comunicación, con las redes sociodigitales y la telefonía móvil como elementos representativos del mismo, en algunos ámbitos se hizo patente la necesidad de discutir y replantear el proyecto de la flamante *Sociedad de la Información*, como parte de los itinerarios de las siguientes décadas del siglo XXI.

Y entonces irrumpió la pandemia

La rápida y casi irrefrenable expansión del virus comenzó muy pronto a establecer otros imperativos; el primero, ni más ni menos que el de la sobrevivencia.

Como parte de la urgencia por detener la propagación del COVID-19, llamaron la atención las acciones emprendidas por China, Corea del Sur y Singapur, asociadas al empleo de recursos tecnológicos para detectar y rastrear a ciudadanos que hubiesen tenido contacto con algún portador del virus, o bien por el uso de aplicaciones de *software* de reconocimiento facial como parte de la "vigilancia masiva" que ya se practicaba, sobre todo en el primero de esos países.

A partir de la aplicación de estas estrategias, que comenzaron a obtener resultados favorables, el gran proyecto aludido asumió un significado diferente. La *Revolución 4.0* (también conocida como Cuarta Revolución Industrial, o Industria 4.0), con todo y las crisis económica, social y política asociada a la pandemia, que podría haber sido pospuesta, se colocó en el escenario no solo como una ruta viable sino incluso obligada para la supervivencia y, también, para el desarrollo de la sociedad del futuro.

De acuerdo con K. Schawb (2016: 4), la *Revolución 4.0* representa un nuevo paradigma que implica la fusión de tecnologías del mundo físico, digital y biológico. Los procesos centrales de esa "cuarta revolución industrial" conllevan como núcleos tecnológicos a la IA, el IoT y la 5G, que implican desarrollos técnicos vinculados a la recopilación masiva de grandes cantidades de datos (a través de varios dispositivos, pero en especial de los sensores 5G), que son transferidos a vastos "almacenes" (sobre todo a "la Nube"). Luego del procesamiento de los datos y de la identificación en los mismos de correlaciones o patrones, que constituyen "perfiles" de los ciudadanos de los cuales provienen, se elaboran "paquetes" informativos convertidos en mercancía para las empresas de Big Data, que pueden ser utilizados en aplicaciones (Apps) de marketing o en la toma de decisiones empresariales, entre muchos otros usos, pero también como material estratégico de otras entidades que pueden usarlas con fines de vigilancia o control. Los sistemas de IoT, que consisten en la conexión entre dispositivos y objetos, se vinculan con el proceso anterior en tanto involucran la recopilación de datos mediante el uso de diversos artefactos (relojes y gafas, entre los más comunes actualmente), para su entrega a dispositivos que permiten hacer un seguimiento en tiempo real, por ejemplo, de necesidades de abastecimiento de alimentos, que son emitidas por aparatos domésticos, o bien de requerimiento de estados financieros.

En cuanto a la IA, se trata de programas y mecanismos informáticos que pueden mostrar comportamientos considerados como *inteligentes*. Capaces de automatizar actividades con procesos del pensamiento humano, realizar una variedad de tareas con mayor eficacia que las personas, además de desplegar pensamiento racional, en algunos países ciertos sistemas de IA también han sido puestos en acción recientemente para efectos de control de la pandemia.

Esas y otras tecnologías forman parte de una secuencia que implica un uso intensivo de las TIC, pero ahora asociadas a otros campos del conocimiento. Sin embargo, el mencionado no es el único rasgo distintivo de la nueva generación tecnológica del siglo XXI: a diferencia de lo sucedido en las dos primeras décadas de éste, cuando sobre todo a partir de las redes sociodigitales y la mensajería instantánea las TIC detonaron la socialización entre millones de usuarios, con el estallido de la pandemia los desarrollos actuales podrían volcarse hacia otro fin: el de construir una "sociedad de la vigilancia", que ya se avizoraba desde el siglo XX, pero que hoy en la coyuntura sanitaria encontró las condiciones idóneas para su concreción más inmediata.

La "Cibervigilancia Sanitaria"

Ignacio Ramonet (2020) ha alertado sobre el surgimiento de una variedad de vigilancia que, implementada para evitar la propagación del virus, pudiera convertirse en una práctica permanente con fines de control.

En un ensayo imperdible publicado recientemente, en el que explora los diferentes ángulos de la emergencia sanitaria, Ramonet realiza un rápido recuento de las prácticas de lo que llama "la cibervigilancia", puestas en marcha en los momentos actuales en diferentes países, destacadamente en los asiáticos arriba citados. Vale la pena retomar aquí algunos de los señalamientos del periodista español. Por ejemplo, cuando señala que en Corea del Sur las autoridades crearon una aplicación para *smartphones*, diseñada con el fin de lograr un mayor control sobre la expansión del coronavirus mediante el seguimiento digital de los ciudadanos presentes en zonas de contagio o que padecen la enfermedad. Esa aplicación permite descubrir si un ciudadano ha estado en zonas de riesgo y le hace saber a éste si su test es o no positivo; de ser positivo, le ordena confinarse en cuarentena. La aplicación también rastrea los movimientos de todos los infectados y localiza a los contactos de cada uno de ellos. De igual forma, los lugares por los cuales transitaron los contagiados se dan a conocer en los teléfonos celulares (o móviles) de aquellas personas que se ubicaban cerca y todas éstas son enviadas a cuarentena. Una vez que los ciudadanos recibieron la orden de confinamiento desde su centro médico local, se les prohíbe legalmente abandonar su zona de aislamiento —generalmente sus hogares— y se les obliga a mantener una estricta separación de otras personas, familiares incluidos. La App también permite realizar un seguimiento vía satélite, por dispositivo GPS (Global Positioning System), de cada persona sospechosa.

Igualmente, de acuerdo con Ramonet, en Singapur "una nación altamente vigilada", las autoridades lanzaron en marzo pasado una App para teléfono móvil muy parecida a la anterior, llamada *TraceTogether*, la cual, retrospectivamente, puede identificar a todos los contactos cercanos de cada persona y avisarles si un familiar, un amigo o conocido, contrajo el virus. Por medio de ésta, también, los ciudadanos pueden ser rastreados mediante una sofisticada combinación de imágenes de cámaras de seguridad, geolocalización telefónica e investigación policial, realizada por auténticos "detectives de enfermedades", con la asistencia eventual del departamento de investigación criminal, la oficina antinarcóticos y los servicios de inteligencia de la policía.

En cuanto a China, este autor señala que en ese país se puso en marcha una App similar (*HealthCheck*), que se instala en los móviles a través de sistemas de mensajería como *WeChat* o *Alipay*, la cual genera un "código de salud" que gradúa en colores verde, naranja o rojo, la libertad de movimiento permitida a cada ciudadano (desplazamiento libre, cuarentena de una semana, o cuarentena de catorce días, respectivamente). En unas 200 ciudades la gente usó *HealthCheck* para moverse con mayor libertad, aunque a cambio de entregar información sobre su vida privada. Ramonet puntualiza que dicha App se ha mostrado tan eficaz que la propia Organización Mundial de la Salud (OMS) se ha planteado la conveniencia de desarrollar una parecida.

Este "modelo surcoreano", adoptado en estos países y también en Hong Kong y Taiwán, que se basa en el uso masivo de datos y está asociado a diversos sistemas de "videoprotección", el cual, como señala el autor multicitado, "hasta hace poco nos hubiera parecido distópico y futurista", ya está adoptándose en Alemania, Reino Unido, Francia, España y otras democracias occidentales. Agréguese a ello que, desde tiempo atrás, algunos Estados y los grandes operadores privados de telefonía móvil han almacenado billones de datos personales (al igual que *Google* y *Facebook*), que podrían ser utilizados, con el pretexto de la pandemia, para realizar una vigilancia intrusiva masiva.

Ramonet subraya: "No cabe duda de que el rastreo de los teléfonos móviles, aunque sea para una buena causa, abre la puerta a la posibilidad de una vigilancia masiva digital. Tanto más cuanto que las aplicaciones que identifican a cada instante dónde estás, pueden contárselo todo al Estado. Y eso, cuando pase la pandemia, podría generalizarse y convertirse en la nueva normalidad… El Estado va a querer acceder también a los expedientes médicos de los ciudadanos y a otras informaciones hasta ahora protegidas por la privacidad. Y cuando se haya acabado con este azote, las autoridades, en el mundo entero, podrían desear utilizar la vigilancia para sencillamente mejor controlar la sociedad".

El periodista español advierte que Corea del Sur, Singapur, Taiwán y China "podrían erigirse en los modelos del porvenir". De alguna manera estas son ya "sociedades en las que impera una suerte de *coronóptikon*, en donde la intrusión en la vida privada y la hipervigilancia tecnológica se convierten en algo habitual".

En tal orden de cosas, "los Gobiernos —incluso los más democráticos—, podrían erigirse en los *Big Brother* de hoy, no dudando en transgredir sus propias leyes para vigilar mejor a los ciudadanos. Las medidas "excepcionales" que están adoptando los poderes públicos ante la alarma pandémica podrían permanecer en el futuro, sobre todo las relativas a la cibervigilancia y el biocontrol", puntualiza el periodista.

Ciertamente, los gobiernos, pero también los consorcios digitales globales (de siglas por demás conocidas), podrían aprovechar en estos momentos, en medio de la emergencia sanitaria, la aceptación incuestionable de los usuarios, en aras de la sobrevivencia ante el virus, de que ciertas libertades les sean restringidas y de que sus datos estén siendo explotados con más intensidad que nunca.

La IA en el centro

Otra de las voces que se ha hecho sentir sobre los riesgos que se corren en el futuro inmediato luego de superada la pandemia es la de Naomi Klein (2020). Como bien señalara hace unas semanas en las páginas de *The Guardian*, con la pandemia: "… las compañías tecnológicas están aprovechando la oportunidad para extender su alcance y poder".

La prestigiada analista advierte que los tiempos que vienen (que llama un *Screen New Deal* entre el gobierno estadounidense y los consorcios de la comunicación digital), serán "mucho más de alta tecnología que cualquier cosa que hayamos visto en desastres anteriores", la cual ha asumido los meses de aislamiento físico de la gente "no como una necesidad dolorosa para salvar vidas, sino como un laboratorio vivo para un futuro permanente y altamente rentable, sin contacto". Esto porque, a decir de una gran ejecutiva de las corporaciones de alta tecnología citada por N. Klein, "los humanos son biopeligrosos, las máquinas no lo son".

Así pues, para las empresas globales de alta tecnología el futuro que anticipaban y que ahora visualizan más cercano será de conectividad digital permanente (claro, para aquellos que puedan pagarlo). En éste, la telesalud, el aprendizaje remoto, el "home office" y otras muchas actividades se realizarán de forma virtual y a través de la nube.

El rastreo de nuestra ubicación, las "ciudades inteligentes" pobladas de sensores 5G que, en expresión de N. Klein "suplantan al gobierno local" con sus torrentes de datos sobre los ciudadanos, constituyen "la visión que se nos vende, con la dudosa promesa de que estas tecnologías son la única forma posible de proteger nuestras vidas contra una pandemia". Sin embargo, el proyecto que se impulsa va más allá de esta visión dado que, como subraya la autora citada, los grandes consorcios de alta tecnología asesoran al congreso estadounidense sobre los avances de la IA, el aprendizaje automático y otras tecnologías, para efectos de las necesidades de seguridad nacional y económicas de ese país. Está de más señalar que las grandes inversiones para tales desarrollos tendrían que ir por cuenta de su Estado.

Así pues, resulta que en los próximos tiempos las empresas de las conocidas siglas GAFAM (*Google*, *Amazon*, *Facebook*, *Apple* y *Microsoft*), varias de ellas con matriz estadounidense, al igual que las de matriz china (*Baidu*, *Alibaba* y *Tencent*), plenamente insertas en el furor (en este caso, por sus posibilidades comerciales) de lo que Harari (2016: 400) ha llamado el *dataísmo* ("la religión de los datos") buscarán incrementar su cuota en los nuevos modelos de negocio.

Por lo pronto, la "nueva normalidad" que lentamente se va instaurando está obligando al sector productivo a generar estrategias para retomar actividades que incluyen a la IA como "primer contacto" para adaptarse al distanciamiento.

No obstante las difíciles condiciones por las que está atravesando la sociedad mundial, un significativo debate va tomando forma. Quizá por primera vez con la seriedad necesaria, ésta, atenazada por las diversas crisis que le asechan, percibe las amenazas que se ciernen sobre la privacidad de los datos, los inconvenientes de una educación frente a la pantalla y las grandes consecuencias que puede tener en la vida de los ciudadanos la implacable ciber-vigilancia. Todo ello en medio de las desigualdades estructurales y la brecha digital, que excluye aún a millones de personas de los nuevos circuitos de la comunicación..

Construir y visibilizar el debate público desde una perspectiva democrática sobre el papel de las tecnologías de la comunicación emergentes, durante y después de la pandemia, y a partir de ello detener su previsible aplicación para el control social digital es uno de los más importantes retos que se le han presentado a la sociedad del siglo XXI. Dejar pasar esta oportunidad, surgida paradójicamente a partir de la crisis sanitaria, podría tener un costo quizá tan grande como esta misma.

Bibliografía y referencias

Klein, Naomi (2020). "How Bigtech Plans to Profit From the Pandemic", *The Guardian,* 13 de mayo. Disponible en: http://www.theguardian.com/news/2020/may13/naomi-klein-how-big-tech-plans-to -profit-from-coronavirus-pandemic [fecha de consulta 15 de mayo de 2020].

Ramonet, Ignacio (2020). "La Pandemia y el Sistema-Mundo", *La Jornada,* 25 de abril. Disponible en: http://www.La%20pandemia%20%20el%20%sistema-mundo%20%20%La%20Jornada.html [fecha de consulta 25 de abril de 2020].

Schawb, Klaus (2016). *La cuarta revolución industrial,* Debate, Barcelona, 220 pp.

Zallo, Ramón (2016). *Tendencias en comunicación: cultura y poder,* Gedisa, Barcelona, 345 pp.

COVID-19:
la Corona, el virus y la espada
Pablo Tepichín*

El autor es Doctor en Filosofía, especialista en Teoría y Filosofía política; es Profesor-investigador en el Centro Nacional de Investigación, Documentación e Información Teatral Rodolfo Usigli (línea de investigación: "Cuerpos, fronteras y violencias"); es Profesor en la Universidad Iberoamericana y en la Facultad de Ciencias Políticas y Sociales de la Universidad Nacional Autónoma de México (UNAM); asimismo, es Candidato al Sistema Nacional de Investigadores (SNI).

Palimpsesto bioplanetario

No es casualidad que en la pandemia del SARS-CoV-2 nos refiramos a las médicas y a los médicos, enfermeras y enfermeros, como aquellos que se encuentran en la "primera línea de combate" o como los "héroes de esta batalla". En la ciudad vacía, representada en el célebre frontispicio del *Leviatán*, de Thomas Hobbes, aparecen guardias armados y dos figuras que están de pie frente a la catedral portando la particular máscara con pico de los médicos de la peste. Lo que fue la imagen de la ciudad vacía en el siglo XVII, hoy se volvió realidad en muchas metrópolis del mundo con la aparición del COVID-19, empero, quizá la imagen que mejor relampaguea en este instante de peligro, como testimonio de la ironía leviatánica, es la de la Bendición *Urbi et orbi* ("a la ciudad y al mundo") que el Papa Francisco realizó el 12 de abril en la Basílica y en la Plaza de San Pedro, vacía.

En este sentido, es necesario preguntarnos cómo aquel significado biopolítico que los médicos adquirían durante un contagio nos recuerda hoy el lazo "entre la epidemia, la salud y la soberanía" (Agamben, 2017: 56). Se puede decir que así como el modelo soberano incorpora en sí mismo el antiguo poder pastoral, el régimen de sentido biopolítico lleva en su interior el acero afilado de la espada de un poder soberano que a veces lo agrieta y a veces lo supera. En efecto, a partir de aquel lazo, epidemia, salud y soberanía, podemos comprender la importancia que adquiere en momentos de excepción el protagonismo del Príncipe o el político profesional, así como el de los médicos o los "profesionales de la salud", como ahora se les reconoce, no sin cierta férula asociada comúnmente al político en su tarea de configurar o mantener la inmunidad/comunidad política. Como en el frontispicio del *Leviatán*, los médicos en su carácter de protectores entran en la escena de la ciudad inmunizándola de los parásitos y otras calamidades biológicas. Se puede decir que en la época actual, el personal sanitario hace las veces de un *Katekhón* profiláctico que tiene como objetivo retener el mal como *salus populi suprema lex esto*.

En un primer aspecto, en estos días y noches de encierro y pandemia, la noción de biopolítica podría marcar el inicio de un nuevo impulso en torno a la reflexión contemporánea en el terreno de la ética y la filosofía política. Imposible no observar cómo categorías como "democracia", "derecho" y "soberanía", entre otras, parecerían depender de la noción de biopolítica. Asimismo, echando una mirada nada convencional, lo que se nos revela no son órdenes disciplinarios, antes bien, la realidad da cuenta de la persistencia de deslizamientos léxicos en los que se agolpan derecho, teología, antropología, política y biología. En todo caso, entre todo el cúmulo de temas que está abriendo y reabriendo la emergencia sanitaria, quizás el aspecto bioético es el que ha generado más polémica, pues puso a la filosofía, la ética y la política a recordarles su nudo especulativo en torno a la decisión sobre la vida y la muerte.

A mi juicio, y como petición de principio, es necesario concebir la biopolítica como una amplia rotonda en la que confluyen y giran a su alrededor el paradigma inmunitario, la tanatopolítica, la necropolítica y la psicopolítica. En efecto, en un estado de suspensión prácticamente planetario como el que nos atraviesa en distintos planos y en distintas magnitudes, sale a flote una suerte de palimpsesto biopolítico. Por lo tanto, no una, sino varias, son las dimensiones de la biopolítica agolpadas que se expresan para irradiar en nuestra socialidad actual; tanto en los mandatos de las formas gubernamentales para el cuidado, como en las prácticas de higiene, en la prueba en marcha de regímenes panópticos no democráticos, en el discurso del contacto y el contagio, en la exclusión a ciertos espacios sociales pero en la reclusión a otros, en la sustracción de lo social a la obligación de lo íntimo, de la suavidad de la piel del otro a la virtualidad de la imagen narcisista de uno mismo y, sin duda, en la silenciosa y macabra posibilidad de decisión sobre la muerte inoculada y acelerada por la viru(s)lencia en este régimen de sentido.

Desde hace más de 15 años se señalaba ya el desarrollo de una transformación en la seguridad, la cual implicaba un recorrido de la politización de lo biológico a una intensa biologización de lo político, "que hace de la conservación reproductiva de la vida el único proyecto provisto de legitimidad universal" (Esposito, 2011: 236). Hace unas semanas el mismo Esposito nos explicaba el paso de la dinámica biopolítica en curso, relacionada con el doble proceso de medicalización de la política y la politización de la medicina. Por un lado, la política acentúa su carácter de protector intensificando los riesgos reales o imaginarios para sostener las medidas de seguridad. Por otro, "la práctica médica, a pesar de la autonomía científica, no puede dejar de tener en cuenta las condiciones contextuales dentro de las cuales opera. Por ejemplo, las consecuencias económicas y políticas que determinan las medidas sugeridas" (Esposito, 2020). Eso explica de alguna manera, según este autor, "la sorprendente diversidad de opiniones entre los principales virólogos con respecto a la naturaleza y los posibles resultados de los coronavirus" (Esposito, 2020).

Un segundo aspecto, si hay algo de la impronta pandémica que nos ha interpelado a través de la emergencia del virus, es que habíamos olvidado el olvido según el cual vivíamos en una totalidad planetaria fragmentada en partes, y que éstas se habían, aparentemente, neutralizado de la totalidad. En esa misma totalidad sistémica la lógica binaria ha quedado superada pues actualmente, de facto, presenciamos en una misma esfera procesual e inmanente: la excepción en la normalidad, el autoritarismo en la democracia, la prohibición en la libertad, la violencia en el derecho y al político en el médico.

Esa totalidad, prescrita con un sentido y una jerarquía de valores, constituye un orden conflictivo y contradictorio en el cual, el día de hoy, de manera general, se despliega la política en forma de la democracia —en sentido hegemónico y representacional— y la economía en su forma social de organización —a través del capital— y, en el contexto que estamos atravesando, destaca el ámbito de la salud como un dominio que permanecía hasta hace poco alejado, como un asunto predominantemente individual *eo ipso* privado. Empero, *pandemia*, palabra de origen griego antiguo, "significa 'todo el pueblo'" (Markus, 2020: 130). Valga la ironía en el hecho de que el estado de emergencia sanitaria se exprese temporalmente como una suerte cuasi hobbesiana de imperecedera "multitud unida". No es que ésta antes hubiese estado *desunida*, sino que estaba y seguirá estando organizada en Estados nacionales y emplazada por el mercado mundial. Probablemente los vínculos solidarios y los *happenings* emocionales alrededor del mundo irán poco a poco desarticulándose en la era postcovid. Por cierto, resultan extremadamente inocentes las expresiones que señalan que el fenómeno del COVID-19 impulsaría la caída del capitalismo. Hasta donde he visto, en sus formas de trabajo formal e informal el mundo sigue articulado en términos de la forma social del capital. Inclusive, lo que en el "capitalismo de pandemia" se está haciendo más visible es cómo la parte de la población con mayores recursos está en posibilidad de practicar un encierro de confort, con su vida, sus propiedades y sus trabajos asegurados; mientras, los prescindibles de siempre se desplazan, viajan en el transporte público para llegar al trabajo —los que todavía no lo han perdido—, o ven el futuro más incierto que de costumbre, observados desde arriba con la mirada déspota de *Sympathy* a la Adam Smith, es decir, con "compasión", por no decir lástima. Una despensa, no hace un verano.

Recordemos que en su forma neoliberal, el capital ya ha causado estragos en la humanidad y también cambios en la naturaleza, "[E]l debilitamiento del medio ambiente, incluyendo el calentamiento global, la deforestación masiva, el neoextractivismo, la contaminación del aire y el crecimiento urbano desbordados facilitan la propagación de enfermedades como la gripe aviar, la porcina y ahora el Covid-19" (Tinker, 2020: 12). Es claro que el abuso sobre el medio ambiente y el goce de su explotación histérica crean ciertas condiciones que probablemente seguirán produciendo otras crisis en el futuro. Incluso, es más factible que algunos gobiernos de corte neoliberal se sometan al capital y activen la lógica del "capitalismo de pandemia" (Tinker, 2020: 12) llegando a blindar las economías y a aumentar la transferencia de recursos públicos al sector privado.

Ius vitae ac salus

El tránsito del virus por el planeta nos recuerda que no es casualidad que a través de la Historia el léxico de la política se haya servido tanto del discurso de la salud o la salvación y del bienestar de la comunidad política, por ejemplo: en el "salus populi Romano" o el *Comité de salut public* de la Convención revolucionaria francesa, en época de Robespierre, como también en la alusión a la seguridad de la ciudad a través del pintor Ambrogio Lorenzetti, de la escuela de Siena, en la alegoría de la *Securitas* (Lorenzetti, 2010: 80). El acercamiento entre los ámbitos de la salud, la seguridad y la política vuelven sus fronteras altamente porosas. En México la Beneficencia Pública fue una Institución creada en 1861 por Juárez como resultado de las Leyes de Reforma, en el marco del Decreto de la Secularización de Hospitales.

En plena Fase 3 de contagios en México, el 13 de abril el Comité de Bioética de la Secretaría de Salud emitió la *Guía bioética de asignación de recursos de medicina crítica,* dependiente del Consejo de Salubridad General, órgano dependiente del Presidente de la República. Esta guía enseguida se convirtió en el punto más álgido de la polémica en torno a los criterios para la asignación de ventiladores a pacientes contagiados por el COVID-19. Es importante señalar que la guía descarta criterios como el orden de llegada al hospital, el sexo o la riqueza, pero en cambio propone: "1) ante dos pacientes en iguales circunstancias y la existencia de un solo ventilador, se considera que decida el 'azar' [...] 2) si los pacientes requieren de ventilación mecánica, pero uno de ellos, dada una comorbilidad, se tardará el doble de tiempo en recuperarse dos semanas en lugar de una" (Vargas, 2020: 6), el ventilador se le asignará al que no tiene comorbilidad pues este tardará la mitad del tiempo en recuperarse. Parece entonces que el criterio en este segundo caso es el cálculo técnico del tiempo, siempre en función del número posible de vidas sobre las cuales podría ser utilizado el ventilador.

Empero, la guía bioética expone otros criterios según los cuales, a juicio de las filósofas María Antonia González y Rosaura Martínez, harían de esta una guía fundamentalmente edaísta, esto es, "privilegia cuidar la vida de las personas jóvenes por encima de las viejas. El documento plantea que deben priorizarse las 'vidas para completarse'" (González y Martínez, 2020); entiéndase por completarse, el transitar por una clasificación anodina y evolutiva dividida en infancia, adolescencia, adultez y vejez. La observación de las filósofas es de una importancia crucial, pues apelan a la vida de todos sin establecer ningún tipo de distinción. En efecto, un filósofo como Kant propuso un principio de universalización cuyo objetivo era la extensión de la categoría de persona a todos los individuos, sin embargo, y aquí está lo problemático, Roberto Esposito nos recuerda las ideas de dos exponentes de la bioética liberal, H. Tristram Engelhardt y Peter Singer, quienes no han dudado en romper esta relación: "no solo no toda persona es un ser humano, sino que no todo ser humano es una persona" (Esposito, 2017: 56).

En este planteamiento algunos individuos entran en el terreno exclusivo de la persona. Esposito nos explica que, "como en el *ius personarum*, la raza humana es dividida a través de umbrales de personalidad que solo incluyen plenamente a adultos sanos dotados de conciencia y, por tanto, capaces de autodeterminación" (Esposito, 2017: 56). Más adelante el filósofo napolitano refiere más aspectos que sostienen Engelhardt y Singer, como, por ejemplo, "hay una creciente lista de personas potenciales (como los niños), semipersonas (como los ancianos que necesitan asistencia), no-personas (como los enfermos terminales) y antipersonas (como los locos)" (Esposito, 2017: 56). En suma, este macabro argumento liberal, o más bien, ultraliberal, sostiene que no todos los seres humanos son personas en sentido estricto. La importancia de la discusión no radica en la validez o no del argumento, es inválido, sino en que éste se pueda elevar al terreno de la deliberación pública en los medios. Ante este dilema es necesario preguntarnos

¿a través de qué tipo de ética se conducen los médicos? Definitivamente, de una que descansa en *Padres nuestros* o *cadenas de oración*, no. Los médicos tienen una máxima que sería hacer el Bien; es decir, en cuanto a los fines, la ética de la medicina es una y está constituida siempre por un fin, la salud. Y como decía Aristóteles, la salud es un fin en sí mismo, pero se vuelve un medio para un fin mayor, la felicidad. Por tanto, la pregunta más indicada sería ¿en qué medida podría jugar el azar en una decisión aparentemente indecidible la cual los médicos estarían orillados a tomar?

A mi juicio, en una situación excepcional como la que atraviesa el mundo por el COVID-19, una cosa es que haya un Decreto o *Guía* que refleje el ideario de la Salud como institución, y otra, que al menos tendríamos que considerar, sobre la eventualidad real de que habrá médicos que en una situación extrema y quizás en un escenario individual, no se basarían en la ética universal traducida en un papel; antes bien, la situación fáctica podría determinar qué tanta compasión, virtud o liberalismo pesa en sus valores como individuos y como médico. Es allí donde recae el verdadero dilema de la inevitabilidad de hacer un mal a unos queriendo hacer el bien a otros. El universalísimo *Primo non nocere,* lo primero es no hacer daño como principio ético inquebrantable de la medicina, aterriza en la mundanidad de la experiencia. Y en este caso, ya en la tierra, la ética se desplazaría a través de la inevitabilidad del cálculo, cuando no a un fácil utilitarismo, pero, paradójicamente, comandada todavía por el Bien.

En todo caso, lo que es necesario apuntalar junto a una idea universal de la medicina, es que la forma *salud* está, desde ya, inoculada en la *técnica* como el ámbito central que ha ordenado al mundo occidental al menos durante la segunda mitad del siglo XX y lo que va de este. Vistas así las cosas, las soluciones a la educación tienen respuestas técnicas, las soluciones a los problemas de pobreza tienen respuestas técnicas, los desafíos en la cultura tienen respuestas técnicas, las resoluciones económicas se miden con criterios técnicos. Así, la salud como un ámbito más de lo social, se despliega desafortunadamente a través de criterios técnicos. Es por ello que en el terreno de la salud vemos las respuestas en un campo de operaciones irradiado ya por la técnica. El producto más acabado de esta racionalidad instrumental de la técnica no es otro que el neoliberalismo.

Pero, ¿con qué instrumentos decide el médico y el político? Sabemos que el político decide con sus valores pero pensando en el cuidado de terceros; el médico pensando en el cuidado de terceros, decide con sus valores. Obviamente está implícita la habilidad de cada uno en cuanto a su formación profesional, la cual implica, también, la experiencia. Los mejores político y médico actúan de manera pronta, eficiente y oportuna. La ética está lo suficientemente secularizada para desplazar al registro de lo imaginario el instrumento *sine qua non* con el que podrían actuar estos personajes trágicos, la espada. Por el bien del cuerpo político y por lo que auténticamente cree, el político usa la espada real para tomar decisiones quirúrgicas, como invadir un territorio, establecer una nueva ley, un nuevo impuesto; mientras que el médico, por el bien del cuerpo individual, decide políticamente sobre la salud a través de una espada simbólica, y así, retener el mal. *Ius vitae ac necis ac salus.*

En suma, estos momentos de excepción por los que atravesamos en nuestra infausta modernidad, nos hacen ver la presencia de lo teológico en lo secularizado, lo arcaico en lo moderno, la *polis* en el *oikos*, lo universal en lo particular, lo público en lo íntimo, lo escatológico en lo epidémico, la inmunidad en la democracia, pero también la política en la salud, lo pagano en lo sagrado, lo siniestro en lo íntimo, la ética en la ciencia y la infrapolítica en la política.

El COVID-19 como acelerador del tiempo

El tránsito de las epidemias en el planeta han sido muchas, tantas que podríamos considerar la propia figura de la pandemia como un "elemento" que en el instante de su aparición tiene la capacidad irradiante de la cesura. Así como en clave schmittiana la tierra, el mar, el fuego y el aire, son elementos a través de los cuales el hombre hace ver y saber su poder de conquista; la potencia de la naturaleza responde virulenta e intangiblemente a través de las pestes, acelerando el espíritu de la Historia. Piénsese en la peste de Atenas en el año 430 a.C., durante la Guerra del Peloponeso; en la Plaga de Justiniano que afectó al Imperio bizantino entre los años 541 y 543; en la peste negra, una de las más devastadoras, que afectó Europa y Asia entre 1347 y 1353; en Mesoamérica entre 1492 y 1520; en la peste bubónica de Milán entre 1629-1631, relacionada con el recorrido de tropas germanas y galas en el marco de la Guerra de los Treinta años; y en la gripe española entre 1918 y 1920. En todo caso, podríamos preguntarnos si todas las epidemias adquieren la forma de un acelerador involuntario del tiempo y el espacio. Probablemente sí. Empero, aquí sostengo que específicamente el Coronavirus, la Corona y el virus, hace las veces de un acelerador del tiempo y del espacio, en tanto catalizador de nuevos rituales del poder, de subjetividad y de cohabitación con los otros, los cuales, también, seguramente inaugurarán nuevas formas de resistencia y de emancipación. Se trata, pues, de una hebra inédita de nuestra conflictiva eticidad.

"Muchas cosas son pavorosas", sentenciaba el coro de *Antígona* de Sófocles, nos recuerda Heidegger, "nada, sin embargo, sobrepasa al hombre en pavor" (Heidegger, 2003: 136) ¿Seguros de que esto es así? Puede ser, pues el hombre es el único ser que conoce de la crueldad y la repite, pero la velocidad y la capacidad invisible del COVID-19 provoca un siniestro malestar pues en éste habita la posibilidad eficiente de la muerte. Es un virus soberano que se regodea con su Corona. En efecto, el Corona-virus lleva en su nombre *nuestra* penitencia; es decir, la corona es la metáfora de la soberanía, aquélla en la que recae el derecho de vida y muerte, *ius vitae ac necis* y el virus es la capacidad multiplicada e invisible de que con el tacto y el contacto nos contagiemos y, en ciertas condiciones, fallezcamos.

Cuando Heidegger refería, con ineludible gesto poético, que Proust mojaba una magdalena en el té, y se desarrollaba todo el universo de Combray, y concluía el filósofo alemán, "la magdalena *mundea*" (Safranski, 2010: 125), hacía alusión a que todo lo relacionado, hasta el más mínimo detalle, con el hombre, mundea. ¿No es la experiencia del Corona-virus nuestra propia experiencia planetaria de que algo intangible nos provoca mundear? En efecto, la Corona del virus, *mundea*. No todo mundear es gratificante, como en Proust; la particularidad de la Pandemia que recorre invisiblemente el mundo es que está en plena ejecución la reordenación del estar con uno mismo y con los otros. Como acelerador, el COVID-19 está troquelando un nuevo discurso, el cual apenas escuchamos en sentencias esperando articularse en una nueva narración. En el último de los casos, el que no se muere, se reordena.

Los actos perlocucionarios tales como "emergencia sanitaria", "sana distancia", "quédate en casa", "alejamiento social" "alejamiento físico", "nueva normalidad", son eslabones de un discurso futuro que pretende asentar que el otro es por *default* contagioso, es decir, por "defecto". A la pobreza, la migración y el racismo, se suma la infección como la reactualización de un componente planetario. Bien vistas las cosas, este elemento viral parece el germen de nuevos actos de habla cuyas consecuencias suponen una nueva ordenación de los cuerpos, pero para ello primero hay que desordenarlos. Foucault explicaba sobre un tipo de "discursos que están en el origen de cierto número de actos nuevos de palabras que los reanudan, los transforman o hablan de ellos", discursos que "más allá de su formulación, *son dichos,* permanecen dichos, y están todavía por decir" (Foucault, 2016: 26).

Hay, con todo, una sugerente reflexión en clave de teología política en el contexto del conjunto de fenómenos desplegándose a partir de los efectos del COVID-19 desde su comprensión como acelerador del tiempo, a saber, la que versa sobre el tema de la *potencia*, tanto en la soberanía como en la naturaleza. En efecto, si por un lado entendemos *prima facie,* la altura, la grandura y el exceso como lo esencial de la soberanía, es decir, un atributo de grandeza y de *majestas;* y por otro entendemos *physis,* cuyo significado se asocia a la palabra alemana *das Waschende,* esto es, "lo que crece o brota, lo creciente, el crecimiento" (Derrida, 2011: 67), vemos que ambas, soberanía y *physis,* guardan un lazo con otra palabra alemana, *Walten*, es decir, potencia dominante o fuerza autónoma que se ordena y se forma a sí misma, abarcando la totalidad de lo que es: el animal, el hombre, como el ente divino.

Empero, Derrida relativizó el atributo de un máximo de grandeza de la soberanía al pensarla como un máximo de pequeñez, "lo más pequeño posible, lo más como más pequeño le puede convenir al soberano" (Derrida, 2011: 307). Así, lo más supremo, "lo máximo que caracteriza a la soberanía es un plus de *poder* y no de talla", por lo tanto, "de calidad o de intensidad y no de grandura" (Derrida, 2011: 308). Y, a juicio del filósofo francés, las *nanotecnologías* constituían un arte, una tecno-ciencia que se destaca por la aceleración para producir la miniaturización de todos los instrumentos. "Dios es pequeño", lo más soberano de la tecnología está en lo más pequeño, casi inadvertido, pero con la potencia de lo divino.

Con los efectos de la Pandemia ¿es posible agregar lo biológico como parte de esa "potencia dominante"? Me parece que la respuesta es afirmativa. A mi juicio, el Coronavirus es la expresión soberana de la naturaleza; es *Walten,* una potencia reinante diseminándose por el planeta, conquistando lugares y desplegando con su Corona el *ius necis*. Es por definición lo más intangible de la naturaleza, es virus que cobra vida solo a partir de su inducción virulenta en el cuerpo humano. En la naturaleza está lo más pequeño y también lo más soberanamente fulminante.

Finalmente, lo más pequeño de la naturaleza y la Ciencia se baten en un duelo de dominios casi mítico ¿Será que con la posible vacuna contra el COVID-19 se imponga el reino de lo tecno-científico sobre lo biológico? ¿o solo será la primera batalla? Hay una Corona en disputa y una humanidad en vilo; también la esperanza de la ciudad y el mundo en una vacuna imaginada, pero todavía sin nombre.

Bibliografía y referencias

Agamben, Giorgio (2017). *Stasis. La guerra civil como paradigma político*, Adriana Hidalgo editora, Argentina, 119 pp.

Cavalletti, Andrea (2010). *Mitología de la seguridad. La ciudad biopolítica*, Adriana Hidalgo editora, Argentina, 317 pp.

Derrida, Jacques (2011). *Seminario La bestia y el soberano, volumen II (2002-2003)*, Bordes Manantial, Argentina, 356 pp.

Esposito, Roberto (2020). "Biopolítica y Coronavirus", en *Filosofía&Co.* Disponible en: https://www.filco.es/biopolitica-y-coronavirus/ [fecha de consulta 12 de mayo de 2020].

______ (2017). *Personas, cosas, cuerpos*, Trotta, Madrid, 124 pp.

______ (2011). *Bíos. Biopolítica y filosofía*, Amorrortu, Argentina, 312 pp.

Foucault, Michel (2016). *El orden del discurso*, Tusquets, México, 76 pp.

González, María Antonia y Rosaura Martínez (2020). "Triaje. Decidir lo éticamente indecidible", *El Universal*, 20 de mayo. Disponible en: https://www.eluniversal.com.mx/opinion/maria-antonia-gonzalez-valerio-y-rosaura-martinez-ruiz/triaje-decidir-lo-eticamente

Heidegger, Martin (2003). *Introducción a la metafísica*, Gedisa, España, 189 pp.

Markus, Gabriel (2020). "El virus, el sistema letal y algunas pistas para después de la pandemia", en Pablo Amadeo (Editor). *Sopa de Wuhan. Pensamiento contemporáneo en tiempos de pandemias*, Editorial ASPO, Argentina, pp. 129-133.

Safranski, Rüdiger (2010). *Un maestro de Alemania. Martin Heidegger y su tiempo*, Tusquets, México, 543 pp.

Tinker, Miguel y Víctor Silverman (2020). "Virus, producto de la naturaleza; crisis, producto del neoliberalismo", *La Jornada*, 5 de abril, p. 12.

Vargas, Gabriel (2020). "Ética del Comité de Bioética", *La Jornada*, 18 de abril, p. 6.

Cuando despertó, el confinamiento seguía ahí

Alejandro Espinosa Yáñez*

El autor es Profesor-investigador en el Departamento de Producción Económica de la Universidad Autónoma Metropolitana Xochimilco (UAM-X), Área de Análisis y Gestión Socioeconómica de las Organizaciones; es Integrante del Núcleo Básico del Programa de Posgrado en Estudios Organizacionales (UAM Iztapalapa); y miembro del Sistema Nacional de Investigadores (Línea de investigación "Precariedad en el trabajo y empobrecimiento").

"Cuando me acosté, el mundo era cercano, colectivo, viscoso y sucio. Cuando me levanté, se había vuelto distante, individual, seco e higiénico". P. B. Preciado.

Eric Hobsbawm, en las primeras páginas de su *Historia del Siglo XX*, expone una panorámica de doce reflexiones, quizá como epifenómeno de los 12 meses del año. Con un fuerte peso eurocéntrico, producto de dos cruentas guerras, en las reflexiones que recopila destacan el sufrimiento personal, la historia terrible, acontecimientos llenos de violencia. Bajo la premisa de que hubo experiencias distintas, los que tocaron fondo, dice uno de los autores, "regresaron sin palabras" —el problema de los inmigrantes y su invisibilidad acompaña la historia europea y estadounidense contemporáneas (De Sousa, 2020: 27)—; sobrevivientes con voz refieren matanzas, guerras, destrucción. De las doce reflexiones, las únicas palabras de una mujer apuntan a reivindicar la promoción de la mujer en el siglo XX. Para concluir esa pequeña traza, se alude al progreso científico y al inexorable avance tecnológico. Citando un artículo de *The Times* (23 de enero 1943), se plantea —para nada una historia ajena a nuestro presente—: "Después de la guerra, el desempleo ha sido la enfermedad más extendida, insidiosa y destructiva de nuestra generación: es la enfermedad social de la civilización occidental en nuestra época". De la epidemia de 1918 que asoló el mundo, no hay referencias en la citada obra de Hobsbawm, y dado el contexto de la guerra mundial y de las revoluciones rusa y mexicana, es probable que las muertes generadas por la enfermedad se hayan contado como bajas de la violencia militar.

Sin establecer el paralelo de la guerra con la pandemia,[1] repensando el artículo de *The Times*, al lado de la enfermedad y su afectación geométrica los daños en lo económico están presentes —en cada realidad nacional, de manera distinta—. Por ello, en experiencias como la mexicana, llega a terreno fértil la argumentación de Camille Peugny, sociólogo francés, al plantear que el hecho de que unos puedan quedarse en casa —atendiendo los llamados enfáticos de sus respectivos gobiernos, a no salir— y otros irremediablemente continúen sus actividades laborales, apunta a una realidad lacerante: salir, o no, de casa está en relación con la desigualdad social (*Página 12*, 2020). De Sousa ha hecho aportaciones a esta discusión: "La recomendación que hizo la Organización Mundial de la Salud (OMS) acerca de trabajar en casa y autoaislarse es impracticable, ya que obliga a los trabajadores a elegir entre ganar el pan de cada día o quedarse en casa y pasar hambre. Las recomendaciones de la OMS parecen haber sido diseñadas con una clase media en mente, que es una pequeña fracción de la población mundial […] Morir a causa del virus o morir de hambre, esa es la opción" (De Sousa, 2020: 49. *Cfr.* Espinosa, 2020b).

---

[1] "La etimología del término pandemia dice exactamente eso: reunión del pueblo. La tragedia es que, en este caso, para demostrar solidaridad lo mejor es aislarnos y evitar tocar a otras personas. Es una extraña comunión de destinos. ¿Serán posibles otros?" (De Sousa, 2020: 23).

Estamos en la quinta parte del siglo XXI. En los rituales de despedida del 2019 no hubo alusiones al confinamiento, a que se nos librara de las penalidades que hoy vivimos. Ninguna uva apuntó a evitar la tragedia que nos acosa, aunque había señales en la naturaleza y predicciones científicas que relacionaban la destrucción del hábitat con la posibilidad de afectaciones generales —los problemas en 2009-2010, producto de la gripe A (H1N1)—, eran una advertencia de lo posible (Ramonet, 2020). Sabíamos que esto había pasado en otros momentos, pero eran historias lejanas, difíciles de procesar.

En México, justo en 1720, la epidemia de Matlazáhuatl, con efecto prolongado durante varios años, mató a 30 mil personas, sobre todo a la población indígena. Este problema sanitario, al lado de constantes inundaciones que también provocaron grandes problemas de salud pública, desembocaron en obras públicas y en medidas de ordenación urbana. En Europa, en Francia concretamente, M. Foucault hace referencia a disposiciones urbano-sanitarias. Cito ampliamente:

> "1. Todas las personas debían permanecer en casa para ser localizadas en un lugar determinado. Cada familia en su hogar y, a ser posible, cada persona en su propio aposento. Nadie debía moverse.
> 2. La ciudad debía de dividirse en barrios a cargo de una autoridad especialmente designada. De este jefe de distrito dependían los inspectores, que debían recorrer las calles durante el día o permanecer en las esquinas para verificar si alguien salía de su vivienda. Se trataba, pues, de un sistema de vigilancia generalizada que dividía y controlaba el espacio urbano.
> 3. Estos vigilantes de calle o de barrio debían presentar todos los días al alcalde de la ciudad un informe detallado de todo lo que habían observado. Se empleaba, por lo tanto, un sistema no solo de vigilancia generalizada, sino también un sistema centralizado de información.

4. Los inspectores debían pasar revista diariamente a todas las casas de la ciudad. En todas las calles por donde pasaban pedían a cada habitante que se asomara a una determinada ventana, a fin de verificar si seguía viviendo, y anotarlo a continuación en el registro. El hecho de que una persona no apareciera en la ventana significaba que estaba enferma, que había contraído la peste, y por lo tanto que había que recogerla para trasladarla a una enfermería especial fuera de la ciudad. Se operaba, por tanto, una revisión exhaustiva de los vivos y de los muertos.
5. Se procedía a la desinfección casa por casa, con la ayuda de perfumes e inciensos.
Este plan de cuarentena representó el ideal político-médico de la buena organización sanitaria de las ciudades en el siglo XVIII. Hubo fundamentalmente dos grandes modelos de organización médica en la historia occidental: uno suscitado por la lepra, el otro por la peste" (Foucault, 1999: 373-374).

Esta larga cita, *ad hoc* con los tiempos actuales, se circunscribe a formas específicas de control. Se trata de un modelo de organización médica subsumido en un modelo de control general, vía confinamiento, inspección, vigilancia, control estadístico, traslado a enfermerías con aislamiento intencional, desinfecciones de viviendas, como materialización del control del cuerpo. En su perfeccionamiento se aprecia "como se organiza poco a poco el hospital-edificio como instrumento de acción médica: debe permitir observar bien a los enfermos, y así ajustar mejor los cuidados; la forma de las construcciones debe impedir los contagios, por la cuidadosa separación de los enfermos: la ventilación y el aire que se hacen circular en torno de cada lecho deben en fin evitar que los vapores deletéreos se estanquen en torno del paciente, descomponiendo sus humores y multiplicando la enfermedad por sus efectos inmediatos" (Foucault, 2002: 159-160).

Rompiendo las fronteras de lo médico, el modelo de control se aplica en el conjunto de espacios organizados. Por ejemplo, en la escuela: "… mismo movimiento en la organización de la enseñanza elemental: especificación de la vigilancia, e integración al nexo pedagógico […] los 'observadores' deben tener en cuenta quién ha abandonado su banco, quién charla […] los 'admonitores' se encargan de 'llevar la cuenta de los que hablan o estudian sus lecciones' […] los 'visitantes' investigan, en las familias, sobre los alumnos que no han asistido algún día […] los 'intendentes', vigilan a todos los demás oficiales. Tan solo los 'repetidores' desempeñan un papel pedagógico: hacen leer a los alumnos de dos en dos en voz baja".

O en la fábrica. La manufactura transformó el taller artesanal, para ser el sustento del advenimiento de la gran industria. En el seno de las fábricas se reunía a cientos de trabajadores, lo que generó nuevos requerimientos de vigilancia y control. En ese tiempo de ataduras *ad hoc* a las circunstancias históricas, en palabras de Marx: "Esta función directiva, vigilante y mediadora se convierte en función del capital no bien el trabajo que le está sometido se vuelve cooperativo. En cuanto función específica del capital, la función directiva asume características específicas" (1976: 163); argumento que lleva a Foucault, bordando sobre esto, al apuntar: "Es el problema de los grandes talleres y de las fábricas, donde se organiza un nuevo tipo de vigilancia. Es diferente del que en los regímenes de las manufacturas realizaban desde el exterior los inspectores, encargados de hacer aplicar los reglamentos; se trata ahora de un control intenso, continuo; corre a lo largo de todo el proceso de trabajo; no recae —o no recae solamente— sobre la producción (índole, cantidad de materias primas, tipo de instrumentos utilizados, dimensiones y calidad de los productos), pero toma en cuenta la actividad de los hombres, su habilidad, su manera de trabajar, su rapidez, su celo, su conducta […] Vigilar pasa a ser entonces una función definida, pero que debe formar parte integrante del proceso de producción; debe acompañarlo en toda su duración" (Foucault, 2002: 161-162).

Destaca la ubicuidad del capital, su capacidad de desplazarse a diferentes dimensiones de lo social. Braverman (1987) –aludiendo al tránsito de la subsunción formal del capital a la subsunción real–, señala que "el modo capitalista de producción es continuamente extendido a nuevas áreas de trabajo, incluyendo las creadas recientemente por los adelantos tecnológicos y el movimiento de capital hacia nuevas industrias. Y además, dicho modo capitalista está siendo continuamente refinado y perfeccionado, en forma tal que su presión sobre los obreros es incesante", con un movimiento paralelo, dado que "La transformación de la humanidad trabajadora en 'fuerza de trabajo', en un 'factor de producción', en un instrumento del capital, es un proceso incesante y sin fin". Una historia continua, como la banda sin fin fordista, en la que en su ensamble histórico registra modificaciones en la estructura familiar, en las prácticas de consumo, es decir, en la transformación de modos y mundos de vida.

Detengámonos en varias imágenes de esta cinta: "… durante los últimos cien años el capital industrial se abrió paso entre granja y mantenimiento de casa y se apropió de todas las funciones de ambos, extendiendo en esta manera la forma-mercancía a la comida y sus formas semi-preparadas o incluso totalmente preparadas. Por ejemplo, casi toda la mantequilla era producida en granjas en 1879; para 1899 esto se había reducido por abajo de tres cuartos, y para 1939 un poco más de un quinto de la mantequilla estaba siendo hecha en granjas… durante el mismo periodo, la producción per cápita de verduras enlatadas se multiplicó cinco veces y las frutas enlatadas doce veces. Lo mismo que con la comida sucedió con la ropa, productos del hogar y de mantenimiento de la casa: el radio de la producción de mercancías se extendió rápidamente" (Braverman, 1987: 316), esto es, el proceso de invasión de la casa por el capital,[2] y de romper la simbiosis productor-consumidor como correlato del despojo de las condi-

---

[2] Sobre esto Harvey apunta: "Concibo este modelo, no obstante, como algo encastrado en un contexto más amplio de reproducción social (en hogares y comunidades), en una relación metabólica en curso y siempre en evolución con la naturaleza" (Harvey, 2020: 80).

ciones objetivas que daban autonomía a franjas sociales, es decir, de la subsunción real del trabajo al capital. Implicaciones modernas, varias: "Con el tiempo, no solo las necesidades materiales y de servicio sino incluso los marcos emocionales de la vida son canalizados al través del mercado" (Braverman, 1987: 318), dado que "Lo que importa llamar la atención es que la mayoría de los productos que nos permitirían resolver unas y otras necesidades asumen la forma de mercancías, es decir, productos destinados al intercambio en el mercado" (Osorio, 2012: 19).

Este avance sin pausa del capital está marcado, como en las reflexiones sobre el siglo XX registradas por Eric Hobsbawm, por la violencia material y simbólica. Se trata de una atadura de hilos invisibles, desparramados en las diferentes dimensiones de la vida social, de un bio-poder claramente registrado por Etzioni: "Nacemos dentro de organizaciones, somos educados por ellas y la mayor parte de nosotros consumimos buena parte de nuestra vida trabajando para organizaciones. Empleamos gran parte de nuestro tiempo libre gastando, jugando y rezando en organizaciones. La mayoría de nosotros morirá dentro de una organización" (Etzioni, 1986: 1).

No hay contradicción entre la fabricación de fuerza de trabajo (Braverman) y la fabricación de individuos (Foucacult/Crozier). El capital, como relación social, ha ido transitando en distintas fases, hasta llegar al nuevo capitalismo, el de la "maquinaria invisible" (Fazio, 2020). Si bien éste ocupa un lugar en la actual coyuntura, vale señalar que su debut en la cartelera del control mundial lleva más de un decenio. Se aprecia parcialmente en las burbujas cibernéticas comandando procesos de teletrabajo, y en la reorientación de formas de gestión, por un lado, así como en el peso de los grandes capitales y las multinacionales, por otro (Oxfam y Piketty mediante), y finalmente en la construcción de perfiles adhesivos a la personalidad de sujetos-consumidores, en esa maquinaria fina a que alude con un matiz muy inteligente Zuboff: "la idea de que es la tecnología la que lo hace. Cuando, en realidad, sabemos que los motores de búsqueda no retienen información; son los capitalistas de la vigilancia quienes lo hacen" (*Dinero*, 2019). Zuboff tiene como objeto de reflexión el comportamiento humano. Es una asignatura permanente en la Administración como disciplina (y práctica) —la construcción de comportamiento y su encauzamiento—. El relieve que adquiere en la obra de Zuboff es que ya no se conjuga solamente en presente, sino alude al futuro, a la venta para las poderosas corporaciones del jugoso "negocio" de comportamientos futuros. Esta construcción de perfiles, que implica una intrusión en la vida privada, genera lecturas distintas. Por ejemplo, Han, bajo la premisa de que hay disposiciones culturales generadoras de mayor obediencia y sumisión en las sociedades asiáticas, señala (sin que simpatice con el hecho social) que "no solo en China, sino también en Corea o en Japón la vida cotidiana está organizada mucho más estrictamente que en Europa. Sobre todo, para enfrentarse al virus los asiáticos apuestan fuertemente por la vigilancia digital [...] Los apologetas de la vigilancia digital proclamarían que el big data salva vidas humanas. La conciencia crítica ante la vigilancia digital es en Asia prácticamente inexistente" (Han, 2020: 99). En cambio, mirando esto como un peligro, Preciado pone focos de alerta: "La extensión planetaria de Internet, la generalización del uso de tecnologías informáticas móviles, el uso de la inteligencia artificial y de algoritmos en el análisis de *big data*, el intercambio de información a gran velocidad y el desarrollo de dispositivos globales de vigilancia informática a través de satélite son índices de esta nueva gestión semiotio-técnica digital. Si las he denominado pornográficas es, en primer lugar, porque estas técnicas de biovigilancia se introducen dentro del cuerpo, atraviesan la piel, nos penetran" (Preciado, 2020b). No se aparta de esta complejidad el planteamiento de Foucault respecto de que "El tiempo penetra el cuerpo, y con él todos los controles minuciosos del poder".[3] El

---

[3] *Vigilar y castigar* revisitado: "En China no hay ningún momento de la vida cotidiana que no esté sometido a observación. Se controla cada clic, cada compra, cada contacto, cada actividad en las redes sociales. A quien cruza con el semáforo en rojo, a quien tiene trato con críticos

sentido de propósito estratégico de la Administración, en una mirada histórica, ha tenido una línea que va del control con vigilancia visible y externa, que implica la necesidad de cuadros supervisores y capataces (amplifiquemos el escenario para las tareas de gubernamentalidad), al control con vigilancia discreta, con implicaciones en una disminución de cuadros administrativos, hasta llegar a procesos de autovigilancia,[4] que como fuente productora implica dinámicas particulares en grupos y equipos de trabajo, círculos de calidad, procesos de sinergia en las organizaciones. Esta fase, con un relieve particular de la presencia de la cultura gerencial en las sociedades, "empresarializando" la cultura, se aprecia en el relieve de la Nueva Gerencia Pública, por un lado, y, por otro, en la "Administración participativa, grupos de expresión, círculos de calidad, etc., [donde] constituyen nuevas formas de ejercicio de la autoridad que buscan inculcar el espíritu de empresa a cada trabajador. Los modos de regulación y de dominación de la fuerza de trabajo se apoyan menos sobre la obediencia mecánica que sobre la iniciativa: responsabilidad, capacidad de evolucionar, de armar proyectos, motivación, flexibilidad, etc., dibujan una nueva liturgia administrativa (…) Se trata menos de someter el cuerpo que de movilizar los afectos y las capacidades mentales de cada asalariado" (Ehrenberg, en Montaño, 2007: 69-70).

Quizás, extrapolando, se realiza el sueño de las clases dominantes, materializado en el Informe de la Comisión Trilateral (Crozier, Huntington y Watanuki, 1978), de disminuir la democracia

---

del régimen o a quien pone comentarios críticos en las redes sociales le quitan puntos. Entonces la vida puede llegar a ser muy peligrosa. Por el contrario, a quien compra por Internet alimentos sanos o lee periódicos afines al régimen le dan puntos" (Han, 2020: 100).

[4] Tan apreciado por Bowles y Gintis cuando reflexionan sobre los procesos de inculcación de la ideología dominante en los cuerpos de los dominados, los que se operacionalizan en parte en autocontrol, y con ello *contribuyen* en la construcción de trabajadores con "supervisor 'incorporado'" (Bowles y Gintis, 1981: 25).

y ensanchar la gobernabilidad, con lo que implica —de acuerdo con lo apuntado por Zuboff— de "consecuencias predecibles para la autonomía humana y para los principios democráticos". Esta tentación autoritaria se relaciona con lo planteado por Ramonet respecto de que "La gente busca también refugio y protección en el Estado que, tras la pandemia, podría regresar con fuerza en detrimento del Mercado. En general, el miedo colectivo cuanto más traumático más aviva el deseo de Estado, de Autoridad, de Orientación" (Ramonet, 2020). Aunque la paradoja es que el neoliberalismo generó en el Estado mínimo un vacío para encarar la pandemia.

Antes de llegar a la parte final de la reflexión, detengámonos para esbozar tres tensiones evidentes y una pregunta: 1) lo que planteaba el historiador Thompson, respecto de que "la lección es que por mucha descualificación o mecanización que haya no puede llevar al *completo* dominio del capital sobre el trabajo" (Thompson, 1979: 136); 2) los resquicios de resistencia "entre los deseos de los individuos y la necesidad de amoldarlos a la forma social admitida" (Fernández, 1994: 18); y 3) la identificación con la empresa debilita la identidad haciendo referencia al orden paradójico. Así, el objeto que destaca en el tránsito del orden disciplinario al managerial, que se concreta en el tránsito del control del cuerpo a la movilización del deseo, de la "economía de la necesidad controlada" a la "economía del deseo exaltado", es el "dar sentido al trabajo que debe convertirse en el lugar de realización del ser" (De Gaulejac, 2006: 416). Y una pregunta inevitable: ¿qué sistema psíquico corresponde a los tiempos de la pandemia? Una tarea a explorar.

Más allá del relieve en los cambios de vigilancia, empero, insistimos, hablar de capitalismo de la vigilancia es una redundancia, dado que la vigilancia es parte inherente del capital: como control del espacio, del proceso de trabajo y de los intersticios de la vida cotidiana y psíquica. Porque capitalismo es vigilancia, encauzamiento, castigo, "normalización", con las materializaciones históricas respectivas (Espinosa, 2020a). "Google lo sabe todo de ti", planteaba hace algunos años I. Ramonet, así como en una entrevista —ambas elaboraciones en 2016—; sobre su último libro aludía al "imperio de la vigilancia", en el que afirma que las empresas vigilaban mejor que los Estados, pero funcionan articuladamente: "Antes la vigilancia era un fantasma, un temor paranoico porque era imposible vigilar a todo el mundo. Hoy la vigilancia es posible", señala Ramonet. Imposible "vigilar a todo el mundo", pero en los espacios de la ordenación cotidiana esto transcurre por otros rieles.

En los espacios organizados, a esos que concretamente se refiere Foucault en *Vigilar y castigar*, como una metáfora que alude a la escuela, al destacamento militar, al convento, la prisión, el hospital psiquiátrico o la fábrica, el control y la vigilancia están presentes. El reticulado, la sociedad disciplinaria y la sociedad de control son planteos analíticos que abordan y develan el tránsito de las formas de control del cuerpo al control del alma; de los *five dollars* de Ford, a la economía de las emociones; de la oficina pensante que respalda la separación entre concepción y ejecución, del ingeniero F. Taylor, a los laboratorios de pensamiento (*think tanks*) modernos; de los reglamentos de trabajo a la par de la exigencia de plegarias, a los manuales de procedimientos más los códigos de ética, como ha descrito V. de Gaulejac. Hablamos pues del capital como relación social, poder relacional: "Poder que es en apariencia tanto menos "corporal" cuanto que es más sabiamente "físico".

Tomando distancia del encorsetamiento de la coyuntura, reflexionemos sobre lo apuntado por Marx hace más de un siglo: "Lo que diferencia unas épocas de otras no es *lo que* se hace, sino *cómo*, con qué medios de trabajo se hace. Los medios de trabajo no solo son escalas graduadas que señalan el desarrollo alcanzado por la fuerza de trabajo humana, sino también indicadores de las relaciones sociales bajo las cuales se efectúa ese trabajo". Asistimos entonces, siguiendo estos trazos, desde hace algunos años, ahora de manera intensa, a cambios en los medios de trabajo, como quizá lo más visible, a la par de modificaciones en los "indicadores de las relaciones sociales bajo las cuales se efectúa ese trabajo". No hay desperdicio en el apunte de Marx. Y ahí, yéndonos desde principios del siglo XX, la Administración Científica del Trabajo —y el fordismo y la Escuela de las Relaciones Humanas— y las Nuevas Formas de Organización del Trabajo, hasta el presente, tendrán como tarea central el control, la manutención de un esquema de orden-obediencia, lo que implica, retomando a Gasparini, la emergencia de un nuevo género de prisión y de un nuevo género de carcelero (el taller y el cronómetro, Coriat *dixit*), ahora re-configurados en las redes, sus aplicaciones y aparatos: "Esta mutación se ha extendido y amplificado más durante la gestión de la crisis de la COVID-19: nuestras máquinas portátiles de telecomunicación son nuestros nuevos carceleros y nuestros interiores domésticos se han convertido en la prisión blanda y ultraconectada del futuro" (Preciado, 2020b).

Como apuntamos líneas atrás, los teóricos de la Administración —siguiendo los paradigmas gerenciales en su historia—, con todas las diferencias que pueda haber entre ellos, coinciden en la necesidad de incrementar la producción y la calidad en los procesos, sin que se desborden los cauces del orden, de la "normalidad". La vigilancia indiscreta de Taylor, la vigilancia discreta de Mayo, la autovigilancia y el asociacionismo gerencial —vía los círculos de calidad, los equipos de trabajo y/o la flexibilidad y el involucramiento— son correlato del capitalismo (o imperio) de la vigilancia; no se separa de parte de sus propósitos centrales, de devenir en enriquecimiento y, por ello, del control.

El capitalismo no ha dejado de vigilar y controlar. Hay un perfeccionamiento continuo de los mecanismos de sometimiento, ahora es el turno de la maquinaria invisible —el capitalismo ilegible, plantea Sennett— para el sometimiento corporal (con un entrenamiento-confinamiento previo para engancharse a las redes) y psíquico. Vale también reconocer que asistimos a un nuevo estadio de la lucha de clases, empero las reflexiones más comunes apuntan hacia un bloque, no a un mosaico (Espinosa, 2020c).

De Sousa se refiere al capitalismo, el colonialismo y el patriarcado, historia continua desde el siglo XVII (De Sousa, 2020), lo que abre una rendija para pensar en clases sociales, pero sin ir más allá. Han, por su parte, apunta sobre la significación cultural de una inclinación hacia el autoritarismo, lo que permite la intrusión del *big data* en las sociedades asiáticas, sin respuesta ante la privación de la autonomía, haciendo una lectura de baja intensidad sobre el capital: "Somos NOSOTROS, PERSONAS dotadas de RAZÓN, quienes tenemos que repensar y restringir radicalmente el capitalismo destructivo" (Han, 2020: 111). Harvey alude a una crisis económica, pero no hace referencias a sujetos. Preciado, por su parte, señala que "es imperativo cambiar la relación de nuestros cuerpos con las máquinas de biovigilancia y biocontrol: éstos no son simplemente dispositivos de comunicación. Tenemos que aprender colectivamente a alterarlos. Pero también es preciso desalinearnos. Los Gobiernos llaman al encierro y al teletrabajo. Nosotros sabemos que llaman a la descolectivización y al telecontrol […] Apaguemos los móviles, desconectemos Internet. Hagamos el gran *blackout* frente a los satélites que nos vigilan e imaginemos juntos en la revolución que viene", desde una postura tan general como los extravíos de que los tiempos que vivimos tienen efectos similares en una sociedad sin diferencias. Ramonet, por su parte, concluye en un sentido similar a Preciado: "Es preciso impedir que la pandemia sea utilizada para instaurar una Gran Regresión Mundial que reduzca los espacios de la democracia, destroce aún más nuestro ecosistema, disminuya los derechos humanos, neocolonice el Sur, banalice el racismo, expulse a los migrantes y normalice la cibervigilancia de masas".

Hemos registrado que el capital, los monopolios, las corporaciones, los encauzadores del futuro comportamental, han dado pasos en aras de reducir las porosidades de la disidencia y la inconformidad. En esta crisis hay ganadores. En el otro lado del horizonte no hay alusión a sujetos, a agendas de clases sociales, en este caso, de los trabajadores organizados. Los argumentos para evitar la cibervigilancia, hacer el *blackout*, tener claro que hay que estar alertas frente a la seducción autoritaria, es muy importante. Sin embargo, frente a las ausencias —sin sociología mediante—, cuánta pertinencia encuentro en B. Brecht y sus *Preguntas a un obrero que lee*: "¿Quién construyó Tebas, la de las siete puertas? En los libros se mencionan los nombres de los reyes. ¿Acaso los reyes acarrearon las piedras?".

Bibliografía y referencias

Bowles, Samuel y Herbert Gintis (1981). *La instrucción escolar en la América capitalista. La reforma educativa y las contradicciones de la vida económica*, Siglo XXI Editores, México.

Braverman, Harry (1987). *Trabajo y capital monopolista. La degradación del trabajo en el siglo XX*, Nuestro Tiempo, México.

Coriat, Benjamín (1982). *El taller y el cronómetro. Ensayo sobre el taylorismo, el fordismo y la producción en masa*, Siglo XXI Editores, México.

Crozier, M.; S. Huntington y J. Watanuki (1978). "La gobernabilidad de la democracia", en *Estados Unidos, perspectiva latinoamericana*, números 2 y 3, CIDE, México.

De Gaulejac, Vincent (2006). "*Management* y comunicación: del poder disciplinario al poder managerial: el poder de la comunicación", en Páramo, Teresa (coord.). *Sociedad y comunicación. Una mirada al siglo XXI*, UAMI/Plaza y Valdés, México.

De Sousa, Boaventura (2020). *La cruel pedagogía del virus*, CLACSO/CABA, Buenos Aires.

Dinero (2019). "¿Existe el capitalismo de la vigilancia?", Entrevista a Shoshana Zuboff, 3 de enero, *Suplemento Dinero* del Portal Semana.com. Disponible en: https://www.dinero.com/internacional/articulo/que-es-el-capitalismo-de-la-vigilancia-segun-shoshana-zuboff/267736/ [fecha de consulta 9 de junio 2020].

Espinosa, Alejandro (2020a). "El capitalismo y la vigilancia perenne", *El Universal*, 7 de junio. Disponible en: https://www.eluniversal.com.mx/opinion/alejandro-espinosa-yanez/el-capitalismo-y-la-vigilancia-perenne

______ (2020b). "El hambre en el contexto del control sanitario. Sin salir, en casa, ¿habrá pan sobre la mesa?", *El Universal*, 11 de abril. Disponible en: https://www.eluniversal.com.mx/opinion/alejandro-espinosa-yanez/el-hambre-en-el-contexto-del-control-sanitario-sin-salir-en-la-casa

______ (2020c). "El virus en los recovecos de la sociedad ciudad desigual", *El Universal*, 19 de mayo. Disponible en: https://www.

eluniversal.com.mx/opinion/alejandro-espinosa-yanez/el-vi-rus-en-los-recovecos-de-una-sociedad-ciudad-desigual

_____ (2020d). "Me matan si no trabajo, y si trabajo me matan", *El Universal*, 31 de mayo. Disponible en: https://www.eluniversal.com.mx/opinion/alejandro-espinosa-yanez/me-matan-si-no-trabajo-y-si-trabajo-me-matan

Etzioni, Amitai (1986). *Organizaciones modernas*, UTEHA, México.

Fernández, Lidia M. (1994). *Instituciones educativas. Dinámicas institucionales en situaciones críticas*, Paidós, Buenos Aires.

Fazio, C. (2020). "El capitalismo de la vigilancia", *La Jornada*, 1 de julio.

Foucault, Michel (1999). "La política de la salud en el siglo XVIII", en *Estrategias de poder. Obras esenciales, vol. II*, Paidós Básica, Madrid.

_____ (2002).*Vigilar y Castigar. Nacimiento de la Prisión*, Siglo XXI Editores, México.

Guigo, Denis (1994). *Ethnologie des hommes, des usines et des bureaux*, Éditions de l'Harmattan, París.

Han, Byung-Chul (2020). "La emergencia viral y el mundo de mañana", en VV. AA. *Sopa de Wuhan*, Editorial ASPO, Pablo Amadeo editor.

Harvey, David (2020). *"Política anticapitalista en tiempos de coronavirus"*, en VV. AA. *Sopa de Wuhan*, Editorial ASPO, Pablo Amadeo editor.

Hobsbawm, Eric (1998). *Historia del Siglo XX*, Crítica/Grijalbo/Mondadori, Buenos Aires.

Marx, Carlos (1976). *El capital. Crítica de la economía política*, Fondo de Cultura Económica, México.

Montaño, Luis (2007). "Nuevos modelos organizacionales y violencia en el trabajo", en Peña, F.; Ravelo, P. y Sánchez, S. (Coords.). *Cuando el trabajo nos castiga. Debates sobre el mobbing en México*, Eon/UAM Iztapalapa, México.

Osorio, Jaime (2012). *Estado, biopoder, exclusión. Análisis desde la lógica del capital*, Anthropos/UAM-X, México.

Página 12 (2020). "La máscara neoliberal y la del coronavirus", *Página 12*, Entrevista a Camille Peugny, 29 de marzo. Disponible en: https://www.pagina12.com.ar/256008-la-mascara-neoliberal-y-la-del-coronavirus [fecha de consulta 17 de junio de 2020].

Preciado, Paul B. (2020a). "La conspiración de lxs perdedorxs", Sitio Web lobosuelto.com, 27 de marzo. Disponible en: http://lobosuelto.com/la-conspiracion-de-lxs-perdedorxs-paul-b-preciado/

_______ (2020b). "Covid: Aprendiendo del virus", Sitio Web lobosuelto.com, 29 de marzo. Disponible en: http://lobosuelto.com/covid-aprendiendo-del-virus-paul-b-preciado/

Ramonet, Ignacio (2020). "La pandemia y el sistema-mundo", *La Jornada*, 25 de abril.

Thompson, Edward P. (1979). *Tradición, revuelta y conciencia de clase*, Editorial Crítica, España.

La política después de la epidemia
Jorge Javier Romero Vadillo*

El autor es Profesor-investigador Titular C del Departamento de Política y Cultura en la Universidad Autónoma Metropolitana Xochimilco (UAM-X).

Los efectos de la pandemia van a ser de larga duración. Si en un año aparece la vacuna, entonces el efecto sanitario habrá sido controlado. Si no, las crisis serán recurrentes durante un tiempo, hasta que finalmente se alcance la inmunidad colectiva, pero con rebrotes recurrentes de alta mortalidad, cada vez más administrables. Cada brote contribuirá a retrasar la recuperación económica de la brutal recesión que está comenzando a vivir el mundo.

En México el proceso de destrucción de riqueza que ya ha provocado la epidemia se ha cebado con los más pobres, pero también ha golpeado de manera severa a los pequeños y medianos empresarios, que no han podido sostener el cierre de sus negocios porque no tenían suficientes ahorros y tampoco tuvieron acceso a créditos razonables y a apoyos gubernamentales. Millones de personas han perdido el empleo y con los bajos niveles de inversión que son esperables, dadas las señales del gobierno y el deterioro social que se vive, muchas de ellas se enfrentarán al desempleo de largo plazo, sin acceso a los programas sociales ya establecidos. La pobreza crecerá en un clima de polarización política muy enrarecido, y la popularidad del presidente comenzará a reducirse.

Mientras tanto, la violencia del crimen organizado seguirá sin control, con una tasa de homicidios cercana a treinta por cada cien mil habitantes. El precio del reclutamiento para las organizaciones criminales bajará en la medida en que aumente el desempleo en los sectores formales e informales de los mercados legales. Y la inestabilidad del mercado ilegal aumentará las pugnas entre los grupos. El ejército y la marina seguirán siendo el instrumento de control territorial, con un alto uso de la violencia letal y con violaciones flagrantes a los derechos humanos.

Es decir, seguirá la guerra: ese conflicto armado interno por el control de un mercado que fácilmente podría ser regulado, con mejores resultados, por el Estado. Es verdad que las organizaciones criminales buscarían moverse a otros negocios ilegales más depredadores, como el secuestro y la venta de protección, pero son negocios menos redituables y que pueden ser controlables con métodos policiacos convencionales. Sin embargo, durante este gobierno la opción regulatoria es impensable, a menos que un triunfo demócrata implique un giro notable en la política de drogas de los Estados Unidos. Así, la guerra continuará hasta que se constituya un monopolio, que necesariamente contará con protecciones de diversas autoridades, empezando por las propias fuerzas armadas.

Lo que viene para México es una mayor pobreza y más violencia, con un gobierno empecinado en seguir la ruta del líder sin desviación alguna, aunque el camino esté bloqueado por los escombros del Estado destruido y el alud provocado por la crisis sanitaria. Un gobierno rígido, sin imaginación para enfrentar las condiciones cambiantes del entorno, va a conducir el rumbo de las políticas durante los próximos cuatro años. Los niveles de incertidumbre respecto de lo que pueda ocurrir por la terca gestión son muy altos.

El escenario es más lúgubre por la ausencia de una oposición bien articulada, capaz de competir con López Obrador en el campo de la izquierda, mientras la derecha se atrinchera en el apoyo de la clase media alta, racista, incapaz de ver al país de pobres en el que medra. Por más que se deterioren las cosas, la base de apoyo de López Obrador seguirá siendo muy fuerte, nutrida con las transferencias de sus programas sociales, mientras que buena parte de los que se queden sin nada no se movilizarán políticamente y si lo hacen podrían convertirse en base de otro caudillo autoritario, ahora de la derecha, en las elecciones de 2024.

En medio se atraviesan las elecciones de 2021, en las que el presidente se jugará la mayoría en la cámara de diputados y estarán en disputa muchos gobiernos estatales. El presidente tratará de convertir la campaña en un referéndum de su gestión, que le garantice aumentar su poder en el disparate de consulta de revocación de mandato de 2022. La oposición, por su parte, debería buscar la oportunidad de diferenciarse y de romper la polarización en la que López Obrador la quiere atrapar.

Un congreso sin mayoría de Morena, contendría en parte la labor de zapa que está haciendo el actual gobierno en los cimientos del Estado mexicano, lo que le daría aire a una oposición que hoy parece exhausta, a pesar de que lo más probable sea que este gobierno termine muy mal, en una profunda crisis económica y con un encono social exacerbado, azuzado por el propio Presidente de la República. A pesar de que la grandilocuencia y el afán transformador de López Obrador parece no caber en un sexenio, no creo posible un intento reeleccionista, pues eso lo colocaría directamente en el salón de la infamia nacional, cosa que su ego redentor no se podría permitir. Así, el escenario de 2024 será el de una sucesión crítica, que podría evocar a la de 1940.

Una elección polarizada, con un caudillo de extrema derecha enfrentado al sucesor designado por López Obrador. Una elección así de polarizada tendría un resultado malo, pues lo que vendría sería la continuación de la destrucción de la democracia, ya sea por un gobierno autoritario de derecha o uno que quisiera continuar con la senda revolucionaria del líder, a menos que ganare el sucesor y éste se independizara de su valedor y adoptara una actitud de recomposición del entramado democrático con una convocatoria a un nuevo acuerdo incluyente.

Una eutopía sería que en 2021 López Obrador se quedara sin la mayoría en el congreso y que en 2024 se abriera paso una candidatura de oposición razonable, con una agenda seria de reconstrucción del Estado como un espacio de inclusión y diversidad, con la intención abierta de fundar un Estado de bienestar basado en el orden jurídico y sin corrupción. Un Estado honrado y que funcione, capaz de promover el desarrollo sustentable de la economía y de abatir la desigualdad de oportunidades producto de la pobreza y la inexistencia de un piso común de igualdad material. Un Estado basado en un nuevo pacto fiscal.

Esa eutopía solo sería alcanzable a través de un nuevo contrato social que, por primera vez en la historia mexicana, se hiciere con base en un amplio consenso social y no como la imposición de un bando sobre otro. El nuevo acuerdo tendría que partir del reconocimiento de que todas las fuerzas consolidadas a partir del pacto de 1996 han fracasado y que lo que se requiere es una nueva transición, que profundice la democracia representativa pero que sea más ambiciosa, que pacte la reforma del Estado a fondo, para que éste deje de ser un botín de los políticos y se convierta en un cuerpo profesional, auditable, transparente y eficaz, adaptable a los giros que la política le imponga a las políticas, pero con capacidades de gestión y ejecución eficaces.

El nuevo acuerdo tendría que ser en torno a un Estado social de derechos, con salud, educación, pensiones e infraestructuras de calidad. Y no se podría concretar solo como un pacto entre los políticos. Tendría que concitar el apoyo de la sociedad organizada de diversos signos, tanto en el ámbito económico como en el social. Ese resultado es alcanzable si impera la razón frente al fanatismo y la polarización. Y podría ser tanto resultado de una buena candidatura opositora como de una sucesión en la cual el designado rompa con su mentor y decida ponerse a la cabeza de la construcción de una nueva coalición nacional.

Pero es más probable que se concrete alguna de las dos distopías posibles. Una es que a López Obrador lo suceda un epígono de sus bases radicales, empeñado en consolidar la hegemonía conquistada por los votos de la que presumen. Entonces, el camino sería una deriva a la venezolana, con intentos de concentración del poder y ecos de maximato. El otro resultado distópico sería el triunfo de un populista de extrema derecha, tan ignorante y torpe como López Obrador, pero además partidario de la mano dura y la represión. Un caudillo de la ley y el orden que exacerbara el conflicto. En cualquiera de los dos casos, la democracia mexicana habría muerto, una vez más, en la cuna.

Los escenarios distópicos se fortalecen por el proceso de fortalecimiento de las fuerzas armadas, que han recuperado su papel como actor político deliberante. El pacto con López Obrador les ha dado, además, un poder económico propio. El hecho de que hoy el control territorial depende totalmente de las fuerzas armadas y que el actual gobierno no solo no hizo nada por sustituirlas, sino que ha contribuido a la consolidación de su dominio, hace ominosa la perspectiva de su papel en la sucesión de 2024.

Todo ello en un escenario mundial en el que también puede ocurrir un resultado distópico, donde sigan ganando elecciones los demagogos delirantes, sobre todo quienes claman por cerrar fronteras y elevar el costo de la migración. La tensión internacional estará entre la posibilidad eutópica de un nuevo orden multilateral, que se sustente en un número cada vez mayor de órdenes sociales abiertos, de regímenes plenamente democráticos que respeten los derechos humanos y actúen de consuno contra el cambio climático, o la distopía del ensimismamiento nacionalista, el aumento generalizado de la violencia y la guerra y el cambio climático brutal que destruya vidas, historia y riqueza.

Seguramente el resultado estará en algún punto intermedio entre Mad Max y Arcadia. Pero la distancia respecto a uno u otro extremo es relevante. Si triunfa la razón, el mundo que surja de la actual catástrofe será menos trágico, pero las fuerzas de la sinrazón, del odio, del miedo, son lo suficientemente poderosas y están tan extendidas que obligan al pesimismo.

Mucho se juega en la sucesión presidencial de los Estados Unidos. Si se reelige Trump, el camino de los demagogos en otros lugares del mundo se allanará. Un triunfo de Biden sería un paso hacia la salida buena de la crisis y permitiría volver a la senda del multilateralismo y la sensatez, al menos en una parte muy influyente del mundo. Sin embargo, también China y la India van a ser vectores que tiren hacia la distopía autoritaria, sobre todo si avanza el proyecto racista de Modi y Xi no enfrenta obstáculos en su concentración de poder.

La Unión Europea saldrá maltrecha, pero habrá sobrevivido, mientras que el Reino Unido sufrirá muy probablemente una debacle si Trump pierde la elección y la torpeza de Boris Johnson impide un buen acuerdo para paliar los efectos de su salida de Europa. Una Unión Europea más solidaria e integrada influiría para conducir el rumbo mundial hacia la salida buena, pero las resistencias internas a una mayor integración son grandes y los miedos derivados de la pandemia las pueden fortalecer.

El hecho es que nuestras vidas habrán cambiado. Para muchos en el mundo el cambio será equivalente al que produce una guerra: parientes muertos y formas de vida trastocadas. Las tensiones migratorias crecerán, entre la desesperación de los que lo pierdan todo y el terror de quienes solo habrán perdido una parte y temen perder más. El nivel de vida de muchos caerá y millones de personas serán más vulnerables a la incertidumbre del cambio climático.

La apuesta mayoritaria debería ser por la razón, la ciencia y la solidaridad, de manera que se frene a tiempo la caída y se comiencen a construir los diques que eviten la catástrofe ambiental con su correspondiente colapso social. Que la experiencia traumática de la peste despertara a los ángeles que llevamos dentro, y que, como de la peste del siglo XIV, a la tragedia le siguiera un renacimiento. Pero también es posible que sean los demonios humanos los que se manifiesten y que a esta crisis le suceda una catástrofe, como ocurrió después de la gran depresión de 1929, en la que se engendró la Segunda Guerra Mundial. La sacudida no ha terminado y todavía ni siquiera es posible hacer un balance completo de lo destruido, pero es seguro que las secuelas serán duraderas, todo un cambio de época, que, sin embargo, será más claro para las siguientes generaciones que para quienes lo estamos viviendo.

AMLO: entre la democracia y el autoritarismo. Reflexiones en tiempos del COVID-19

Pablo Xavier Becerra Chávez*

* *Académico de Tiempo Completo en la Universidad Autónoma Metropolitana Iztapalapa (UAM-I), Departamento de Sociología.*

Desde el inicio del actual gobierno se ha desarrollado una discusión respecto al tema de hacia dónde va nuestro país a partir del primero de diciembre de 2018, si en la ruta de consolidar la democracia o hacia un régimen autoritario.

Para el Presidente López Obrador se ha iniciado la cuarta transformación de la vida nacional, que está construyendo una verdadera democracia en la cual el pueblo por fin cumple el papel decisivo, guiado, por supuesto, por él. En esta visión presidencial lo que teníamos hasta antes de su triunfo electoral no era una democracia plena, sino apenas una tímida caricatura, opacada totalmente por la corrupción, la impunidad y el dominio de la mafia del poder. Las elecciones eran caras y se caracterizaban por el fraude electoral, con excepción por supuesto de las de 2018. En la visión presidencial es necesario reconstruir (o regenerar, como lo indica el nombre de su partido) todo.

Desde una perspectiva crítica, es posible detectar fuertes signos de una tendencia autoritaria en el presidente López Obrador con base en los siguientes aspectos: a) la tendencia a pasar por encima de la ley para aplicar de inmediato sus decisiones, sin esperar a que se aprueben las reformas legales necesarias; b) una fuerte tentación presidencial de avasallar a los otros poderes y a los organismos autónomos; c) una actitud intolerante hacia la oposición y la prensa crítica; d) una visión muy peculiar de las consultas a la ciudadanía, que las convierte en meros medios de ratificación de las decisiones presidenciales ya tomadas; e) un uso muy peculiar de la política social, cuya finalidad es construir una leal clientela electoral, lo cual va unido a la aplicación de una drástica política de recortes al gasto público y de despidos, utilizada con el fin de obtener recursos para la política social, en una especial combinación que podemos llamar neoliberalismo populista; f) un elemento muy vinculado al anterior, el hecho de estar en permanente recorrido por todo el país, como si estuviera en una permanente campaña electoral, con todo lo que implica en cuanto al uso reiterado de una retórica de confrontación y polarización; y, finalmente, g) una fuerte tentación por reelegirse, detectable en múltiples declaraciones que insisten precisamente en que no buscará la reelección.

El pacto de impunidad

Antes de analizar los componentes del rompecabezas es necesario hacer una breve mención sobre el pacto de impunidad establecido entre Andrés Manuel López Obrador (AMLO) y el presidente saliente, Peña Nieto, desde la misma campaña electoral, dada la certeza que éste tenía sobre la inminente derrota de su candidato Meade, pacto que se ha cumplido puntualmente hasta ahora.

En su discurso de toma de posesión AMLO le agradeció a Peña Nieto que no hubiese obstaculizado su elección (del papel del Instituto Nacional Electoral (INE) en la organización de la elección ni se acordó), de la misma forma que meses después felicitó al gobernador interino priísta de Puebla por la exitosa elección extraordinaria de gobernador, ignorando por completo nuevamente el papel del INE. Efectivamente, el gobierno de Enrique Peña Nieto (EPN) no atacó la campaña de AMLO, pero sí la de Anaya por medio de la Procuraduría General de la República (PGR), que infló un supuesto caso de lavado de dinero contra el candidato de la coalición Partido Acción Nacional (PAN)-Partido de la Revolución Democrática (PRD)-Movimiento Ciudadano (MC). La prueba del manejo político de la PGR es que después de la elección dicho caso quedó en el olvido y posteriormente el Tribunal Electoral del Poder Judicial de la Federación (TEPJF) resolvió que se había tratado de una injerencia indebida en el proceso electoral. Evidentemente, AMLO aprovechó al máximo la situación. Para él fue una especie de venganza por lo que el gobierno de Vicente Fox hizo en su contra en 2005 con el juicio del desafuero, evidentemente orquestado por el torpe presidente guanajuatense para impedirle ser candidato presidencial en 2006, lo que finalmente no logró.

De la misma forma, en su discurso de toma de posesión AMLO insistió en que su gobierno acabaría con la corrupción y la impunidad, pero al mismo tiempo estableció una política de "punto final" que consiste en perdonar y no llevar a los tribunales a los corruptos del pasado. Planteó que la lucha contra la corrupción y la impunidad se aplicaría a su propio gobierno pero no a los anteriores.

A partir de ese momento su gestión se ha caracterizado por una lógica verdaderamente esquizofrénica: por un lado, denuncia a cada momento a los gobiernos corruptos del pasado neoliberal (porque a los del periodo nacionalista-estatista no los critica, sino más bien los toma como modelo) pero, por otro, insiste una y otra vez en que no los juzgará. Cuando mucho ha planteado que podría consultar a la ciudadanía acerca de la posibilidad de juzgar a los presidentes que impulsaron el modelo neoliberal de política económica (confundiendo, dicho sea de paso, neoliberalismo con corrupción), pero insiste en que él mismo votaría por no juzgarlos. Ese supuesto "punto final" es una forma de asegurar la impunidad a los políticos corruptos del pasado más reciente, sobre todo los del gobierno de Peña Nieto, lo cual confirma el pacto de impunidad con éste.

Otro componente del pacto de impunidad fue el acuerdo establecido con Peña Nieto de que éste desaparecería de la escena tan pronto como se conociera el resultado de la elección, lo que le permitió a AMLO gobernar de facto desde el día siguiente a la jornada electoral, de tal forma que el primero de diciembre solamente se cumplió con el ritual formal de la toma de posesión, pero el poder presidencial ya llevaba cinco meses ejerciéndose desde fuera de Los Pinos.

El avasallamiento del Poder Judicial

El Presidente López Obrador desde su inicio contó con una cómoda mayoría en las dos cámaras del Congreso de la Unión, por medio del Movimiento Regeneración Nacional (MORENA), el Partido del Trabajo (PT) y el Partido Encuentro Social PES (a pesar de la pérdida de registro de éste); además logró consolidar una alianza con el Partido Verde Ecologista de México (PVEM) y ha absorbido a algunos legisladores escindidos del PRD, lo que le ha permitido alcanzar la mayoría calificada en la de diputados y estar a unos cuantos escaños de ella en la de senadores. De tal manera, el actual mandatario tiene lo que varios de los presidentes del pasado no tuvieron: mayoría cómoda en el poder legislativo. Esto le ha permitido sacar adelante buena parte de su agenda de modificaciones legales sin mayor problema. Donde sufre un poco es en las reformas constitucionales, particularmente en el senado, pero ahí también ha logrado concretar algunas gracias a la capacidad negociadora de Ricardo Monreal. La más importante ha sido la relativa a la creación de la Guardia Nacional.

Al Poder Judicial el presidente lo golpeó fuertemente al inicio de su gestión, particularmente con el tema de los elevados sueldos de jueces, magistrados y ministros. La táctica presidencial surtió efecto y logró que los ministros de la corte declararan que se bajarían los sueldos, no al nivel que exigía AMLO, pero finalmente el poder de los tribunales se alineó con la política presidencial de la llamada austeridad republicana. Un episodio obscuro se presentó con la renuncia de la Presidenta del Tribunal Electoral, mediante la presión del Presidente de la Corte y el consejero jurídico de la presidencia, lo cual ha menoscabado severamente la autonomía del Poder Judicial. Ese episodio confirmó hasta qué punto AMLO fue capaz de entablar una sólida alianza con el ministro presidente de la Suprema Corte de Justicia de la Nación (SCJN), Arturo Saldívar.

La pinza se completó con la presión para obligar a renunciar al ministro Eduardo Medina Mora, nombrado durante la presidencia de Peña Nieto, maniobra que se completó con el nombramiento de una nueva ministra (Margarita Ríos Farjat) cercana a su jefe de la oficina presidencial y sin carrera en el poder judicial. Otros dos nombramientos de ministros (Juan Luis González Alcántara y Yasmín Esquivel Mossa) cercanos al actual presidente de la república (la ministra Esquivel es esposa del contratista favorito de AMLO desde su gestión como jefe de gobierno de la Ciudad de México, José María Riobóo, (*Forbes*, 01/02/2019)), completan el panorama de la captura progresiva de la SCJN con el objetivo de reducir la posibilidad de que la corte pueda ser un contrapeso al poder presidencial durante el sexenio.

El avasallamiento de los organismos autónomos

Con respecto a los organismos autónomos, el golpeteo presidencial ha sido incesante. AMLO no ha disimulado su antipatía hacia estos organismos, desde el que organiza las elecciones hasta los que tienen que ver con otras áreas económicas especializadas, como la regulación energética. El presidente dice que los organismos autónomos fueron creados durante los gobiernos neoliberales (desde 1988 hasta 2018) para simular una supuesta autonomía, pero que solamente servían para colocar funcionarios muy bien pagados (Una de las últimas reiteraciones de este planteamiento aparece en *Animal Político* (17/06/2020)).

Un ejemplo de la hostilidad gubernamental hacia los organismos autónomos es el de la Comisión Reguladora de Energía (CRE). Cuando el titular de este órgano autónomo, Guillermo García Alcocer, cuestionó las propuestas presidenciales para consejeros de ese organismo, el presidente amenazó con ejercer su "derecho de réplica" y un par de días después en plena conferencia mañanera acusó de conflicto de intereses, corrupción y lavado de dinero a este funcionario y sus familiares, con el apoyo de la secretaria de la función pública y el titular de la unidad de inteligencia financiera. Para AMLO el derecho de réplica significa deslegitimar y calumniar, en lugar de aclarar información. El resultado final de ese episodio fue la renuncia del presidente de la CRE y el nombramiento de uno nuevo cercano al presidente (*Expansión*, 17/10/2019). Al mismo tiempo se nombraron consejeros totalmente a modo del presidente. Ante propuestas de muy bajo nivel y su rechazo por parte del senado, el presidente volvió a presentar las mismas propuestas, y ante el nuevo rechazo simplemente los nombró él mismo.

Otro ejemplo en este terreno es la remoción del titular del Consejo Nacional de Evaluación de la Política de Desarrollo Social (CONEVAL), Gonzalo Hernández Licona, después de que emitiera opiniones críticas. AMLO lo acusó de tener un sueldo estratosférico (lo cual era falso porque ya se había ajustado al criterio de no ganar más que el presidente) y de que no hacía nada por superar la pobreza real del país. AMLO llegó al extremo de hacer una consulta a mano alzada en una concentración en Zongolica, Veracruz, para ver quiénes sabían qué era el CONEVAL. Como la mayoría de los asistentes no sabía de ese organismo, AMLO concluyó que no servía para nada y destituyó al titular (*Animal Político*, 28/07/2019), lo que fue posible porque el congreso nunca concluyó la regulación jurídica de su autonomía y, por tanto, el presidente aún tenía la facultad de nombrarlo y destituirlo.

Algo parecido ocurrió con el Consejo Nacional para la Prevención de la Discriminación (CONAPRED), aunque no es autónomo. Como la esposa del presidente se enojó porque la titular de este organismo invitó al comediante Chumel Torres, crítico mordaz del presidente, a un foro para discutir sobre racismo, AMLO dijo que ni siquiera sabía de la existencia del organismo y presto concluyó que debería desaparecer. De inmediato su titular, nombrada por el propio AMLO y participante en alguna mañanera junto al presidente, Verónica Maccise, presentó su renuncia. Al día siguiente AMLO anunció que finalmente no propondría la desaparición de ese organismo, que estaba bien que quienes no comparten su proyecto se retiren y que propondría a una mujer indígena para su titularidad (*El Universal*, 18/06/2020).

Pero el ejemplo cumbre de la hostilidad de AMLO hacia los organismos autónomos es sin duda el del INE, al que acusa de organizar elecciones caras y poco confiables, trasladando al nuevo instituto las acusaciones que en 2006 y 2012 lanzó contra el Instituto Federal Electoral (IFE), al que consideraba responsable de los supuestos fraudes electorales que lo habrían privado del triunfo. Cuando el Consejo General del INE aprobó una multa al partido MORENA por la creación del fideicomiso para apoyar a los damnificados del terremoto (*El Universal*, 18/07/2019), AMLO, entonces presidente electo, se le fue a la yugular al instituto y acusó a sus consejeros de ser parte de sus adversarios, los conservadores, y que dicha sanción era una venganza por su triunfo. A partir de ese momento, el presidente aprovecha cualquier oportunidad para atacar al INE.

En las iniciativas de reforma electoral presentadas por los legisladores de MORENA, así como en declaraciones del vice coordinador de los diputados de ese partido, Pablo Gómez (*El Financiero*, 17/06/2019 y *Proceso*, 14/06/2019), se han propuesto varias medidas para reformar al INE, como la disminución del número de consejeros así como de sus sueldos, llegando incluso a plantear la desaparición de su Consejo General y de la estructura distrital permanente. El argumento central de esas modificaciones es el de la austeridad, pero se advierte claramente el propósito del gobierno actual de controlar a los organismos electorales. Sin embargo, a pesar de la abundancia de iniciativas de reforma, finalmente no se ha aprobado ninguna sobre el INE y sus funciones. Dado que ya venció el plazo respectivo previsto en el artículo 105 constitucional (90 días antes de iniciar el proceso electoral), se puede dar por hecho que las elecciones de 2021 se realizarán con el mismo marco legal de 2018.

Durante 2020 se ha iniciado el proceso para el nombramiento de cuatro consejeros del INE que deben sustituir a quienes fueron nombrados en 2014 por seis años. Dado el control de MORENA y sus aliados en la Cámara de Diputados, encargada del nombramiento, se teme que los nombrados (dos mujeres y dos hombres) sean cercanos al partido gobernante, a pesar de haberse llevado a cabo el procedimiento previsto en la ley, que implica una convocatoria pública y evaluaciones por parte de un comité técnico. Un muy mal augurio fue el nombramiento de John Ackerman, ideólogo del partido gobernante y muy cercano a AMLO, como parte de dicho comité técnico. La cuarentena debida a la pandemia de COVID-19 ha suspendido el proceso durante casi tres meses, por lo que a la fecha de concluir este texto aún no se conoce el resultado final.

Intolerancia ante la oposición y la prensa

Con respecto a la oposición política, la actitud presidencial es de desprecio y ninguneo. Ningún presidente anterior había tratado a la oposición como el actual. Para AMLO toda la oposición es conservadora, no hay matices. Cuando Salinas dijo frente a los gritos de la oposición "ni los veo, ni los oigo", la expresión quedó grabada como el máximo ejemplo del desprecio presidencial hacia la oposición. Ahora el presidente sí los ve y los oye, y en respuesta los acusa de conservadores, "fifís", neoliberales, corruptos, "ternuritas", les recomienda recorrer los pueblos y que les dé el sol, etcétera, etcétera. No faltan quienes justifican al actual presidente sus andanadas permanentes contra la oposición, a la que AMLO permanentemente desacredita con el argumento de que quienes lo critican fueron los artífices del modelo neoliberal, de la corrupción y la impunidad. Para él toda crítica solo puede provenir de quienes representan intereses obscuros afectados por el actual gobierno.

Por supuesto, la oposición partidaria quedó muy disminuida después de la elección de 2018, pero en un régimen democrático sus derechos deben ser salvaguardados. La actitud presidencial genera un ambiente de polarización permanente.

AMLO también vive en una permanente cruzada contra la prensa crítica, a la que acusa de ser "fifí" y conservadora (que según él desciende directamente de la prensa que festejó el golpe de Estado contra Madero). Pero, curiosamente, no critica a las grandes televisoras que antes consideraba sus enemigas, sino a periodistas o medios en específico (los periódicos *Reforma, El Universal,* la revista *Proceso).* En este contexto, AMLO libra una guerra diaria contra los medios y los periodistas en lo individual que lo critican, a los que acusa de haber "callado como momias", durante los gobiernos neoliberales. Es muy frecuente que AMLO pregunte ¿dónde estaban nuestros críticos cuando los neoliberales saquearon al país, cuando le hicieron fraudes electorales, etcétera. etcétera?

AMLO ha llegado al extremo de denunciar la existencia de una supuesta "hampa del periodismo" y de su oficina de comunicación social salió una lista de periodistas que supuestamente recibían millones de pesos del gobierno anterior, cuando en realidad se trataba de pagos de publicidad oficial hechos a los medios de esos periodistas. En esa lista, curiosamente, se omitieron los pagos a las grandes empresas de TV y radio, muy superiores a los adjudicados a los periodistas en lo individual.

Organizaciones nacionales e internacionales se han cansado de insistirle al presidente que cese sus ataques a la prensa, pero esos llamados simplemente son ignorados. Sin lugar a dudas, esto forma parte de la visión muy personal de la actividad política que tiene AMLO, para quien es fundamental tener un enemigo fácil de ubicar y atacar. En este sentido, la actitud de AMLO frente a los medios se parece mucho a la de su homólogo estadounidense, el populista de derecha Donald Trump.

Las consultas a modo

Otro aspecto en el que el sello personal de AMLO se ha impuesto es el de las consultas supuestamente abiertas a la ciudadanía, pero al margen por completo del marco legal, lo cual fue justificado por AMLO porque se realizaron antes del inicio formal de su periodo presidencial y supuestamente eran urgentes. Así se realizaron dos consultas, la primera sobre el aeropuerto y la segunda sobre varios proyectos, entre ellos el del Tren Maya. En ambos casos AMLO estableció que serían organizadas por una institución privada (la Fundación Rosenblueth) y operadas por supuestos voluntarios que en realidad eran miembros del partido MORENA.

En torno a la organización de estas dos consultas el presidente electo aseguró que era más confiable y más barata esa fundación privada que el INE, que según él necesita "costales de dinero" y además no es confiable. Evidentemente, las consultas fueron una simulación en las que cuando mucho participó alrededor del uno por ciento del electorado, pero para AMLO se trató de la "decisión del pueblo" y amenazó con realizar muchas consultas a lo largo de su gobierno. Por su parte, nunca se realizó la consulta que prometió para el 21 de marzo de 2019, en la que se preguntaría la procedencia de juzgar a los expresidentes que impusieron el modelo neoliberal en el país, pero con frecuencia amaga realizarla.

En diciembre de 2019 se publicó la reforma constitucional en materia de consulta ciudadana (artículo 35), que flexibiliza las consultas para que se puedan realizar en cualquier momento y la SCJN no retrase su realización. La reforma también estableció la figura de revocación del mandato, pero en lugar de que ésta coincida con la elección intermedia de 2021 (como pretendía el presidente para aparecer en la boleta electoral y obviamente hacer campaña), su posible realización podrá ser hasta después de que se cumplan los tres años de su gestión. Hasta la fecha, sin embargo, no se ha aprobado la ley secundaria respectiva.

En este contexto, el presidente organiza consultas a su modo: en los mítines de los beneficiarios de sus programas sociales de repente se le ocurre consultar sobre cualquier tema y le pide a los asistentes que voten a mano alzada. AMLO presume que esas consultas realmente expresan el sentir del pueblo, pero en realidad se trata de un método típicamente populista. La última ocurrencia de este tipo fue la consulta en torno a la instalación de una planta cervecera en Mexicali, Baja California, convocada por el gobierno federal, sin base legal alguna, con una participación ciudadana mínima (4.5 por ciento), en pleno inicio de la pandemia, que condujo a la cancelación de ese proyecto y a la pérdida de una inversión importante (Woldenberg, 2020). Caprichos populistas que inhiben la inversión privada.

Neoliberalismo populista, política social y clientelas electorales

Estas fuertes tendencias autoritarias se complementan con la política social, que concentra el otorgamiento de beneficios en la figura presidencial, y con el liderazgo nato que ejerce sobre su partido, MORENA.

En su discurso de toma de posesión AMLO presentó a su gobierno como el inicio de la "cuarta transformación de la vida política de México". Se presenta a sí mismo como el continuador de la obra de los líderes de la Independencia, la Reforma y la Revolución. Él mismo reconoce que "puede parecer pretensioso o exagerado", pero que esto es así porque con él se inicia "un cambio de régimen político". El eje de dicho cambio será la terminación de la corrupción y la impunidad, con lo que se convertirá a la honestidad y la fraternidad en forma de vida y de gobierno. El problema es que el propio presidente ha decretado la aplicación de la política de "punto final", por medio de la cual se ha comprometido a no iniciar acciones contra los corruptos del pasado reciente, con lo que la impunidad está garantizada.

En el mismo discurso AMLO dijo que, en analogía con la Reforma, que separó a la Iglesia del Estado, su cuarta transformación separará al poder económico del poder político, por lo que el gobierno ya no será instrumento de una minoría rapaz (la mafia del poder, a la que ya no mencionó por su nombre). Por lo tanto, AMLO ha decretado el fin de la era neoliberal, pero no ha desarrollado acción alguna para disminuir el poder de la supuesta mafia del poder y tampoco ha modificado sustancialmente la política económica (particularmente la monetaria y financiera) y fiscal. Por el contrario, cuando algunos senadores de MORENA presentaron una iniciativa para disminuir las comisiones de la banca, dejó muy claro que la política económica no se modificaría en lo más mínimo.

En realidad, entonces, el verdadero núcleo de la supuesta "cuarta transformación" es la política social, el conjunto de programas sociales por medio de los cuales cultiva las clientelas electorales que necesita para mantenerse en el poder, a sí mismo y a su partido. El presidente recorre el país incansablemente repartiendo beneficios aquí y allá. Como dice María Amparo Casar, se ha convertido en el gran benefactor, que recorre pueblo por pueblo repartiendo dinero a manos llenas. Pensiones a adultos mayores, becas a *ninis*, becas a pueblos que eran cómplices del huachicol, etcétera. El problema es que ese dinero no cae del cielo, el gobierno debe captarlo mediante su política fiscal. Si la inversión cae, como ha ocurrido desde el inicio del gobierno y aún más con la pandemia, disminuye sustancialmente el flujo de recursos que se dirige a la política social.

Austeridad es la palabra mágica del actual gobierno. En torno a ella se desarrollan todas sus políticas públicas y sus iniciativas de reforma legal y constitucional. Recortes draconianos al gasto público en salud y educación, por ejemplo, se justifican en aras de la "austeridad republicana", que está a un paso de la "pobreza franciscana", como nos lo recuerda a cada momento el presidente López Obrador.

En los hechos, la lucha contra la corrupción, tema central de la campaña electoral, se ha traducido en recortes a los sueldos y prestaciones de funcionarios públicos, en drásticas reducciones al gasto en casi todas las dependencias públicas y en despidos de personal. Se ha producido una auténtica sangría en el sector público, que ha conducido, por ejemplo, a una crisis sin precedentes de los servicios médicos. Las renuncias del director del Instituto Mexicano del Seguro Social (IMSS) y del secretario de Hacienda evidenciaron esta situación, provocada por una política que podríamos definir como neoliberalismo populista.

Esta política toma recursos públicos de donde puede por medio de recortes y restricciones típicas del neoliberalismo, pero para destinarlos a las políticas sociales que constituyen la prioridad número uno del presidente, con la finalidad de consolidar sus clientelas electorales. Si esto ya había conducido al estancamiento económico en 2019, con la pandemia se estima que en 2020 la economía caerá de una manera no vista en el pasado reciente.

¿Hacia la reelección?

Desde la campaña electoral, durante los meses en que fue presidente virtual, en su mensaje de toma de posesión y durante los primeros siete meses de su presidencia, AMLO reiteró que no se reelegirá y que para ello trabajaría 16 horas diarias para que sus seis años en el cargo rindan al doble, como si fueran doce. La constitución, que el presidente juró observar y hacer guardar, prohíbe tajantemente la reelección presidencial (artículo 83 constitucional), por lo que resulta ocioso insistir en esa promesa. A menos que tanta insistencia en el tema signifique que en realidad estaría dispuesto a reelegirse… si el pueblo se lo pide.

Hay que recordar que AMLO es experto en crear realidades alternas a fuerza de repetir unas cuantas ideas. Así lo hizo frente a sus derrotas en 2006 y 2012, cuando repitió hasta el cansancio que él no había sido derrotado sino que le habían hecho fraude. Cualquier pequeño detalle era convertido por él en la prueba decisiva del supuesto fraude. Y millones de sus seguidores lo creyeron sin cuestionar. Lo mismo ocurre con su insistencia en que no piensa reelegirse, pero siempre siembra la idea de que él es imprescindible para continuar el "cambio verdadero".

La reelección presidencial no es antidemocrática, existe en varios países con sistemas presidenciales (como Estados Unidos y varios países de América Latina) o semipresidenciales (como Francia). Por supuesto que es posible reformar la constitución para establecer la reelección presidencial, pero para un gobierno posterior, no para el gobierno que lo propone. Si llegara a aprobarse en nuestro país, debería ser aplicable al presidente que llegue en 2024, no al que acaba de ser electo en 2018. En América Latina hay varios ejemplos de reformas legales para introducir o ampliar la reelección (Bolivia, Nicaragua y Venezuela), que tenían el objetivo de beneficiar al presidente en funciones. No sería descabellado que AMLO lo intente.

La campaña electoral permanente

AMLO vive todos los días un desdoblamiento de personalidad. Por las mañanas en sus conferencias de prensa diarias ataca a sus adversarios favoritos: los "conservadores", los "fifís", los que "gritan como pregoneros", etcétera. Pero por las tardes, cuando debe compartir un mitin con algún gobernador de un partido distinto al suyo, llama a la reconciliación y recuerda a sus seguidores que la campaña ya terminó. ¿Cuál AMLO es el verdadero? Los dos. Vive en campaña electoral permanente (tal vez para su posible reelección) y para ello necesita enemigos a los cuales atacar, pero al mismo tiempo debe tomar decisiones y aplicar políticas en consenso con los gobernantes de otros partidos.

En los hechos, tenemos un presidente que está en campaña permanente, que sigue luchando contra sus supuestos adversarios, los conservadores, con lo cual él se equipara permanentemente con Juárez. AMLO presenta su presidencia como una auténtica gesta heroica, a la cual llama de forma grandilocuente la "cuarta transformación".

El proceso electoral 2020-2021 inicia formalmente en los primeros días de septiembre, pero parece que en los hechos ya ha iniciado. El presidente AMLO ha dado el banderazo no solamente al Tren Maya sino también a la confrontación que debe culminar en la jornada electoral del primer domingo de junio de 2021. El 31 de mayo el presidente dijo en un video con motivo del inicio de la "nueva normalidad" lo siguiente: "El año próximo vienen las elecciones para renovar el Congreso, ahí la gente va a votar si quiere que regrese el conservadurismo, que regrese la corrupción, que regresen los privilegios. El pueblo es libre y yo voy a respetar siempre el mandato popular" (*Político.mx*, 31/05/2020). Extraña forma, por decir lo menos, de anunciar la elección del año próximo: como una confrontación entre su gobierno y el regreso del conservadurismo, la corrupción y los privilegios. Para él todos los partidos opositores representan lo mismo, el regreso del pasado obscuro, opuesto al presente luminoso que representa su gobierno. Pero el problema es que ese mensaje lo difundió en su calidad de Presidente de la República y no como miembro de su partido. Si hubiera dicho eso en un evento de MORENA, como militante de ese partido, no habría problema, pero lo dijo como presidente de todos los mexicanos.

AMLO vive en una confusión permanente entre su condición de Presidente de la República y su condición de militante o dirigente real de su partido. Utiliza todos los foros a su disposición para mezclar sus dos facetas en el objetivo que actualmente se ha fijado: polarizar al máximo la situación política. En lugar de comportarse a la altura de los retos de la situación actual, caracterizada por la combinación de tres crisis muy graves (la sanitaria, la económica y la de seguridad pública), que requieren la consolidación de un liderazgo inclusivo, capaz de convocar y dirigir a la nación hacia su resolución, ha aprovechado la situación para polarizar hasta el extremo.

En el mismo video del 31 de mayo AMLO le dice a sus "adversarios" que hacen manifestaciones en su contra (el día anterior hubo pequeñas manifestaciones en varios estados solicitando su renuncia) que "no coman ansias", que él mismo estableció las reglas para que a la mitad de su gestión se pueda realizar una consulta para la revocación del mandato. Remató diciendo "Que sigan articulándose nuestros adversarios conservadores, con todo respeto muy corruptos, porque no quieren perder sus privilegios, muy individualistas con poco humanismo porque no les importa el otro, no les importa el prójimo, pero en fin esa manera de pensar conservadora la respetamos y respetamos el derecho a disentir". Llama la atención que el presidente dice respetar el derecho a disentir pero nombra a sus opositores conservadores, corruptos (eso sí, con respeto) e individualistas. Además afirmó que si la consulta le confirma seguir al frente de la presidencia no se reelegirá porque es un demócrata convencido de la no reelección.

Ya desde meses atrás AMLO había insistido en que se reformara la constitución para realizar la revocación de manera coincidente con la elección intermedia. La oposición no estuvo de acuerdo y el mismo senador Ricardo Monreal dio carpetazo al asunto. Pero ahora AMLO insiste que en 2022 se hará la consulta para la revocación, lo que en sentido estricto no es cierto. Solamente habrá consulta para la revocación del mandato en ese año si se solicita en los términos del artículo 35 constitucional. Si nadie lo solicita, no habrá. De todas formas AMLO fue electo para un periodo de seis años, sin la posibilidad de reelección, no porque él sea demócrata y no sea partidario de la reelección. Simplemente porque así lo establece el artículo 83 constitucional.

De acuerdo con el artículo 35 constitucional, la revocación puede ser solicitada por la ciudadanía, en un número equivalente al menos al 3 por ciento de la lista nominal de electores, distribuido en al menos 17 entidades (y en cada una de ellas debe satisfacerse el requisito del 3 por ciento). Si se convocara hoy tendría que usarse el corte del INE al 27 de marzo del año actual, que es de 90 millones 36 mil 367. El 3 por ciento de esa cantidad es 2 millones 701 mil 91. Los detractores de AMLO que quieran solicitar la revocación o, en su caso, sus simpatizantes que quieran permitirle hacer campaña para lograr su ratificación de mandato, deben obtener ese apoyo. Y además distribuirlo en al menos 17 entidades con su 3 por ciento respectivo. Sin embargo, aún no se aprueba la ley reglamentaria respectiva, que según el segundo transitorio de la reforma publicada en el Diario Oficial (DOF, 20/12/2019), debía estar aprobada 180 días después de esa fecha. Sabemos que normalmente el poder legislativo incumple los plazos que éste mismo se impone. De cualquier forma, de acuerdo con los transitorios tercero y cuarto de dicha reforma, la consulta se estaría realizando en los primeros días de marzo de 2022. Pero entonces, debe quedar claro que la revocación no es automática, debe ser solicitada.

Para agudizar la polarización, el 6 de junio AMLO declaró "o se está por la transformación o se está en contra de la transformación del país; se está por la honestidad y por limpiar a México de corrupción o se apuesta a que se mantengan los privilegios de unos cuantos... nada de medias tintas y que cada quien se ubique en el lugar que corresponde, no es tiempo de simulaciones, o somos conservadores o somos liberales..." (*El Universal*, 06/05/2020). Blanco o negro, buenos contra malos, liberales contra conservadores. Esa es la visión del presidente, eso es lo que se jugará en las elecciones de 2021 y en la revocación de 2022: el pueblo bueno, dirigido por él, obviamente, contra los conservadores, corruptos e hipócritas que son su adversarios.

Para escalar aún más la polarización, el presidente AMLO dio a conocer en la mañanera del 9 de junio un supuesto plan opositor para formar el Bloque Opositor Amplio (BOA), cuyos objetivos serían ganar la mayoría en la cámara de diputados en 2021 y revocar el mandato de AMLO al año siguiente. La procedencia y la autoría del supuesto plan son desconocidas, pero según el presidente sus promotores son grupos empresariales (el Consejo Coordinador Empresarial (CCE), la Confederación Patronal de la República Mexicana (COPARMEX), Grupo Monterrey, etcétera), partidos opositores, intelectuales y periodistas. Lo que el supuesto plan plantea no es ilegal. Simplemente desarrolla una supuesta estrategia para formar una coalición opositora que gane la mayoría en las elecciones de 2021 y luego solicite la revocación del mandato de AMLO, lo cual es perfectamente legal. Nada impide a partidos, intelectuales, empresarios, y a todo el que quiera, participar en un esfuerzo opositor. Así lo hizo el propio AMLO al formar su coalición que le permitió triunfar en 2018.

Un aspecto preocupante es que se involucra en el texto a "consejeros del INE y "magistrados del TEPJF", con lo cual se pretende alentar la desconfianza ciudadana en las autoridades electorales, que supuestamente serían cómplices de ese bloque opositor. Aunque el presidente ha insistido en que alguien del "pueblo" le hizo llegar el texto, no resulta descabellado pensar que éste haya sido elaborado en las propias oficinas gubernamentales. Parece ser la peculiar forma en que AMLO inicia de hecho el proceso electoral de 2021 ¿Esta supuesta revelación anuncia un endurecimiento del gobierno frente a la oposición? Tal vez no. Tal vez solamente forma parte de su peculiar forma de hacer política, recurriendo a la mentira y los montajes mediáticos (tan solo hay que ver sus mañaneras, que se han convertido en verdaderos *shows* de fenómenos). Lo que sí sabemos es que la polarización es la estrategia favorita del presidente, que lo mejor que sabe hacer es campaña electoral permanente.

Bibliografía y referencias

Animal Político, 28 de julio de 2019.
Animal Político, 17 de junio de 2020.
El Financiero, 17 de junio de 2019.
El Universal, 18 de julio de 2019.
El Universal, 6 de mayo de 2020.
El Universal, 18 de junio de 2020.
Expansión, 17 de octubre de 2019.
Forbes, 1 de febrero de 2019.
Político.mx, 31 de mayo de 2020.
Proceso, 14 de junio de 2019.
Secretaría de Gobernación (2018). *Constitución Política de los Estados Unidos Mexicanos*, Tirant lo Blanch, México, 260 pp., 10ª edición.
______ (2019). Diario Oficial de la Federación, 20 de diciembre, México.
Woldenberg, José (2020). *El Universal*, 31 de marzo.

Después de la crisis sanitaria, fortalecer el sistema electoral

Daniel Adame Osorio*

El autor es politólogo, periodista y académico; obtuvo el Premio Nacional de Periodismo y actualmente es Director Editorial de Escenario Político (Facebook: Daniel Adame Osorio; Instagram: @danieladameosorio; Twitter: @Danieldao1).

El sistema electoral tiene un peso muy importante en la construcción de la gobernabilidad, la consolidación democrática y su funcionamiento. A su vez, las tareas de gestión electoral de carácter judicial han tenido una evolución paulatina, particularmente en América Latina. Se trata de una evolución heterogénea en constante cambio. No obstante, persisten como objetivos (como principios) la búsqueda del cambio y perfeccionamiento, la autonomía, independencia, imparcialidad, igualdad, libertad, accesibilidad y confiabilidad, entre otros.

En el caso de América Latina tenemos que partir del reconocimiento de largas décadas de inestabilidad política en los gobiernos; que en la mayoría de los casos las elecciones estuvieron en manos de las autoridades; y que con el paso de los años una de nuestras características fundamentales es la existencia de órganos electorales autónomos de los tres poderes en la mayoría de países, previstos generalmente desde las constituciones.

Lo mismo ocurre en materia de resolución de los conflictos en los comicios. Conceptualmente, lo contencioso-electoral está definido como el conjunto de órganos encargados de resolver las impugnaciones y juicios, recursos o reclamaciones, contra cualesquiera de los actos del procedimiento electoral.

Los sistemas de lo contencioso-electoral se clasifican de acuerdo con el órgano al cual se le atribuye el control de los actos y procedimientos electorales. Existen mecanismos que consideran en un único órgano tanto lo administrativo como lo jurisdiccional, mientras que otros cuentan con medios estrictamente procesales o jurisdiccionales. En otros sistemas, como el político, se confiere a las cámaras legislativas la calificación de la elección. Una variante más es la de lo contencioso- electoral-administrativo, en la que corresponde a los órganos responsables de la organización resolver también la resolución de los recursos. En el caso de América Latina también tenemos el modelo mixto, que contempla una combinación entre lo político-jurisdiccional y/o administrativo en la resolución de las controversias.

Los casos que en América Latina representan mayores problemáticas en su análisis son los de Chile, Perú y México; en el primero porque existen dos organismos especializados encargados de la elección, tanto en materia administrativa como en la judicial, y la disputa por la supremacía es la constante.

Otro caso similar es el de México, porque dispone del Instituto Nacional Electoral para las cuestiones organizativas, y del Tribunal Electoral del Poder Judicial de la Federación, que se encarga de la justicia en la materia, con la diferencia de que los fallos de éste son definitivos e inatacables y que, muchas veces, contravienen los originalmente dictaminados por la autoridad administrativa.

En Perú la autoridad se concentraba en el Tribunal Nacional de Elecciones, que a partir de 1993 cuenta con tres organismos coordinados con tareas específicas, uno en materia administrativa, otro encargado del registro civil y el tercero de la justicia electoral.

En gran parte de las constituciones de los países latinoamericanos desde ahí se establecen las funciones de los organismos electorales, la mayoría en lo concerniente a lo administrativo.

También es de hacerse notar que la legislación electoral en muchos casos tiene un tratamiento especial pero, previo a las elecciones, la postura generalizada toma dos vertientes, con reformas para normar precisamente los siguientes comicios y la integración de autoridades, y en las que se establece no tocar la ley previo a los procesos electorales.

Por lo general, los órganos electorales en América Latina son autónomos, independientes de los tres poderes estatales; solo en Venezuela y Nicaragua se contempla la existencia del Poder Electoral.

Un factor importante de peso lo constituye la integración de los órganos electorales, no solo los administrativos, sino los responsables de la justicia electoral. Mientras en algunos casos sus integrantes tienen la facultad de establecer lineamientos internos y de nombrar a los titulares de los órganos inferiores o distintos, en otros dependen de la participación de los partidos políticos representados en los parlamentos.

Son poco los países, entre ellos México, Guatemala, Perú, Panamá y República Dominicana, en los que el órgano electoral está facultado para designar, mediante mecanismos democráticos y con credibilidad, a quienes han de integrar los órganos inferiores.

Con excepción de pocos casos, entre ellos los de Venezuela, Costa Rica, República Dominicana y Brasil, el presupuesto de los órganos electorales depende de las decisiones tanto del poder Legislativo como del Ejecutivo, pero en términos reales, la designación general de los funcionarios está sujeta a los órganos políticos de cada país.

Por lo que toca a las facultades, en los organismos administrativos éstas se han ido ampliando, sobre todo en el aspecto registral y, en otros casos, en materia de fiscalización. En lo que respecta a los organismos de justicia electoral, también sus facultades se han ampliado ya que en algunos casos además de pronunciar fallos definitivos e inatacables, se permite el recurso de control constitucional, o litigar en los tribunales especiales.

En lo concerniente a las facultades legislativas, en algunos casos la reglamentación de la ley en la materia les es conferida, mientras que en otros, además, tienen la facultad de iniciativa legal. En su relación con los partidos, se les confiere la potestad de definir la existencia o extinción de los institutos políticos, la de intervenir en los conflictos internos y la de fiscalización.

Podemos inferir que en los últimos años la responsabilidad de los organismos electorales, tanto administrativos como jurisdiccionales, ha ido e irá aumentando, por el peso que tienen en los sistemas políticos de los países.

Esto lleva aparejado un gran número de conflictos, previo, durante y en la calificación de las elecciones, sobre todo porque la tendencia se orienta a adjudicarles un gran poder, lo que pone en tela de juicio su imparcialidad, con sus implicaciones en términos de la consolidación democrática.

Esto ha llevado a la judicialización de las elecciones, situación en la que los tribunales especializados son los que fallan respecto de la decisión que los ciudadanos toman en las urnas.

Por nuestra parte, consideramos que existen varios dilemas alrededor de la construcción de mejores sistemas electorales, tanto en el ámbito administrativo como en el judicial, entre los más relevantes están:

1. La sujeción de ambos en su conformación, atribuciones y presupuesto, así como en cuanto a sus facultades legislativas respecto de las decisiones que toman órganos políticos como los parlamentos. De igual manera, la permanencia y/o continuidad en el cargo depende de órganos políticos que deciden de acuerdo con la afectación de sus intereses, y no basados en la construcción democrática ni mucho menos en la voluntad social.

2. Los parlamentos, integrados por representantes de las distintas fuerzas electorales, legislan y designan en distintas materias de acuerdo con sus intereses y, a lo sumo, tendiendo a lograr garantías de mayor equidad e imparcialidad en la competencia electoral.

3. Si el objetivo de los sistemas electorales es generar gobiernos más democráticos, estables, con gobernabilidad, en términos reales solo están atendiendo los intereses de los

contendientes, partidos y candidatos, y no necesariamente los de la sociedad.

4. La sobresaturación de facultades y responsabilidades de los órganos administrativos en materia de administración y de justicia electoral, en el marco de la permanente estrechez económica de las naciones, vuelve muy complicado y deficiente el cumplimiento de sus responsabilidades.

5. Los casos en los que los procesos y la calificación de los actos electorales se judicializan, no deberían preocupar a la sociedad, si no fuera por la parcialidad que puede caracterizar a los órganos electorales, derivado de las fuerzas políticas que promovieron su acceso al cargo.

6. De la inestabilidad política característica de América Latina a los intentos de construir sistemas electorales confiables, pasamos a las constantes e interminables reformas en busca de su perfeccionamiento, pero que aún no han sido suficientes para garantizar la confianza en la autonomía e imparcialidad en materia administrativa y judicial.

7. La constitución de poderes electorales, a la par del Legislativo, Ejecutivo y Judicial, con altos índices de especialización, no garantiza la imparcialidad y más aún: muchas veces se corre el riesgo de transformar a las instituciones electorales de organizadores y árbitros electorales, y convertirlas en actores políticos.

8. En el caso de los directivos de los órganos administrativos-electorales, muchas veces se ha optado por seleccionar a personajes que si bien tienen filiación o simpatía partidista, su prestigio y trayectoria los obligan a la imparcialidad. No obstante, en el caso de los órganos jurisdiccionales, dada su especialización, el problema es más complejo.

9. En "Ingeniería Constitucional Comparada", Giovanni Sartori afirma que para evaluar la funcionalidad y eficacia de una institución pública o privada esto depende de su andamiaje legal, pero también de su conducción y liderazgo, porque ambos aspectos, el de los alcances y límites, y el de

quien lo preside con su desempeño, hacen posible evaluar su estabilidad y permanencia. Esto nos permite comprender mejor que los órganos administrativos y jurisdiccionales en materia electoral están sometidos a contantes reformas y que quienes los presiden son electos no por sus capacidades sino por sus filias y fobias, y son removidos con importantes márgenes discrecionales.

10. El camino para lograr reformas y modelos administrativos y jurisdiccionales autónomos e independientes, que generen credibilidad, apenas se está echando a andar y está en construcción. El problema es su eternización, elección tras elección, con permanentes reformas enfocadas hacia los obstáculos y deficiencias señaladas por cada partido político.

11. El contexto político-democrático, social y cultural, e incluso económico de cada país constituye también un severo obstáculo en naciones en las que las tentaciones autoritarias están a la orden del día.

El gran problema en nuestra América Latina es el de la confianza, el cual pretende ser resuelto basándose en sobre regulaciones y que termina con sistemas tan heterogéneos y complejos hasta para los mismos actores políticos.

El rumbo de la especialización, la autonomía e independencia de los órganos tanto administrativos como jurisdiccionales es el correcto, pero se está eternizando y corre permanentes riesgos.

Su consolidación depende, en gran medida, del compromiso, la voluntad y la disposición de los gobernantes y los actores políticos para avanzar en el camino de la democracia, de lo que poco se habla, a pesar de su gran responsabilidad y peso específico. En México, al cabo de la vuelta a la "normalidad" de la vida pública, la confianza atraviesa por la avenida de la certeza, para que las fuerzas políticas en la cámara de diputados reanuden y seleccionen a los miembros que ocuparán los cuatro asientos de consejero electoral del Consejo General del Instituto Nacional Electoral. En nuestra forma de democracia es indispensable mantener también el respeto a la autonomía en las sentencias de la sala superior del Tribunal Electoral del Poder Judicial de la Federación, en el contexto de la vuelta a los usos comunicativos y políticos del presidencialismo y, mantener vivos los frágiles equilibrios de la vigilancia entre los poderes públicos.

Modelos de Estado. Escenarios postCOVID-19 desde un enfoque jurídico-cultural

Erika Flores Déleon*

** La autora es Maestra en Derecho y Doctora en Derecho Cultural en el Instituto de Investigaciones Jurídicasd de la Universidad Nacional Autónoma de México (UNAM): es catedrática de la Facultad de Derecho y Ciencias Sociales de la Universidad Autónoma del Estado de Morelos (UAEM): actualmente es Consultora Internacional en Derechos Humanos, Derechos Culturales, Política y Responsabilidad Cultural; es autora de obras y artículos publicados por editoriales y revistas nacionales e internacionales; es impulsora del nuevo modelo jurídico-cultural desde una perspectiva de derechos humanos; ha realizado cursos y diplomados y tiene experiencia en la iniciativa privada, el sector público y social, la investigación y la docencia.*

Introducción

La normalidad a la que estábamos acostumbrados es una normalidad a la que no deberíamos regresar. En estas líneas explicaremos desde un enfoque jurídico-cultural los modelos de Estado actualmente agotados en la realidad pre-pandémica, mismos que ya adolecían de ser anacrónicos (regidos por normas y teorías decimonónicas),[1] insusten-

---

[1] Según la Real Academia Española, anacronismo es un adjetivo que denota "que no es propio de la época de la que se trata".

321

tables (sin visión de largo plazo en beneficio de las generaciones tanto presentes como venideras)[2] y culturalmente irresponsables (debido a las violaciones sistemáticas de los derechos culturales).[3]

1. Modelo de Estado estatista vs Modelo de Estado garantista

En el modelo estatista, vigente de 1917 a 2011, la producción normativa e institucional estaba abocada al fortalecimiento del propio Estado, asimismo, bajo el modelo estatista el Estado *otorgaba* garantías individuales a los ciudadanos.

En cambio, en el modelo garantista, actualmente vigente desde 2011, el Estado ya no otorga garantías, sino que *reconoce* los derechos humanos de los que son titulares todos y cada uno de los individuos y colectividades, por ser preexistentes a la misma ficticia creación estatal.[4] Ahora las normas e instituciones deben transitar a la tutela efectiva de los derechos humanos que, a la postre, tutelan la dignidad humana.

En este mismo orden de ideas, en la Contradicción de Tesis 293/2011 la Suprema Corte de Justicia de la Nación arguye que:

"Las reformas constitucionales publicadas en el Diario Oficial de la Federación el seis y el diez de junio

---

[2] Eludiendo el mayor potencial con el que México cuenta, su bono demográfico. En efecto, más de la mitad poblacional tiene menos de 25 años y así permanecerá hasta 2040, año en que se prevé que la pirámide poblacional comenzará a invertirse (la población comenzará a envejecer).

[3] Según los resultados de una investigación científica, se comprobaron violaciones a los derechos culturales de las personas por más de 100 años. En ésta se analizó el desarrollo de 1917 a 2017, en términos garantistas, del Derecho Cultural. *Cfr.* "El nuevo paradigma constitucional de los derechos culturales en México", investigación doctoral realizada en el Instituto de Investigaciones Jurídicas de la UNAM por la autora del presente ensayo.

[4] Reforma constitucional en materia de derechos humanos, publicada en el Diario Oficial de la Federación el 10 de junio del 2011.

de dos mil once significaron la introducción de un nuevo paradigma constitucional en México (…) para determinar sus alcances y reinterpretar aquellas figuras e instituciones que resulten incompatibles o que puedan obstaculizar la aplicación y el desarrollo de este nuevo modelo".[5]

Desde un enfoque de derechos culturales, entendidos como derechos humanos, cabe aseverar que en el modelo estatista el Estado era precursor de la unidad en la uniformidad, fomentando acciones proselitistas y de adoctrinamiento en cuanto a la identidad nacional.

Por el contrario, en el modelo garantista toda acción de proselitismo, ya sea religiosa, sectaria o patriotista, inhibe el libre desarrollo de la personalidad así como el libre desarrollo de las propias identidades culturales de cada comunidad, en un marco de unidad, en la celebración constante de la diversidad cultural.

En efecto, el ámbito de la conciencia humana es un espacio en el que el Estado tiene prohibido entrometerse, en cuyo caso se estarían perpetrando violaciones a los derechos humanos de las personas, en general, y culturales, en lo particular.

2. La normalidad en el modelo estatista. Anacrónica, insustentable e irresponsable culturalmente.

Aquello que llamamos *normalidad* es de destacar por sus atributos, a los cuales no deberíamos regresar; a saber, el anacronismo, la insus-

---

[5] Contradicción de Tesis 293/2011, p. 31. *Cfr*, Contradicción de Tesis 293/2011 entre las sustentadas por el Primer Tribunal Colegiado en Materias Administrativa y de Trabajo del Décimo Primer Circuito y el Séptimo Tribunal Colegiado en Materia Civil del Primer Circuito, pp. 31 y 32. Disponible en: http://207.249.17.176/Transparencia/Epocas/Pleno/DecimaEpoca/293-2011-PL%20CT%20Ejecutoria.pdf [fecha de consulta 20 de septiembre de 2016].

tentabilidad y la irresponsabilidad cultural por parte de quienes elaboran las leyes y ejercen cargos públicos dentro de las instituciones.[6]

2.1 Anacronismo

Como es bien sabido, la Constitución Política de los Estados Unidos Mexicanos de 1917, misma cuyo centenario fue festejado en 2017 con derroches y festividades por parte del Instituto Nacional de Estudios Históricos de las Revoluciones Mexicanas, la Secretaría de Cultura Federal, así como por los tres poderes de la Unión, reformó la constitución de 1857. Es decir, vivimos sometidos a un ordenamiento jurídico elaborado por nuestros bisabuelos y tatarabuelos; ergo, no es compatible con la época ni con las necesidades actuales. Otro aspecto anacrónico a tener en consideración es la forma de organización política y territorial de los Estados Unidos Mexicanos.

En cuanto a la *organización política*, en primer término, haremos una breve reflexión. Si la raíz etimológica griega de la palabra teoría proviene de *théoo*, que significa tener brillo, brillar, y también moverse, estar en movimiento, es obvio que algo que brilla y se mueve llama la atención; en este caso el espectador es el teórico. *Theooréin* significa, una vez que algo me ha llamado la atención, mirar, contemplar, observar, considerar.

En este sentido, la teoría de Montesquieu de la separación de poderes del Estado (Poder Ejecutivo, Legislativo y Judicial) no solo es anacrónica también, sino que adolece de provenir de un enfoque eurocentrista hegemónico dominante, el cual ha sometido a los pueblos originarios (mal llamados indígenas) durante siglos.

Las teorías se han convertido en dogmas, ya no tienen brillo sino que se caracterizan por su opacidad. Nada es contemplado ni considerado, sino asumido, implantado, replicado y, además, resistente al cambio.

---

[6] El problema es sistémico, ningún lector debería tomarse estas palabras de manera personal.

En cuanto a nuestra *organización territorial*, ésta también es anacrónica; obsérvese cómo las entidades federativas no dan cuenta de la configuración étnica de los Estados Unidos Mexicanos, ni de su riqueza cultural y lingüística, como sucede en países en los que éstos se configuran desde un enfoque intercultural. Un caso de estudio en donde la nación de fundamenta en el diálogo intercultural es España, según se desprende del art. 149.2 de la Constitución española de 1978.

En efecto, en nuestro país el mapa etnológico es distinto al mapa territorial, muy contrario a como sucede en España, donde el mapa territorial coincide con el territorio de determinados pueblos en los que se conserva la propia lengua —siendo vehicular en el sistema educativo, la lengua originaria o natal—, la historia y las instituciones.

Por el contrario, en los Estados Unidos Mexicanos, los pueblos originarios han sido desposeídos de sus territorios, lenguas, tradiciones y cosmovisiones durante siglos, así como aculturizados e incorporados, a través del sistema educativo, al modelo monocultural jurídico y económico dominante, aún vigente, mismo que se fortaleció desde 1921[7] con la creación de la Secretaría de Educación Pública.

Este proceder cultural aniquilador no solo proviene de los conquistadores de origen castellano y aragonés,[8] sino que adquiere

---

[7] Es interesante observar cómo en el Decreto de creación de la Secretaría de Estado denominada Secretaría de Educación Pública, publicado en el Diario Oficial de la Federación el 3 de octubre de 1921, se le atribuyen cuatro Departamentos, a saber, Bibliotecas y Archivos; Escolar; Bellas Artes; y Educación y Cultura para la *raza indígena*. Además de corresponderle dependencias tales como la Universidad Nacional de México, el Conservatorio Nacional de Música, la Dirección de Educación Primaria y Normal, las Academias e Institutos de Bellas Artes, y el Museo de Arte e Historia, entre otros.

[8] Invasión monárquica castellana bajo los auspicios de la Iglesia católica, apostólica y romana. En efecto, la lengua —al igual que el derecho y la religión— fue uno de los instrumentos claves de la dominación. Cabe traer a colación cuando en 1492 el cardenal Cisneros y la Reina Isabel la Católica encargaron a Elio Antonio de Nebrija, padre de la lexicografía

aun mayor fuerza con la promulgación de la Constitución Política de 1824, en la que a los pueblos originarios se les denomina aborígenes y se les insta a someterse a instituciones, leyes y modelos económicos que provienen de un entorno geográfico distinto, el europeo.

En resumen, desde la independencia de México, los mismos mexicanos y sus gobiernos han promovido la aculturación de los pueblos originarios, reconociendo de forma tardía la multiculturalidad (1992) y la diversidad cultural (2009) en la Carta Magna, pero solo en el papel jurídico (configurando de manera legítima y por antomasia, lo que algunos llaman *la letra muerta de la ley*).

2.2 Insustentabilidad

Para entender la insustentabilidad, en primer término debemos considerar el término *desarrollo*, ya que aquélla surge como consecuencia de éste.

La idea de *desarrollo* se posiciona junto con la del *subdesarrollo* a finales de los años cuarentas del siglo XX, tras la Segunda Guerra Mundial. Fue el ex presidente de los Estados Unidos, Harry Truman, quien en el discurso inaugural de su segundo mandato ante el Congreso definió a la mayor parte del mundo como áreas *subdesarrolladas*. Así, este país unilateralmente asumió la tarea de llevar el *progreso* a las regiones, a su leal saber y entender, primitivas y estancadas en la miseria (Acosta, 2014: 21).

En 1966, el jefe de Estado de esa nación de nuevo anunciaba que todas las sociedades debían recorrer la única meta a ser alcanzada, el *desarrollo*. De este modo, toda la humanidad debía adaptarse a los modelos estadounidenses —herederos de los europeos—, degradando y subvalorando las creencias y modelos de convivencia y subsistencia ancestrales, además de conminar a los Estados, entre ellos al mexicano, a adoptar planes, programas,

---

castellana, que redactara el primer diccionario de la lengua castellana. Con éste —así como con las Leyes de Indias y la Biblia— se emprendió la cruzada de evangelización y sometimiento de los pueblos originarios.

proyectos, bancos, ayudas y capacitación en materia de *desarrollo* (Acosta, 2014: 22). El *desarrollo* de corte lineal y económico —como idea surgida de los poderes globales hegemónicos—, jamás fue cuestionado ni criticado, simplemente fue asumido e implementado. Luego surgieron otros tipos de desarrollo, como el social, local, sustentable, y un largo etcétera (Acosta, 2014: 23-24).

Ya en la década de 1970 se analiza la conducta humana como responsable de la alteración de los complejos equilibrios ecológicos que rigen la vida sobre la tierra, que provocan la extinción de especies animales y vegetales, deforestación, desertización, agotamiento de recursos y contaminación, entre otros factores, y que condicionan sustancialmente el bienestar de las futuras generaciones.

En 1987 la Organización de las Naciones Unidas (ONU) definió el *desarrollo sustentable —o desarrollo sostenible—* en el Informe Brundtland, titulado Nuestro Futuro Común (*Our Common Future, Report of the World Comission on Enviromment and Development*, 1987), como aquel que permite satisfacer las necesidades de los individuos que conforman las generaciones presentes sin comprometer por ello el desarrollo económico y el disfrute de los recursos naturales por parte de las siguientes.

Es de resaltar que en dicho documento se hace énfasis en la necesidad de renovar nuestras instituciones y nuestra forma de vida, pues son estas maneras heredadas de convivencia y de generación de progreso las que son insustentables. De ahí que le sea exigida a nuestra sociedad una transformación progresiva de los modelos jurídicos, académicos, económicos, sociales, culturales y de consumo.

2.3 Culturalmente irresponsable

La irresponsabilidad cultural de nuestros días se manifiesta no solo en la ignorancia[9] que impera en gran parte de los poderes públicos

____

[9] Según resultados de una investigación de campo, ningún servidor público ni los asesores tienen conocimientos sobre Derecho Cultural sustentados mediante un certificado oficial.

con atribuciones en materia cultural, sino en la nula transformación de las leyes e instituciones actuales de manera que se ajusten *de facto* al nuevo paradigma constitucional que garantiza el respeto y garantía de los derechos culturales (Flores, 2019a), lo cual hace imposible que se cumpla con el mandato contenido en el art. 1° párrafo tercero constitucional, que señala que toda autoridad en el ámbito de sus competencias tiene la obligación de promover, proteger, respetar y garantizar los derechos humanos, entre ellos los culturales.

Lo que prevalece en la elaboración de leyes y políticas públicas vigentes es una total improvisación y ocurrencia, así como el despilfarro y desprecio de los avances científicos abocados a la sistematización y, por ende, a la dignificación del sector cultural en su conjunto, en términos de equidad e inclusión plena.

Prevalecen obstáculos que inhiben el pleno desarrollo del sector cultural y la plena efectividad del Derecho Cultural, tales como, de manera enunciativa mas no limitativa: Regulación del Derecho Cultural de manera dispersa y fragmentada; vicios de inefectividad (lagunas y antinomias jurídicas); protagonismo institucional por encima de las personas que intervienen en el proceso cultural; desconocimiento del Derecho Cultural por parte de los poderes públicos; discrecionalidad que roza en la arbitrariedad; invisibilización del sector cultural; violación de los principios de completud, plenitud deóntica, equidad e inclusión plena; así como una visión con perspectiva de corto plazo.

3. Escenario post-pandémico basado en el modelo garantista y el pleno respeto de los derechos culturales

El escenario que vislumbramos es utópico, no obstante es imperiosamente necesario divulgarlo sobre todo entre los jóvenes, nuestro mayor potencial poblacional.

3.1 Nuevo pacto intercultural

Según la Enciclopedia Jurídica Omeba, la Constitución o Norma Fundamental en Derecho, es una obra humana, un producto intelectual, es decir, es un objeto cultural, como lo es también el Estado, puesto que es una creación jurídico-política.

Estamos constitucionalmente inmersos desde junio de 2011 en el modelo del garantismo o neoconstitucionalismo,[10] lo cual conlleva a que la actividad del Estado debe ajustarse al nuevo paradigma[11] (Flores, 2019b: 16). El clímax del neoconstitucionalismo implica el rompimiento con el modelo constitucionalista actual, surgido de la modernidad bajo el influjo liberal, de tal forma que emerjan nuevos actores constitucionalistas plurinacionales y pluriétnicos, para llegar a forjar los nuevos cimientos que sirvan de base en la construcción de un nuevo Estado Plurinacional que dé plena efectividad a la interculturalidad, por ser el constitucionalismo mexicano vigente fruto de la postcolonialidad,[12] siendo su

---

[10] Entendemos por 'neoconstitucionalismo' aquel modelo constitucional proveniente del nuevo paradigma en donde la estructura institucional creada por el orden político existente queda vinculada constitucionalmente a la tutela efectiva de los derechos (proposiciones iusfundamentales) proclamados en la parte dogmática de la Constitución. En efecto, ahora la legitimación del Estado —como creación jurídica—, misma que se sustenta sobre la base de la estructura institucional creada por el mismo orden jurídico-político, tiene su fundamentación en hacer valer los derechos inalienables de toda persona —tanto en su esfera individual como colectiva—, es decir, en la efectividad de los derechos fundamentales.

[11] Lo cual conlleva la transformación de sus instituciones en entes garantes y facilitadores del ejercicio y goce de los derechos humanos, donde las normas de grado jerárquicamente superior establecidas en el bloque de constitucionalidad compuesto por la constitución, tratados internacionales en materia de derechos humanos, y las normas de derechos humanos contenidas en tratados internacionales vinculantes para el Estado mexicano, son estándares mínimos sobre los que se legitima todo acto de poder, incluidas las disposiciones de rango legal, infralegal y actos de autoridad, tanto en su vertiente positiva (acciones) como negativa (omisiones).

[12] El postcolonialismo supone la continuidad del colonialismo después de proclamarse la independencia en los países subdesarrollados de América Latina.

característica más relevante la monoculturalidad. De esta manera, cabe aseverar que el Estado-nación mexicano emerge en un contexto de violaciones sistemáticas de los derechos culturales tanto en su sentido *lato* como *stricto*.

En este mismo sentido, y a la luz de la teoría de la interculturalidad crítica planteada por Cathernie Walsh, el actual modelo de organización política y territorial de los Estados Unidos Mexicanos es monocultural, ya que las normas e instituciones creadas desde 1917 son de corte estatista y están planteadas desde la cosmovisión de la eurocentralidad.

Al nuevo modelo emergente surgido del neoconstitucionalismo monocultural actual lo podemos denominar *neoconstitucionalismo intercultural*, en el cual debe verse reconfigurado el sistema institucional actual tanto por nuevas instituciones compartidas como por instituciones apropiadas a cada identidad cultural.

3.2 Sustentabilidad

Está de más decir que el modelo actual de desarrollo está llegando al colapso al permitir que estemos acabando con los recursos naturales y con la diversidad cultural y natural del planeta.

Tal y como el economista Thomas Piketty arguye en su publicación *El capital del siglo XXI*, la desigualdad es inherente al modelo capitalista actual (Piketty, 2014: 15), puesto que el sistema económico creado para unos pocos ha sido expandido a nivel global, y éste es excluyente *per se*. Este sistema antidemocrático es reconocido por la constitución y las leyes, es decir, impuesto a nuestro país y, más allá de nuestras fronteras, a toda la humanidad.

Por el contrario, se considera que un sistema acorde con la dignidad humana y crisol de la tutela de los derechos humanos, debe proclamar el pluralismo jurídico y, por ende, también el pluralismo económico en la sociedad (López Bárcenas, 2007: 69). En ese sentido, como alternativa al modelo capitalista, el modelo del *buen vivir* promueve la mejora en la calidad de vida de las personas, el respeto de la diversidad cultural y es respetuoso con el medio ambiente, en pro de la generaciones presentes y futuras. Se trata de un modelo viable que además tiene una connotación estética.

Detrás del concepto de *Sumak kawsay* (o *buen vivir* en lengua aymara) existe un "paradigma" que nos propone repensar el desarrollo para construir sociedades solidarias, corresponsables y recíprocas desde las cuales se pueda reorientar el caminar de la especie humana en armonía con la *Pacha Mama* —o Madre Tierra—. En el marco del *Sumak kawsay,* la búsqueda de la felicidad es comunitaria, sustentable y está basada en valores ancestrales en los que la naturaleza o *Pacha Mama* es un sujeto de derecho. Así, la Madre Tierra no solo tiene derecho al respeto, sino también al mantenimiento de sus ciclos vitales, estructura, funciones y procesos evolutivos (Acosta, 2014: 39).

El modelo del *buen vivir* ya está siendo aplicado en la implementación de políticas de desarrollo para toda la población —no solo para la pueblos originarios— en Estados como Bolivia y Ecuador. Es un paradigma ancestral que está incursionando en las legislaciones contemporáneas de América Latina, muy diferente al viejo paradigma proveniente de Europa, en el que la naturaleza es vista como un objeto de uso, de explotación y como un vertedero de residuos.

El *buen vivir* es una herramienta económica, jurídica, territorial, política y filosófica que invita a repensar y reconstruir el mundo a través de un diálogo intercultural, a partir del reconocimiento de la diversidad de manifestaciones culturales, tales como los saberes y las cosmovisiones, para arribar al pleno entendimiento de nuestro paso por la experiencia humana.

En ese sentido, configurar un escenario político-cultural bajo el enfoque del *buen vivir* implica un proceso de diálogo intercultural, deconstruir el Estado para construir una nueva organización política y territorial en correlación con las cosmovisiones y tierras en donde habitan los pueblos originarios, es decir, a la luz de la factibilidad cultural.

En resumen, el *buen vivir* es una propuesta ancestral traída al tercer milenio para cimentar la democracia intercultural, así como para tender puentes hacia la inclusión cultural, en donde todos los sectores poblacionales, en particular los más vulnerables, tengan cabida.

3.3 Responsabilidad cultural[13]

La responsabilidad cultural del Estado es consustancial a la regulación, de manera sistémica, del Derecho Cultural; ya que los derechos se respetan y garantizan íntegramente o, por el contrario, se violan, en nuestro país se requiere: compilar, armonizar y sistematizar la materia cultural a través de la elaboración de un Código Cultural creado bajo determinadas e innovadoras técnicas jurídicas, sistematizadoras de los más elevados estándares; la subsanación de vicios de inefectividad del sistema jurídico cultural vigente, enmendando y colmando las lagunas y antinomias jurídicas; transformar el protagonismo del sector cultural frente al institucional, para que las instituciones culturales se conviertan de promotoras de espectáculos en facilitadoras y en entes garantes del Derecho Cultural; demandar el conocimiento sustentado en Derecho Cultural a los servidores públicos, previo a ocupar un cargo con atribuciones culturales, ya que hoy en día no solo no saben, sino que no reconocen que no saben y cuando los expertos presentan propuestas no las entienden, porque no saben y se niegan a saber.

Otros aspectos a tener en consideración, en aras de vislumbrar un Estado CULTURALMENTE RESPONSABLE®, es abatir la arbitrariedad y aminorar al máximo los márgenes de discrecionalidad, es decir, establecer una situación en la que el Poder Ejecutivo se limite a ejecutar lo previamente establecido en la normatividad, siendo ésta acorde con las normas superiores en grado, rango o jerarquía; hacer visible al sector cultural, estableciendo un censo o padrón oficial de las personas que integran el sector; ape-

---

[13] Flores Déleon Erika es la titular y precursora de los títulos de registro – IMPI signos distintivos - clase n° 42 CURE® 1644547 CULTURAL-MENTE RESPONSABLE® 84766 "análisis científico cultural para la obtención de una certificación en materia de cultura".

garse a los principios de completud, plenitud deóntica, equidad e inclusión plena; así como trazar una hoja de ruta con visión de largo plazo en pro de la dignificación y el pleno desarrollo de los actores fundamentales que integran la cadena del quehacer cultural.

Por medio del pleno conocimiento y ejercicio de nuestros derechos culturales se vislumbra un cambio intergeneracional en el que los miembros del sector cultural, comprometidos con los valores y principios éticos que subyacen en cada precepto de los intrumentos que conforman el Derecho Internacional de los Derechos Culturales, sean actores del cambio y generadores de conciencia para toda la humanidad.

4. Conclusiones

El panorama post-pandémico ante el cual estamos es desolador; no obstante, no podemos caer en la desesperanza, sino generar propuestas que abonen en las generaciones presentes y legar un mundo más humano, ético, estético, seguro y sustentable a las generaciones venideras.

Es por ello que proponemos iniciar esta metamorfosis política, jurídica, económica, académica, social y cultural a través de la proclamación de un *Pacto Intercultural e Intergeneracional* que vislumbre y realce nuestra riqueza tanto cultural como natural, así como el talento y la diversidad que existe en nuestro país; que aproveche el bono demográfico actual como una joya a destacar por su gran potencialidad, así como el compromiso de las generaciones presentes con las venideras y la coyuntura internacional para implementar acciones locales que impacten en objetivos universales para transformar nuestro mundo; que impulse la imperiosa necesidad de que los poderes públicos, así como la sociedad en general, emprendan acciones encaminadas a dar cabida a la plena dignificación del sector cultural; que considere como brújula los avances científicos así como los más elevados estándares internacionales en materia de derechos humanos en general y culturales en lo particular; y que vislumbre la complejidad, transversalidad y transdisciplinariedad del Derecho Cultural o derechos culturales en su sentido más extensivo.

Se trata de impulsar la metamorfosis de un México donde las generaciones presentes rediseñemos nuestras estructuras de orgien monocultural y decimonónico, para transitar a la interculturalidad y diversidad creativa en todas sus manifestaciones.

Bibliografía y referencias

Acosta, Alberto (2014). "El buen vivir, más allá del desarrollo", en Delgado, Gian Carlo (coord.). *Buena vida, buen vivir: imaginarios alternativos para el bien común de la humanidad*, Centro de Investigaciones Interdisciplinarias en Ciencias y Humanidades, UNAM, México.

De Sousa, Boaventura (2007). *La reinvención del Estado y el Estado plurinacional*, Alianza Interintitucional CENDA/CEJIS/ CEDIB, Santa Cruz de la Sierra, Bolivia.

Flores, Erika (2018). *Introducción al Derecho Cultural*, primer tomo de la Colección Lecciones de Derecho Cultural, coeditado por Atelier Libros Jurídicos y el Instituto Internacional de Derecho Cultural y Desarrollo Sustentable (IDC Cultura), Barcelona.

______ (2019a). *Derecho Cultural: un estudio comparado entre México, España, Argentina y Bolivia*, tercer tomo de la Colección Lecciones de Derecho Cultural, coeditado por Atelier Libros Jurídicos y el Instituto Internacional de Derecho Cultural y Desarrollo Sustentable (IDC Cultura), Barcelona.

______ (2019b). *El nuevo paradigma constitucional de los derechos culturales*, cuarto tomo de la Colección Lecciones de Derecho Cultural, coeditado por Atelier Libros Jurídicos y el Instituto Internacional de Derecho Cultural y Desarrollo Sustentable (IDC Cultura), Barcelona.

López, Francisco (2007). "Ensayo sobre la ceguera… jurídica, las teorías jurídicas y el derecho entre los núu savi", en Correas, Oscar (Coord.). *Pluralismo jurídico, otros horizontes*, Centro de Estudios Interdisciplinarios en Ciencias y Humanidades, UNAM, México.

Marañón, Boris (2005). *Descolonialidad y cambio societal, experiencias de solidaridad en América Latina*, Consejo Latinoamericano de Ciencias Sociales (CLACSO), México.

______ (2013). *La economía solidaria en México*, Instituto de Investigaciones Económicas, UNAM, México.

Piketty, Thomas (2014). *El capital del siglo XXI*, Fondo de Cultura Económica, México, Eliane Cazenave (trad.).

Saxe-Fernádez, John y Pablo González *et al.*, (2012). *Colapso, retos y alternativas a la crisis económica y ecológica*, Centro de Investigaciones Interdisciplinarias en Ciencias y Humanidades, UNAM, México.

El espacio de vida ¿hasta dónde llegará el COVID-19?[1]

Daniel Hiernaux-Nicolas*

El autor es geógrafo y desde 2013 Profesor-investigador en la facultad de Ciencias Políticas y Sociales de la Universidad Autónoma de Querétaro (UAQ); anteriormente, desde 1984, fue docente-investigador en la Universidad Autónoma Metropolitana, Unidades Xochimilco e Iztapalapa; sus líneas de investigación son el turismo (estudio de sus imaginarios); la ciudad actual (centros históricos, gentrificación) y la del siglo XIX (los pasajes cubiertos de París); así como la epistemología de la geografía (correo: danielhiernaux@gmail.com).

El COVID-19 se ha esparcido por el mundo desde inicios del presente año. La dimensión sanitaria ha sido, con toda certeza, la más analizada por el carácter pandémico de su difusión, por el trastorno impuesto a los sistemas de salud y, obviamente, por la cantidad de muertos en un tiempo reducido. A la par, los impactos económicos han sido dramáticos, llevando a millones de personas a perder su empleo y a la miseria, generando la quiebra de numerosas empresas y limitando cualquier posibilidad de crecimiento de la economía mundial para el presente año y posiblemente los siguientes.

---

[1] Este corto ensayo recoge elementos de nuestra investigación sobre los pasajes cubiertos de París y la transformación de esa ciudad en los siglos XIX y XX.

Sin embargo, otras numerosas facetas de este trastorno mundial merecen ser analizadas a detalle. En este breve ensayo se analiza la manera como se ha trastornado el espacio de la vida cotidiana de cualquier ciudadano del mundo actual por la aparición del virus COVID-19, haciendo hincapié tanto en el espacio doméstico —la esfera privada de la vida— como en el espacio público donde solemos desempeñarnos como seres humanos.

Perspectiva histórica

La concepción actual de la casa no siempre ha sido vigente en el pasado. Como lo señala Arlette Farge (1992),[2] durante siglos la separación entre el espacio privado y el público no existía. Particularmente, los estratos poblacionales en situación de pobreza vivían la mayor parte del tiempo en el espacio exterior. Muchas funciones que hoy se consideran como estrictamente privadas, como las relaciones íntimas, solían desarrollarse en la calle. Jack London, en su magistral relato "Los del abismo", ofrece narraciones desgarradoras sobre las condiciones de vida de los pobres en Londres todavía en el umbral de la primera Guerra Mundial (London, 2016). Obviamente, para los estratos sociales más favorecidos, semejantes situaciones no existían, aunque, a la vez, el espacio privado tenía otro sentido.

Con el crecimiento de las ciudades y, vale recordarlo, con las grandes epidemias que diezmaron las mismas a lo largo del siglo XIX (por ejemplo, la gran epidemia de cólera que se verificó en París en 1832), la conciencia de la necesidad de higienizar las ciudades se propagó, llevando no solo a introducir redes de agua potable, sistemas de recolección de aguas usadas y de basura, entre otros, sino, a la vez, indujo a repensar el espacio urbano, diseñando trazas más organizadas, promoviendo la separación de

---

[2] "Para aquel que habita la ciudad en condiciones precarias, la calle es lo único que ofrece un refugio. La ocupa sin vergüenza e intenta hacer que le otorgue todo lo que espera" (Farge, 1992: 22).

las actividades, la zonificación impuesta en planes urbanos y el mejoramiento de la vivienda.[3]

La separación privado-público

En cierta forma, se puede sostener que esa fase de renovación de la manera de pensar las ciudades implicó un "confinamiento" de ciertas actividades. Nuevamente, en referencia a la experiencia francesa, se pueden analizar los edificios de viviendas, que se construyeron en la capital gala a partir de las transformaciones urbanas mayores de la ciudad, como un nuevo modelo de organización social, por el cual, cada estrato tenía su ubicación en un piso distinto, iniciando por las familias con mayor fortuna, ubicadas en el primer piso, hasta los cuartos de buhardilla, ocupados por el personal de servicio, artistas, bohemios, desclasados y demás personajes no acordes con la nueva moral burguesa, propugnada por el Tercer Imperio de Napoleón III (Eleb y Debarre, 1993).

Las tiendas departamentales, la central de abastos parisina ("Les Halles"), el trazado de grandes avenidas, la eliminación con pico y pala de los barrios populares del centro parisino, sirvieron de modelo a la modernización de las ciudades del mundo entero, y las ciudades latinoamericanas se plegaron a esta nueva concepción.

Sin embargo, fue la industrialización acelerada, que arranca hacia fines del siglo XIX, la que impulsará nuevas formas de pensar la vivienda, definidas a partir de la masificación de los hogares para los pobres, para resolver la insalubridad y por ende, la falta de productividad del trabajador. Entre el recurso a la verticalidad (torres de vivienda) y el de la horizontalidad (fraccionamientos de viviendas unifamiliares),

---

[3] En el cine, la película "Muerte en Venecia", de Luchino Visconti (1972), toca el tema de la epidemia de cólera sufrida por esa ciudad a inicios del siglo XX; el tema también es abordado en "El amor en los tiempos del cólera", dirigida por Mike Newell (2007), basada en la novela homónima de Gabriel García Márquez (1985) sobre Cartagena de las Indias, Colombia, a inicios del siglo XX.

se forjaron nuevas ciudades, o extensiones de las existentes, donde las personas se relacionan poco en el espacio inmediato que circunda su casa y su barrio, mientras que, mediante el teléfono, la televisión y el coche, tejen un mundo polinuclear entre áreas de trabajo, nodos de diversión, espacios de aprovisionamiento de todos los bienes y unos escasos espacios de sociabilidad, todo ello en red con el hogar que se sitúa en la casa, que navega como un barco a la deriva desde la cual se vislumbran puertos distantes abiertos al atraque, centros comerciales, parques y espacios verdes, centros educativos y lugares de trabajo.

La casa ganará así en calidad de materiales y de servicios, eventualmente en superficie, pero no forzosamente en humanidad: un escrito de los sesenta mencionaba ya que "se ha hecho necesaria una intimidad compartida pero preservada" (VV. AA., 1966: 45) para contrarrestar la masificación y la deshumanización de los conjuntos habitacionales, tanto verticales como horizontales.

Hacia las últimas décadas del siglo pasado, la ciudad se volverá difusa, perdiéndose el interés por el hábitat colectivo en altura, asociado a un colectivismo heredado de décadas anteriores y por lo demás generalmente degradado y reservado a los estratos más desfavorecidos, para optar por el modelo de urbanización estadunidense centrado sobre la casa individual rodeada de un espacio abierto mínimo, ubicada en fraccionamientos cada vez más distantes de las áreas de trabajo y del centro, obligando al desarrollo de transportes masivos de tipo trenes suburbanos o, a la usanza de Estados Unidos, forzando el paso al vehículo individual, adoptándose un modelo de vida cada vez más calcado de ese país: es la dominación del "American Way of Life" sobre los modos de vida.

La casa: ¿el refugio último?: de la filosofía a la realidad

Partiremos de una cita poco conocida de Inmanuel Kant que resume bien una parte de nuestro propósito:

"La casa, el domicilio, es el último bastión frente al horror de la nada, la noche y sus oscuros orígenes; encie-

340

rra entre sus muros todo lo que la humanidad ha ido acumulando pacientemente por los siglos de los siglos, ya que organiza su propio orden interno, su sociabilidad y su pasión. Su libertad se despliega en lo estable, lo cerrado y no en lo abierto ni lo indefinido. Estar en casa es lo mismo que reconocer la lentitud de la vida y el placer de la meditación inmóvil" (Kant, en Capel: 38).

Kant remite a la seguridad que ofrece la casa frente al horror del exterior donde todo puede pasar. El cine, con las películas en las cuales la vivienda es transgredida por el asaltante, el ladrón, el violador o el asesino, ha encontrado una veta interminable de relatos que sustentan la lectura del sentido de la casa establecida por Kant, personaje que nunca viajó, por cierto, y solo dejaba su casa-refugio a las tres de la tarde, precisamente para dar un corto paseo diario. Quizás el mejor ejemplo lo representa la película "Soy leyenda", de Francis Lawrence (2007), cuyo actor principal es Will Smith, superviviente de un virus que diezma la población mundial.[4]

Ciertamente que la inseguridad creciente en las ciudades ha llevado desde tiempo atrás a un mayor confinamiento voluntario: salidas medidas, control policiaco, reforzamiento de las medidas de seguridad como el encierre del lote por muros, la colocación de cámaras de vigilancia y el recurso a empresas de seguridad o guardias privadas hasta, en casos casi patológicos, la construcción o habilitación de un "cuarto de pánico".

A su turno, los medios masivos de comunicación y particularmente la televisión han aprovechado esta tendencia para dominar de manera creciente el tiempo de ocio, minimizando por varias décadas el papel tan importante que, entre otros espacios de diversión, tuvieron las salas de cine para las familias.

En las últimas décadas se han podido observar dos tendencias contradictorias: la primera es el reforzamiento de lo que se afirmó en el párrafo anterior, esta vez mediante la articulación in-

---

[4] Véase mi análisis de la película en Hiernaux (2009).

formática de la casa con el exterior: el imaginario y el deseo de un posible teletrabajo, la selección de las películas en servicios de paga, el acceso globalizado a noticias, series, eventos deportivos, videos y conciertos de música, a bibliotecas enteras en línea, así como a compras a distancia, se han insertado progresivamente en la forma de pensar y gestionar los hogares, provocando una situación nueva por la cual la casa se deslinda de su situación de "casa-bunker", como la calificó Alicia Lindón (2006), para transformarse en una suerte de nodo virtual que enlaza a los habitantes de la casa con el resto de la humanidad; por lo pronto con este segmento más bien estrecho de la población mundial que supera, aunque difícilmente, la pobreza absoluta.

Resta constatar que, aun así, la informatización de la casa (lo que se ha llamado la "domótica") y la virtualización de las actividades a partir de la casa, suele ser un proceso lento que hubiera podido tomar por lo menos una generación más si las cosas no se hubieran modificado de manera tan drástica en los meses recientes.

COVID-19 y casa ¿qué cambió?

El COVID-19 tomó a la humanidad entera por sorpresa: todo iba "tan bien", como lo creían los partidarios de un mundo globalizado, interconectado y a la vez tan cruelmente desigual, que ni la más mínima duda afectaba el cielo despejado de la fe en el progreso y la validez ideológica del capitalismo vuelto religión, como tan bien lo afirmó Walter Benjamin hace casi ochenta años.

La epidemia resquebrajó la coraza de seguridad de la población; planteó nuevas condiciones de producción y de vida, por el momento consideradas como temporales, hasta que se pueda —eventualmente— regresar a una "nueva normalidad".

En primer lugar, la estrategia de control epidemiológico que se planteó en prácticamente el mundo entero, a excepción de unos pocos países, fue un gancho al hígado a uno de los postulados fundacionales del neoliberalismo: la movilidad que el capitalismo requiere e impone para lograr sus estrategias de acumulación renovada y mantenerse en crecimiento. Cortar de tajo la movilidad, como se hizo desde el inicio de la crisis epidemiológica, no solo frenó de golpe la actividad económica, lo que afectó la acumulación santificada por la economía neoliberal, sino que mandó de plano a toda la población a su casa o a la calle, donde muchos suelen vivir. ¿Cuáles son los efectos de esta *epokhé*[5] sobre la población? En primer lugar, la pérdida de la relación con el lugar de trabajo, ya que largas décadas de remodelación de las ciudades condujeron a crear espacios dilatados en lo que se ha llamado ciudades difusas. Para una parte reducida de la población trabajadora, esta situación ha podido enfrentarse por medio del teletrabajo, una promesa incumplida desde hace muchos años pero que adquirió una dimensión imaginaria entre la población con mayor capital cultural que la consideraba como un remedio a los desplazamientos largos, costosos y tediosos impuestos a las mayorías. Sin embargo, el teletrabajo no se puede aplicar más que a aquellas personas que ejercen una función no material en la producción, sea que estén involucradas en las actividades inmateriales de los servicios (el llamado "cuaternario"), sea que contribuyan a la organización de la producción material o la difusión de sus productos.

Inserto en la casa el trabajo a distancia tiene varias implicaciones que trastornan la vida doméstica. En primer lugar, exige un espacio de trabajo: en contradicción con su aparente virtualidad, el trabajo a distancia se impone materialmente porque exige espacio para realizarse; no solo metros cuadrados sino, a la vez, condiciones de aislamiento del resto del hogar, ausencia de ruidos y hasta cierta predisposición para espacios "dignos" que sean agradables a la vista: no se puede considerar como adecuado un espacio atrás del cual cuelgue la ropa recién lavada o se amontonen objetos de cocina, por ejemplo. En otros términos, el teletrabajo exige "decoro" en la virtualidad. Este espacio de trabajo impone la exclusión de los otros

---

[5] Suspensión de la movilidad, "epoché" en griego, es la ausencia de movimiento y la ausencia de juicio en filosofía; también la palabra *stase* puede aplicarse.

ocupantes del hogar, conyugue, niños y hasta animales domésticos: en breve, obliga a reconstruir en el hogar condiciones de trabajo próximas a las que ofrece el espacio de trabajo en la empresa, cosa que no forzosamente es factible reproducir en la esfera doméstica. A la vez, conviene reflexionar sobre las exigencias informáticas y de equipamiento del hogar que exige el teletrabajo. No solo un buen equipo informático, sino una red informática con buena capacidad de transmisión de datos y una red eléctrica que no admita fallas. Todo esto acaba manifestándose no solo como una intrusión física en el hogar, sino como un gravamen para los ocupantes del mismo sobre su presupuesto y sus condiciones de vida, entre otros aspectos.

En particular, la referencia al manejo de los tiempos es relevante y merece atención. El ciclo diario de la casa se construye en torno a un acuerdo más o menos estable entre los miembros del hogar. Tiempos de trabajo de uno o varios miembros, incluyendo la educación, que reduce el tiempo de convivencia física entre todos; tiempos para las comidas, el aseo personal y el mantenimiento del hogar; tiempos de convivencia con personas externas al hogar: cada conjunto social teje una urdimbre temporal que impone reglas, posibilidades de cooperación en las diversas tareas que se requieren para el buen funcionamiento del hogar como colectividad asumida (quién va a recoger los niños a la escuela, quién prepara la comida o la cena, etcétera). Existe así una cierta codificación de los tiempos, más o menos rígida según los casos, que genera un ritmo temporal en el hogar. ¿Qué ha provocado el teletrabajo? Una ruptura radical de la urdimbre temporal que las familias han construido para organizar su vida cotidiana. Además, es frecuente que las familias tengan de por sí conflictos internos sobre la construcción de su temporalidad cotidiana, por ejemplo, cuando se presenta un imprevisto que impide a uno de los miembros cumplir con su tarea de traer a los niños de la escuela.

Con el teletrabajo la vida profesional se impone en el hogar, materialmente y con patrones de dominación y de sustitución de las normas establecidas entre los miembros de la familia. En otros términos, se resquebraja el carácter sagrado e inviolable del hogar, instituido en el capitalismo moderno por las burguesías como un mandamiento de la vida social. Es el carácter de condición de emergencia el que lo permite y que aprovecha el sistema social para sacar ventaja del hogar, de tal forma que se sigan cumpliendo las funciones de producción a cualquier precio.

La dimensión económica de la medida no es menor: el hogar se vuelve así, idealmente, en una sucursal a bajo costo de la empresa y, por ende, valioso para realizar tareas que no se quieren ni pueden hacerse en el espacio habitual que es la oficina o el taller.[6] La comparación con la relocalización de procesos de trabajo de las empresas maquiladoras es pertinente: la casa bunker se ha vuelto así una casa maquiladora. Para la empresa todo es ganancia: no para totalmente sus actividades, bajo el pretexto de evitar el cierre y la pérdida del empleo, una suerte de "teoría del shock" a la Naomi Klein a escala individual que permite disciplinar más que nunca a un trabajador aislado y, por ende, incapaz de reaccionar a semejante imposición.

En los últimos días también se ha evidenciado, por lo menos en el caso francés, que 30 por ciento de las empresas que han solicitado el apoyo del Estado para pagar el desempleo parcial de parte de sus trabajadores, impone a éstos la obligación de laborar desde la casa, por lo que la indemnización al trabajador recluido en su hogar es absorbida por la empresa, la cual amenaza a éste de despido si denuncia el fraude a las autoridades. Ganancias ilícitas en aguas turbias…

¿La casa espacio privado-la casa mundo?

Podrá decirse más de esta transformación de la casa desde perspectivas de la sociología laboral cuando termine el estado de emergencia

---

[6] James Kenneth Galbraith, economista keynesiano como su padre John, señala que el teletrabajo impuesto a largo plazo pudiera llegar a suprimir la necesidad de oficinas y, por ende, de hoteles, de vías de comunicación, etcétera (Galbraith, 2020).

y se pueda regresar a una semi normalidad, la llamada "nueva normalidad". Otras dimensiones de la transformación del sentido de la casa generadas por la pandemia deberán también ser abordadas.

Una de éstas es la ruptura del modelo temporal por el cual cada miembro del hogar dispone de espacios-tiempos de varias magnitudes; las salidas al trabajo, las visitas familiares fuera de la casa, las reuniones de los menores con amistades, por ejemplo, tienen la capacidad de diluir los conflictos. Actuando como válvulas de escape, estos momentos privilegiados reducen los roces banales e inevitables en el entorno doméstico y, en cierta medida, manifestaciones más álgidas de la violencia intra-doméstica que pueden desembocar en feminicidios. Las estadísticas parciales que se han obtenido en este momento de pandemia revelan cómo ha crecido la violencia doméstica.

Por otra parte, la sociabilización de los menores no se realiza solamente en el hogar, aunque sea éste el espacio privilegiado de la primera infancia. El contacto con otros niños desde la esfera familiar —no forzosamente parientes ni de la misma edad— mediante las guarderías y escuelas, conduce a la constitución de infantes abiertos al mundo, capaces de desarrollar una sensibilidad frente al otro que ayuda en su futura inserción en la sociedad. El confinamiento pone en tela de juicio esta formación sobre la vida social.

Finalmente, se quiere abordar una dimensión muy importante del confinamiento en el hogar: la apertura al mundo. Si bien en la "casa bunker" penetraron desde temprana fecha los medios de contacto, desde el teléfono a la Internet, entre otros, en la actualidad los miembros del hogar están sumergidos en informaciones sobre el mundo que les llegan con la violencia de un tsunami y entre las cuales es complejo definir lo verdadero de lo falso. No estamos ya frente a la posibilidad de conectarnos con el mundo desde la casa bunker, sino que la misma está auténticamente sitiada por informaciones, opiniones y narrativas que suelen ser manipuladas por grupos de opinión y de poder. El mundo no es contactado desde la casa, sino que la casa es asediada por el mundo que se impone a ella.

Eva Illouz, socióloga de las emociones franco-israelí, recuerda que lo inédito de la crisis actual es el sentimiento de miedo, del cual las sociedades actuales no tienen referencias ni representaciones simbólicas, y la imposición del confinamiento, una suerte de asignación a su residencia en el caso de miles de millones de personas. Todo ello deja a éstas últimas en un estado de gran indefensión. En México, muy particularmente, la situación del confinamiento ha abierto la puerta a una auténtica guerra de (des) información a favor o en contra del actual gobierno y de sus medidas frente a la crisis. Claramente la "entronización de la casa", como califica Alicia Lindón a este proceso (2006: 24), está en riesgo de pasar a la historia y la misma de volverse un espacio sitiado, degradado, desarticulado, con temporalidades fragmentadas y reorganizadas por las exigencias del capital y las informaciones, complejas, desordenadas y confusas, que llegan a cada individuo desde fuentes restringidas y con frecuencia manipuladas: la discusión abierta en torno a un café o una cerveza con los amigos(as) o compañeros(as) de trabajo, las opiniones y consejos de los parientes mayores, el acompañamiento del o de la profesora, que también forma fuera de la aula, en los pasillos, en los momentos de descanso, todo ello desapareció o se minimizó.

Eva Illouz abunda en esa necesidad de lo público al plantear que:

"El dulce hogar se ha vuelto el centro de gestión de una crisis de amplitud planetaria sin precedente. Pero el hogar no puede llenar la ausencia de un mundo público: la producción y el consumo son los principales medios por los cuales los contemporáneos crean su propio sentido del valor, se socializan e, inclusive, forjan su intimidad (deplorarlo no cambia nada, es un hecho). El trabajo es el lugar donde ponemos en práctica nuestras competencias y del cual extraemos un sentido de la finalidad y del valor. El ocio es el lugar donde sentimos placer, exploramos el juego y ejercemos la posibilidad de ver y ser visto por los otros" (Illouz, 2020: 7).

El espacio de vida ¿hasta dónde llegará el COVID-19?

Reivindicar el espacio público, reinventar el espacio privado

Las conclusiones preliminares de este breve recorrido, de solo algunas consecuencias de la pandemia o por lo menos de su manejo a través del confinamiento y de la irrupción de una "nueva normalidad" en el espacio privado, deben llevarnos a repensar para un futuro próximo tanto el espacio público como el privado: el primero debe reivindicarse desde la sociedad civil, el segundo reinventarse desde las personas.

El confinamiento nos ha privado del acceso al espacio público. Las calles solo han podido usarse para fines pragmáticos en el modelo del confinamiento: ir a comprar "lo necesario", hacer deporte (es crucial que el trabajador esté en buena salud para el bien del capital) o acudir a los espacios de trabajo si éstos están en operación. Las necesidades se definen desde un modelo básico que recuerda al funcionalismo en arquitectura: el espacio público es entonces un espacio de circulación para satisfacer necesidades básicas, elementales, las otras necesidades están en cuarentena y el espacio público es tan vacío como una sala de espectáculos.

La separación entre público y privado, promovida por las burguesías desde el siglo XIX, llegó ahora al paroxismo de la negación de lo público. Situación eminentemente crítica si asumimos que el espacio público es el espacio de la democracia y de la sociedad civil organizada, formal o informalmente.

La reivindicación del espacio público es entonces la exigencia de un derecho a la vida colectiva, al encuentro, a la diversidad, al laberinto social y físico que significa la ciudad. Por lo mismo, la esencia de la ciudad está en peligro (véase al respecto Hiernaux, 1999) y la reivindicación del espacio público es una afirmación de nuestro derecho a la ciudad que debe expresarse políticamente.

En complemento, la reinvención del espacio privado es tarea de las sociedades heridas por la pandemia y su mal manejo desde el Estado y el capital. Quizá sea necesario poner frenos al trabajo en línea —el teletrabajo— por sus consecuencias nefastas sobre el espacio personal, por lo menos de la manera en que se ha planteado hasta ahora; reivindicar un espacio intocable por el Estado y el capital, pero a la vez más articulado con la sociedad. Varios indicios de la reconstrucción de la vida colectiva desde la casa se han hecho presentes en las últimas semanas: aperitivos de balcón a balcón, aplausos al personal de salud (aun si se ha sentido la "mano invisible" del Estado atrás de la santificación del mismo), manifestaciones artísticas desde los balcones, individuales para los demás o de manera compleja y colectiva (actuaciones artísticas multilocales), inscripciones reivindicativas sobre las fachadas o mantas en ocasiones reprimidas por la policía con encarcelamiento y/o multas; todos ellos, de manera incipiente, indican una recreación del espacio del hogar que busca una nueva articulación con la sociedad, con los demás, con el "otro".

A la vez, es altamente satisfactorio ver a cientos de miles de personas salir a la calle, a pesar de la pandemia, para reaccionar ante el asesinato racista de Georges Floyd y demandar justicia y el fin de la impunidad en el trato a las minorías étnicas (afrodescendientes, latinos, indígenas, de hecho todos más afectados por la misma pandemia y las políticas erráticas de Trump).

No podemos dejar de esbozar cierto optimismo al ver las manifestaciones de solidaridad hacia el personal de salud, ancianos o seres en situación de calle, que muestran que "el apoyo mutuo" no es solo el título de un libro decimonónico, sino una realidad que esta pandemia quizá nos ayude a redescubrir. El tiempo apremia cuando los avances de la biopolítica y del control por el terror se manifiestan cada vez más y anticipan una distopía mundial anunciada por numerosas obras, como *1984*, de George Orwell, que merecen ser devueltas a nuestras mesas de noche para una lectura inmediata.

Bibliografía y referencias

Body-Gendrot, Sophie y Kristina Orfali (2002). "¿Modelos extranjeros?", en Capel, Horacio. *La morfología de las ciudades II*, Edición del Serbal, Barcelona, pp. 473-520.

Eleb, Monique y Anne Debarre (1993). *L'invention de l'habitation moderne, Paris 1880-1914*, Hazan, París.

Farge, Arlette (1979). *Vivre dans la rue à Paris au XVIIIe siècle*, Gallimard, Folio-Histoire, París.

Hiernaux, Daniel (2006) "Repensar la ciudad: la dimensión ontológica de lo urbano", en *Revista LiminaR. Estudios sociales y humanísticos*, año 4, vol. IV, núm. 2, diciembre, Centro de Estudios Superiores de México y Centroamérica, San Cristóbal de las Casas, México, pp. 18-35.

_______ (2009). "La parábola de la ciudad del miedo (cuando el cine encuentra nuestros imaginarios urbanos profundos)", en revista *Topodrilo*, Universidad Autónoma Metropolitana Iztapalapa, pp. 54-56.

_______ (2019). "Habitar la tierra: la espacialidad humana y el territorio", en Licona, Ernesto *et al.* (Coords.). *Aportes teóricos y etnográficos para el estudio del conflicto y la gestión en territorios latinoamericanos*, Benemérita Universidad Autónoma de Puebla, Puebla, pp. 35-52.

Illouz, Eva (2020). "Le foyer domestique ne peut être un monde", entrevista de Emmanuel Laurentin publicada en France Culture, 2 de mayo. Disponible en: https://www.franceculture.fr/societe/eva-illouz-le-foyer-domestique-ne-peut-pas-etre-un-monde [fecha de consulta 5 de mayo de 2020].

Kenneth Galbraith, James (2020). «Nous voyons clairement les avantages d'une autorité sanitaire bien financée», en *L'Humanité*, 20 de mayo. Disponible en: https://www.franceculture.fr/societe/le-teletravail-a-la-croisee-des-chemins-avec-james-galbraith-daniele-linhart-boris-cyrulnik?actId=ebwp0YMB8s0XXev-swTWi6FWgZQt9biALyr5FYI13OrU8AN7TmEm

DQ111c0216P2&actCampaignType=CAMPAIGN_ MAIL&actSource=588034#xtor=EPR-2-[LaLettre27052020].

Lindón, Alicia (2006). "La casa bunker y la desconstrucción de la ciudad", en *LiminaR, Estudios Sociales y Humanísticos*, año 4, vol. IV, núm. 2, diciembre, Centro de Estudios Superiores de México y Centroamérica, San Cristóbal de las Casas, México, pp. 18-35.

London, Jack (2016). *La gente del abismo*, Gatopardo Ediciones, Madrid.

VV. AA. (1966). *La casa de mañana*, Siglo XXI Editores, México.

Angustia y virus social
Antonio Paoli*

El autor es Doctor en Ciencias Sociales y Profesor-investigador del Departamento de Educación y Comunicación en la Universidad Autónoma Metropolitana Xochimilco (UAM-X).

Partiremos de datos múltiples para presentar temas angustiantes ante el COVID-19, con el fin de analizar qué significa la angustia en este contexto pandémico, considerado especialmente desde México. Nuestra perspectiva partirá especialmente del *Concepto de Angustia*, de Sören Kierkegaart.

Aparece el COVID-19

El COVID-19 ha traído consigo una extraña transformación social del planeta. Víctimas y problemas de diversos tipos aparecen en todos los países: desempleados y múltiples dificultades económicas, muertos, ansiedades sin límite, conflictos internos, manifestaciones llenas de ira, replanteamientos de estrategias económicas, de políticas públicas y privadas, educativas, comunicacionales y de muchos tipos más.

La naturaleza, en cambio, parece tener un respiro, aunque no deja de contaminarse con tapabocas, guantes de latex y otros elementos, varados en aguas y en basureros. Sin embargo, la ecología del mundo, su flora y fauna, pareciera mejorar, mientras los seres humanos nos llenamos de temores, ansiedades, angustias y conflictos de múltiples variantes.

Hubo advertencias que señalaban la posibilidad de una pandemia, pero los políticos y la gente, en general, no tomó en serio estos diagnósticos o profecías. No era posible imaginar la dimensión mundial del problema, del impacto que vendría y su avance sorpresivo. O, quizás el inconsciente individual y colectivo no lo quiso ver, no quiso ni siquiera sentirlo realista y posible. Así llegó y nos tomó desprevenidos.

Frente a todo esto, la población tiende a vivir reflexiones múltiples y obsesivas ante posibilidades de acción. Kierkegaard las llamó angustia: ¿cuáles son mis posibilidades? ¿cómo librar éste y éste y aquél problema? Puedo contagiarme y contagiar fácilmente. ¿Qué hago? No soporto tanto encierro. Estoy amenazado ¿cómo me protejo? La economía se desbarata, mi empleo, la renta. La muerte se acerca, la amenaza es personal y colectiva, la incertidumbre de pronto se aparece por todas partes.

Virus y economía angustiante

El coronavirus ataca silenciosamente. Al ser contagiado, uno no sabe aún de su tragedia e infecta a otros con facilidad. Ante esto los gobiernos piden y exigen: "¡Quédate en casa!". Si se obedecen estas tres palabras puede "achatarse" la curva estadística de los contagios y no saturar los hospitales, aunque esta medida perjudicará a las economías.

Los sistemas de producción, distribución, cambio y consumo se transforman. ¿Cómo son afectadas cada una de estas cuatro dimensiones de la economía? ¿Cómo es afectado cada uno de los sector de la población con cada alteración de estos cambios en la economía? Las grandes cadenas de autoservicio están en jauja mientras múltiples negocios se van a la ruina, los empleados del gobierno reciben sus quincenas y, en general, gastan notablemente poco. Restaurantes, centros turísticos, líneas aéreas, cines, teatros y otros muchos negocios, van hacia la quiebra, mientras *Google*, *Facebook*, *Zoom* y otros múltiples negocios cibernéticos incrementan considerablemente sus ganancias. La empresa *Alphabet*, propiedad de *Google*, obtuvo en el primer trimestre de 2020 beneficios por 6 mil 836 millones de dólares. Esto representa un incremento de

2.7 por ciento respecto al mismo periodo de 2019. Sin embargo, este aumento no es tan espectacular si nos detenemos a observar las proporciones de esta inmensa empresa y consideramos la gran necesidad de aumentar la comunicabilidad ante la pandemia. También a estas empresas, aunque en mucha menor medida, las recorre el fantasma de la desaceleración, a mediano y largo plazo. En el caso de *Google*, el año pasado registró un incremento de 11.7 por ciento, así que el 2,7 por ciento de crecimiento en la tercera parte de 2020 es relativamente poco. En este tenor, muchísimos pequeños negocios se han visto obligados a cerrar por orden de la autoridad o por falta de clientes (*ABC*, 2020).

En este contexto, los periódicos, en particular *El Financiero*, publicaron a inicios de abril que se habían perdido el 60 por ciento de los empleos en lugares de recreo, el 31 por ciento en los mercados y el 28 por ciento en centros de trabajo productivo (*El Financiero*, 2020a). Estos porcentajes fueron en aumento en los dos meses siguientes. De igual manera, el turismo cae de forma dramática. Mientras tanto, el Presidente de la República anuncia a inicios de junio que ya se han perdido medio millón de empleos.

Un análisis cuidadoso sobre cómo se han alterado los sistemas productivos, la distribución de los productos, los consumos, los precios y los sistemas de compra-venta, podría ofrecernos quizás una panorámica sobre las mutaciones de tipo económico que se están produciendo en el mundo entero y, de manera particular, en nuestro país. Eso supondría una investigación ímproba y acuciosa de los científicos de la economía. Desde el sentido común, ya podemos atemorizarnos con la tragedia que ha llegado y todo indica que vendrá peor. ¿Cómo afecta a los distintos tipos de pobres, tipos de ricos, de clases medias? Responder con claridad a esta pregunta es una tarea monumental.

En el ámbito internacional la crisis económica se multiplica. Según cálculos de la Organización Internacional del Trabajo (OIT), de Naciones Unidas, en el mundo podrían perderse hasta 6.7 de las horas de trabajo laborables, que equivalen a 195 millones de empleos. En Estados Unidos, hasta inicios de junio se habían perdido, o podrían perderse, alrededor de 40 millones de empleos. En el mismo mes la revista *Forbes* informa que Japón se enfila hacia una profunda recesión por causa del COVID-19 (*Forbes*, 2020). Hasta el lunes 1º de junio, 81 empresas se habían declarado en quiebra y otras 52 están en proceso de liquidación. Hoteles, restaurantes, tiendas de ropa y otros muchos establecimientos están en serios problemas. Las bolsas de valores del mundo van gravemente a la baja.

Política beligerante y salud

La pandemia ha traído nuevas formas de hacer política. En México el empresariado que representa el Consejo Coordinador Empresarial, exigió que el país se endeudara para financiar el sostenimiento de sus empresas y habló también a nombre de los pequeños negocios. Pedían también que se les condonaran los impuestos del año anterior. El gobierno respondió que no. Poco después ofrecía dos y medio millones de créditos a la palabra para las pequeñas empresas, a pagar en 24 meses, sin pedir dinero prestado al extranjero.

La pandemia podría ser aprovechada por la clase empresarial para hacer el gran negocio: un nuevo Fondo Bancario de Protección al Ahorro (FOBAPROA) multiplicado. Mucho se ha repetido: esto supone "socializar las pérdidas y centralizar las ganancias en los que más tienen". Acostumbrados al trato del Estado neoliberal, sus peticiones han sido exigencias bajo amenaza si el gobierno no responde favorablemente a sus demandas. Y claro, la beligerancia aumenta de formas diversas.

El Consejo Mexicano de Negocios buscó financiamiento externo por parte del Fondo Monetario Internacional y quería el aval del Estado. Uno nuevo, que hizo crecer más las tensiones, los desasosiegos y las zozobras. La entrada en acción del Banco de México pareció aliviar un poco la tensión. Sin embargo, la gran mayoría del empresariado se unió a la iniciativa patronal para luchar y coordinar esfuerzos con el fin de hacer tambalear y remover de su cargo al presidente. Los partidarios del gobierno enconaron también sus ataques e insultos. La tirantez crece, aparentemente sin remedio. Incluso llega a mencionarse la posibilidad de un "golpe de Estado".

Debido a los serios enfrentamientos sociales, la pandemia se hace aún más preocupante. El miedo a la enfermedad y a la muerte no disminuyen con los conflictos políticos, más bien se incrementan. Sin embargo, parecieran canalizar la ansiedad, llevarla más allá. Como cuando nos rascamos: uno quiere quitarse un pequeño escozor y la molestia se reparte de una nueva manera en una zona más amplia. Así los empresarios, al salir del palacio nacional con el no en la cara, quieren que llegue ya el tiempo de la revocación del mandato. En ese momento parecían seguros de lograrlo. Querían y quieren, en su mayoría, hacer ver que el problema es el presidente. A ratos el problema pareciera desplazarse de la pandemia a la política.

La respuesta del Estado ha sido motivo de distanciamiento y de la proliferación de ataques, tanto de los empresarios contra el gobierno como de los simpatizantes del gobierno contra los empresarios. El clima de amenazas y movilizaciones aumenta la tensión y la angustia pareciera expresarse en acalorados debates.

Tensiones y estrategias políticas

Tensiones múltiples de carácter político, sanitario, económico y social crecen en medio de la pandemia: la ansiedad de no salir a la calle; la irresponsabilidad de muchos que no toman seriamente el problema, o bien, no creen en él; la imposibilidad de otros muchos de quedarse en casa; el desempleo, la polarización de los bandos en redes sociales, la falta de alimentos en muchos hogares, las compras de pánico, las agresiones en el hogar, el cierre de negocios, las clases por Internet, la saturación de muchos hospitales. Ante esta múltiple tirantez, tanto las redes sociales como los medios de comunicación abierta han aumentado su uso. La gran mayoría de las personas está pegada más que nunca a sus computadoras y a todo tipo de redes de comunicación disponibles.

En México y en el mundo los sistemas públicos de salud habían decaído dramáticamente durante las últimas décadas. El gobierno de López Obrador invirtió más de 60 mil millones de pesos para levantar el sistema público de salud desde antes de la aparición de la pandemia. Se propuso basificar a más de 80 mil médicos y enfermeras del Instituto de Seguridad y Servicios Sociales de los Trabajadores del Estado (ISSSTE) y del Instituto Mexicano del Seguro Social (IMSS), había iniciado ya la rehabilitación de hospitales abandonados. Los viejos rezagos y la corrupción de los gobiernos anteriores han hecho difícil la recuperación. El dinero se va como agua en la arena. Hoy, a pesar de la crisis, o más bien debido al CO-VID-19, los sistemas públicos de salud se expanden y toman más relevancia a los ojos de la ciudadanía.

En medio de tantas tensiones de tan diverso tipo, el periódico *El Financiero*, a varias semanas de iniciada la crisis, publica y explica los resultados de su encuesta. Allí muestra un incremento en la popularidad del presidente López Obrador de 8 por ciento en pocas semanas. A inicios de mayo la aprobación de la ciudadanía pasa de un 60 a una 68 por ciento (*El Financiero*, 2020b).

Nuevo líder de opinión

Las explicaciones de este incremento en la popularidad del gobierno parecen apuntar a un nuevo actor, convertido ya en un importante líder de opinión, ampliamente reconocido por la mayoría de la población, surgido con la crisis del COVID-19: el doctor Hugo López Gatell, sub-secretario de Prevención y Promoción de la Salud. Hablamos de él como líder de opinión en tanto es aceptado como autoridad que influye con cierto peso en las actitudes y la conducta de amplios contingentes de la población. Su discurso otorga al Estado un mejor posicionamiento ante la opinión pública y amplía la capacidad de éste para manejar la situación y dirigir las acciones de la población.

Las acometidas contra este recién estrenado líder de opinión no se hicieron esperar, sin embargo, al principio no se hizo fácil atacarlo. Su discurso es claro, su capacidad parece indiscutible. Lo avalan títulos de la Universidad Nacional Autónoma de México (UNAM) y de prestigiadas universidades del extranjero, especialidades, un doctorado y un posdoctorado. Lleva consigo la importante experiencia como partícipe en las directrices para superar la crisis del N1H1, en tiempos del presidente Calderón. Para nada es un improvisado. Además, abonan en su favor que su padre y su abuelo fueron buenos médicos y se recuerdan como profesionales intachables.

Pronto los ataques se orientaron contra él, contra los datos que maneja, contra su metodología, contra su persona, su vida privada. Sin embargo las acometidas, pese a su intensidad, no parecen haber tenido gran impacto en sus seguidores, que han sido mayoría desde su aparición. A fines de mayo la Organización Mundial de la Salud (OMS) le hizo un gran reconocimiento y le solicitó su incorporación como científico experto y técnico atinado. Las discusiones en torno a López Gatell se multiplicaron. Parecieran canalizarse a favor y en contra de él. Múltiples nerviosismos, neurosis y angustias entran en juego.

Los bandos se polarizan en el debate: "no se cuenta bien", "sí se cuenta bien según la metodología y los recursos". Dentro de lo posible, son razonables sus diagnósticos. "Sí se está aplanando la curva", decía Gatell hacia mediados de mayo. Pero para inicios de junio el ascenso incrementa los temores. Y la oposición dice agresiva "¡no se cuenta bien!", "¡hay más casos de los que se declaran!", "¡están mintiendo!", "miren: los periódicos extranjeros lo dicen". El gobierno intenta explicar en las conferencias de prensa de todos los días sus métodos y procesos, sus resultados y sus inevitables incertidumbres. La oposición busca los resquicios para atacar y no se interesa en ver los aciertos. Las redes sociales afines al gobierno federal contraatacan con virulencia. La tensión política tiene múltiples vertientes económicas, mediáticas, sanitarias y de otra índole.

Cierto, en casi todos los países hay enfrentamientos políticos en el contexto del COVID-19. Las polémicas entre los científicos crecen, los criterios para definir las políticas de acción contra el virus están lejos de poderse consensuar. Ningún país tiene registros perfectamente confiables. Estas condiciones de la ciencia y las instituciones también constituyen motivos para los enfrentamientos y los enconos. La oposición se posiciona desde alguna apreciación distinta a la del gobierno y desde allí ataca, básicamente al presidente y al Dr. López Gatell.

Contrastes de estrategias y nuevas posibilidades

Los opositores al gobierno actual suelen decir: en la pandemia de 2008-2009 se mostró un mejor manejo. Entonces pudo controlarse y ahora quién sabe. También se dice que el gobierno de Calderón logró un crecimiento económico decoroso y ahora se ve claro que vamos en picada. Los partidarios de Estado, en contraparte, afirman que entonces el Estado se endeudó gravemente y que los salarios disminuyeron en su capacidad real de compra, ya que las ganancias de los más ricos aumentaron y aumentaron, mientras los pobres se hacían más pobres. Los beneficiarios de ese crecimiento en tiempos del presidente Calderón no fueron las grandes mayorías.

A mediados de mayo López Gatell, en entrevista con Denise Maerker, de *Televisa*, responde a la pregunta: ¿cuándo regresaremos a la normalidad de antes? Y declara: "Yo contestaría que lo más probable es que nunca. Debemos acostumbrarnos a una nueva normalidad, normalidad que implica acostumbrarnos a vivir con un agente infeccioso como el SARS-COV 2… Hay que hacer adaptaciones a nuestro espacio público". Frente a esto, es angustioso enfrentar nuevas opciones, hay que imaginar y sopesar nuevas formas de encontrar posibles derroteros.

La población es afectada de diversas maneras. Todos somos afectados, pero ¿cómo se afecta a los distintos tipos de pobres, de ricos, de clases medias? No, la pregunta no está bien formulada. Hay muchos tipos de pobres, de clases medias, de ricos. Tener claridad en estos terrenos es muy importante para el Estado, para definir políticas públicas que, para ser eficientes, tendrían que ser muy sutiles y detalladas. Pero a las personas, en su psique y en su encierro, ¿de qué le sirven tantas noticias? No lo sabe uno, no obstante, las escucha y las escucha obsesivamente, como si con ellas pudiera venir algún mejor entendimiento. Al no llegar esa comprensión y claridad, la angustia crece.

Se habla con frecuencia de grandes posibilidades de un rebote. El virus puede volver a brotar con fuerza, quizá mayor. Algunos científicos han declarado a la prensa que a mediano plazo una gran mayoría se contagiará. Algunos piensan que más del 90 por ciento de los habitantes del mundo se contagiará, aunque solo el 5 por ciento tendrá problemas serios y de este porcentaje probablemente el 1 ó 2 por ciento morirá. Es decir, muchos millones perderán la vida en el planeta a causa de este virus.

La angustia

Muchos, creo que casi todos, nos tronamos los dedos: "¿hasta cuándo me alcanzará el dinero?". "Tengo que salir y arriesgarme". "Es temerario subirme al transporte público". "Se me olvido el tapabocas, los guantes". "Ya no soporto a mi conyugue". "No puedo entretener tanto a los niños". "¿Cuándo reiniciará la escuela?". "Necesito aire, espacio". Ante cada pregunta como estas, ante cada afirmación, la imaginación presenta nuevas posibilidades, nuevas ponderaciones y reflexiones obsesivas sobre mis opciones y las del país.

La angustia cotidiana crece. La gente busca informarse, expresarse, desahogarse, aliviar, consolar, despejar dudas, tranquilizarse.

Kierkegaard trata la idea de la angustia en diversos textos y especialmente en su libro *El concepto de angustia*. Él pensaba la angustia como si estuviéramos a la orilla del precipicio y experimentáramos el miedo de caer, y además, ya frente al vacío, pareciera que uno puede tener el impulso de arrojarse. Tendría la posibilidad de hacerlo y tiene uno miedo de su capacidad de lanzarse y de su propia libertad.

La angustia significa una alteración psíquica, una especie de vacío que inquieta, que rompe, aparta de la vida inmediata, para volver a una subjetividad indecisa. Hay posibilidades diversas y no se sabe bien qué hacer, se quiere obtener algo, pero no se tienen del todo los medios, o por algún motivo no se quiere obtenerlos. Sin embargo, algo nos incita a ir hacia esa posibilidad u otra, pero, pero, pero... Puede haber miedos, no obstante, la angustia no es solo miedo y otros estados análogos, como la aprensión, desconfianza, sospecha, turbación, duda, susto, pavor. Esos estados análogos "se refieren siempre a algo determinado, mientras la angustia es la realidad de la libertad como la posibilidad antes de la posibilidad" (Kierkegaard, 1990: 43).

La ansiedad nos pone frente a nuestras opciones. Nos hace pensar en ellas, detenernos, ilusionarnos y romper con las ilusiones; soñarlo y al mismo tiempo sufrir con el abismo enfrente. Las personas se ven como capaces de hacer algo que ayude, pero incapaces de afrontar el problema en su conjunto y piensan en el Estado, en el gobierno: "ellos debería solucionarlo". Dejo en ellos la responsabilidad y eso no soluciona mi angustia. Juzgo, por ejemplo, si estuvo bien o mal tomada de decisión del gobierno de no financiar al gran capital. Eso me permite salir de mí, ver el problema en otro lado, no afrontar mi angustia. El juicio a favor o en contra del gobierno solo es una especie de extroversión, relativamente ajena a mi angustia. Me permite evadirme de ella por un rato al expresarlo, para volver a caer en sus redes, que son redes realmente mías. Tengo capacidad de criticar y la uso como un poder extrovertido, aunque no solucione mi íntimo problema.

También me refugio en algún problema mundial y entro en sus detalles, en los países y sus buenos o malos modos de afrontar el problema. Sopeso y vuelvo a la reflexión angustiosa. Entonces me pregunto afligido ¿por qué mi país, mi gobierno, no tomó esa decisión? Así hubiera mejorado nuestra situación. Voy a las redes y ataco para expresar mi apreciación. Pero eso no resuelve tampoco mi angustia.

Me siento impotente, incapaz de resolver. Potencia e impotencia se contrastan, se tratan de digerir, se atragantan, a ratos se callan y a ratos se expresan con violencia. Se va fácilmente de la resignación a la rebeldía; de doblegarse, amoldarse, someterse a protestar, a rebelarse, perturbar, desobedecer, a negar la existencia de este mal, rezongar, rechazar, indignarse y hasta violentarse.

Angustia no es igual a pena. Por ejemplo, el dolor por la muerte de alguien, no se parece a la ansiedad e inquietud que viene con ella. Con la angustia nada está definido y vuelvo sobre los argumentos: el sí y el no. Ambos se debaten al interior. Es una reflexión sufridora, en la que no tengo elementos para formular un juicio definitivo. Sé que tengo libertad, pero no sé cómo debo utilizarla. Me faltan datos y recursos. Por eso son tan importantes los datos de la prensa, del Internet, de las conferencias de prensa de la mañana y de la tarde, de la televisión abierta, de la radio. Aunque con esos datos no puedo acabar de tener claridad sobre qué hacer. Quiero que el Estado me ofrezca salida y, claro, el Estado y su gobierno tampoco tienen salida clara. El virus sigue avanzando de manera en gran medida ignorada, pero real. Siento que estoy protegido en casa, y no sé cuánto más, pues salimos; alguno de la casa sale a las compras, los hijos entran y salen. Con esas entradas y salidas la angustia aumenta.

Y el tiempo, ¿cuánto tiempo? ¿hasta cuándo?

A mediados de mayo el doctor López Gatell, como ya señalamos, declara: lo más probable es que nunca volvamos a la normalidad anterior. Y cómo podrá ser esa nueva normalidad. Se ama la vida, se teme perderla, no es claro qué pasará, cómo se modificará. También se quiere, de una manera u otra, llegar a un final, reflexionar bien para tomar decisiones. Pero al mismo tiempo se depende de las decisiones del Estado, de los nuevos descubrimientos y creaciones de la ciencia. Un amplio contingente dice que son malas las resoluciones de ese Estado del que se depende. Los movimientos, los recursos, el tiempo de las resoluciones no se sabe cuál es. No se sabe tampoco cuál será "la nueva normalidad" en muchos terrenos. Incertidumbre de múltiples dimensiones.

Por otra parte, la angustia es personal y también social. No puede uno apoyarse en alguien al cien por ciento. Se angustia uno por las múltiples incertidumbres que trae el COVID-19, se vive entonces en el "¿qué será?". Entonces vuelve uno a ver sus opciones, sus apoyos económicos, psicológicos, familiares, laborales. "Mientras no nos fallen los servicios de agua, luz, distribución de alimentos". La angustia nos hace imaginar, casi estar, en esas condiciones trágicas. Sí, la reflexión angustiosa es una constante en el tiempo de incertidumbre, ante diversos pasados y futuros posibles, ante lo que pudo haber sido y no fue, ante lo que debe ser y no es.

A mediados de junio el gobierno chino anuncia el rebote, el rebrote del coronavirus en once ciudades de ese país. Reporta 50 casos en el mayor mercado mayorista de la capital. Esta noticia enciende otra vez las posibilidades de que esto se prolongue aún más de lo previsto. La noticia trae nuevos temores cuando parecía empezar a creerse en la esperanza del descenso de la curva. Pero no. El gobierno anuncia que "seguimos en el semáforo rojo en todo el país".

La violencia multiforme

Uno se ve a sí mismo en situaciones variantes y críticas. Piensa cuáles serían sus respuestas ante una u otra de las circunstancias imaginadas. Es una reflexión desgastante. En esas condiciones de inseguridad personal fácilmente puede brotar la ira. De hecho la violencia familiar se ha multiplicado. Durante la reclusión se multiplican las llamadas para pedir auxilio, sobre todo de mujeres. La mayoría de estas víctimas no tiene la opción de irse a otro lado, sus posibilidades limitadas incrementan su angustia.

La violencia aparece y se esparce de diversas formas. En Estados Unidos se presenta como respuesta dramática ante el asesinato de una persona de color cruelmente asesinada por un policía. En México se manifiesta también. En el estado de Jalisco toma tintes dramáticos. La muerte de un albañil a manos de la policía, "por no traer tapaboca", inicia una ola de protestas sumamente agresivas y el 6 de junio se informa que 28 de los múltiples manifestantes han desaparecido. La población piensa que a manos de la policía de esa entidad. En la ciudad de México un grupo de policías agrede brutalmente a una joven que protesta frente a la representación del estado de Jalisco. Manifestantes encapuchados y policías se enfrentan duramente. El gobierno de la ciudad condena la acción de la policía y ofrece ir a fondo en las investigaciones.

Las manifestaciones contra la represión y el racismo aparecen en diversas ciudades del globo. Pareciera que la angustia crea un campo en el que la agresión puede multiplicarse drásticamente.

La angustia no parece estar ligada a una sola cuestión, aparece como multiplicidad inquietante, como zozobra, ansiedad, intranquilidad, desasosiego, impaciencia. Es fácil ser intolerante al sufrir de angustia.

Si uno vive su angustia en soledad, aunque esté acompañado, es porque las posibilidades sobre las que reflexiona, insistente y perturbadoramente, se refieren a sí mismo y a sus futuras decisiones.

Algún psicólogo perspicaz y seguidor de Kierkegaart podría pensar que solo se puede ver algo como futuro si se ve otra cosa como pasado causal. Si esto fuera así, el mal que uno percibe es básicamente un desplazamiento de sus propias faltas, de su pasado perverso hacia alguna realidad externa, como puede ser el Estado y los gobernantes que lo controlan. Al culparlos a ellos pareciera que se disculpa uno a sí mismo y ya no puede ver el implícito reproche contra sí. Entonces el remordimiento propio se niega a sí mismo y se orienta como agresión externa.

La angustia ya estaba y se potencia

Toda esta negatividad no surge ante la circunstancia del COVID-19; ya estaba, ya se manifestaba en la vida cotidiana, pero ahora se potencia y se multiplican sus estragos. El ser humano está, según Kierkegaart, en su proceso de ser él mismo, de tomar identidad; se angustia en ese proceso, es normal, es algo propio del ser humano. Esta perspectiva antropológica es uno de los gérmenes más poderosos del existencialismo, que aparecerá con gran fuerza en la primera mitad del siglo XX. Kierkegaart es indudablemente su antecedente más claro.

No sé si tenga razón nuestro autor, si siempre y para todos es así. Si se puede pensar toda una antropología a partir de la angustia. No sé si la angustia sea constitutiva del ser humano, quizá así sea. Lo que ciertamente podemos afirmar es que hoy la angustia ya existía y se ha multiplicado, ha tomado muchísima más fuerza en junio que en enero de 2020. Con el COVID-19 se ha potenciado.

Aunque tiene fuertes manifestaciones sociales y políticas, la angustia es un asunto que vive cada persona. Para cada uno es "su" angustia. Para cada quien un asunto personal, existencial. Y en ese sentido, muestra algo importante de la soledad en que cada uno la vive y la desarrolla. Pienso y juzgo constantemente sobre las posibilidades que a mí me son posibles. Estas son distintas en cada uno. A esta "soledad" angustiada, se suman las angustias por quienes dependen de mí y de aquellos de los que yo dependo. ¿Cuál será su futuro y el mío? Y al verme frente a un futuro incierto, tanto el mío como de ellos, las posibilidades se multiplican y con esa multiplicación crecen las reflexiones sobre mi circunstancia, sobre mis problemas multiplicados por la pandemia y las resoluciones del gobierno.

La angustia y sus espejismos

Cada uno ha de decidir ante múltiples posibilidades de realidades que no tiene bajo control. Que ni siquiera entiende del todo. Tiene muchas hipótesis y supuestos, pero pocas certezas. Es como una libertad orientada al vacío, al abismo. La angustia siempre es un reto para descubrir la posibilidad más conveniente, pero ahora, ante el coronavirus, uno no puede ser del todo razonable en sus reflexiones para decidir. Tengo que actuar por impulsos, bajo amenaza de contagiarme y contagiar, de perder mi empleo, mis posibilidades de vida, antes aparentemente visibles y hoy envueltas en la incertidumbre.

Las temáticas y discusiones de los medios de comunicación no son el centro de la angustia, sin embargo parecieran serlo. Yo no puedo controlar todo eso que pasa afuera. No obstante, en principio, sí puedo controlar mi angustia, controlar el flujo de juicios múltiples y angustiantes, aunque eso supone mucha disciplina.

Mis posibilidades y sus límites, mi reflexión llena de ambigüedades y vaivenes me llenan de angustia. Esos son sus engranes psicológicos. Toda esa ambigüedad reflexiva me llena de inseguridad y no me deja decidir, no me permite hacer juicios claros, aunque éstos se multipliquen. Yo sufro mi angustia como mía, aunque trato de verla como social. Los problemas económicos, políticos y de otra índole captan mi atención y me parece que son el problema. Y sí, claro que son problemas, sin embargo no son mi angustia. Me aparto de mí mismo y me voy a los problemas y creo, como al ver un espejismo, que veo mi angustia, cuando realmente solo veo el disparador de ésta como si fuera lo constitutivo de ella.

Tengo que decidir algo, y ese algo tiene consecuencias para mi futuro. Tengo que hacerlo desde lo que soy y desde mis antecedentes. Por eso la acción de hoy es una peculiar integración de mi pasado y mi futuro, entendidos y utilizados en mis decisiones del aquí y el ahora.

Y no puedo decidir, solo sopesar las posibilidades; cada posibilidad está llena de ambigüedades y amenazas. No puedo tomar decisiones en los grandes temas macro-sociales transmitidos por las mil noticias de los medios masivos y las redes sociales.

La posibilidad de la muerte

Uno vive otra dimensión de la angustia: la muerte. Ese momento límite que hemos preferido ignorar, ahora tiende a imponerse como una posibilidad cercana. Según Kierkegaard, el ser humano necesita realizar una síntesis entre su temporalidad y la eternidad. Según las creencias de cada quien, esa síntesis variará mucho: desaparecer para siempre, llegar a la presencia de Dios, salvarme, condenarme, ser castigado, expiar de alguna manera mis culpas, traer mis pasados diversos para intentar una nueva reflexión o un nuevo juicio favorable, llamar a un sacerdote —aunque ahora prefieren atender por Internet o por teléfono y los rituales parecen menos válidos—, meditar, evadirme, drogarme, eludir estos pensamientos y las escatologías a ellos asociadas.

Mejor es ir a las noticias, a los decires de Gatell y López Obrador, a mi familia, aunque tenga que discutir con ellos.

Busco algo que me dé confianza y no es fácil hallarlo. El límite de mi vida, en el que preferí no pensar, vuelve a imponerse con el COVID-19 como una posibilidad ahora cercana, tal vez. Ante este límite fundamental ¿qué puede darme confianza? ¿Alguna fe, persona, comunidad o razón? Para la mayoría parece no haber esa posibilidad de hallar confianza. La angustia crece aún más. Ahora en la perspectiva de una dimensión escatológica, más allá de esta vida.

Y uno busca alguna realidad, verdad, autenticidad, axioma, dogma, evidencia o ejemplo que traiga confianza. Pero eso no aparece en las noticias a las que uno se aferra.

Vuelve mi angustia en soledad y yo no puedo así solucionarla.

Bibliografía y referencias

ABC (2020). "Google resiste en la primera fase de la pandemia: gana un 2,7% pero con dudas sobre el próximo trimestre", *ABC*, 29 de abril. Disponible en: https://www.abc.es/economia/abci-google-resiste-primera-fase-pandemia-gana-27-por-ciento-pero-dudas-sobre-proximo-trimestre-202004291053_noticia.html?ref= [fecha de consulta 7 de junio de 2020].

El Financiero (2020a). Se pierden casi 25 mil empleos por día", *El Financiero*, 8 de abril. Disponible en: https://www.elfinanciero.com.mx/opinion/enrique-quintana1/se-pierden-casi-25-mil-empleos-por-dia [fecha de consulta 4 de junio de 2020].

______ (2020b). "Rebota aprobación de AMLO en abril; pasa de 60 a 68%", *El Financiero*, 4 de mayo. Disponible en: https://www.elfinanciero.com.mx/nacional/rebota-aprobacion-de-amlo-en-abril-pasa-de-60-a-68 [fecha de consulta 1° de junio de 2020].

Forbes (2020). "Japón cae en recesión: economía retrocedió 2.2% anual en primer trimestre", *Forbes México*, junio 8. Disponible en: https://www.forbes.com.mx/mundo-japon-cae-en-recesion-economia-retrocedio-2-2-anual-en-primer-trimestre/ [fecha de consulta 10 de junio de 2020].

Kierkegaard, Sören (1990). *El concepto de la angustia*, Espasa-Calpe Mexicana, México.

______ (2016). *Mi punto de vista*, Editorial Fontamara, México.

Estados y municipios en tiempos del COVID-19 en México

Pablo Saravia Tasayco*

El autor es economista, con Maestría en Economía y Política Internacional por el CIDE; es Catedrático de la Maestría en Hacienda Pública del Instituto Hacendario del Estado de México (IHAEM); Conferencista y Consultor en temas de economía y finanzas públicas, desarrollo económico local e inteligencia competitiva; es autor y coautor de varios libros; actualmente se desempeña como director en el Centro de Negocios y Vinculación de la Universidad del Valle de Toluca.

La pandemia del coronavirus mantiene arrinconadas a las económicas y no respeta geografía ni condiciones socioeconómicas. A nivel global ha profundizado la crisis en la que estábamos inmerso desde 2008-2009, y está llevando a México a una situación crítica, con graves efectos sociales, y a los estados y municipios a una escasez de recursos ante la caída de la recaudación tributaria y de sus ingresos propios, lo que se traduce en una drástica reducción del bienestar de la población.

La pandemia y el tiro de gracia a la economía global

La economía mundial se encamina hacia una recesión sin precedentes; según algunos expertos ésta superará a la crisis de los años treinta del siglo pasado, mientras otros aseguran que representará el mayor estancamiento desde la Segunda Guerra Mundial. De acuerdo con organismos internacionales como el Banco Mundial

371

(BM) la pandemia del Coronavirus dejará secuelas económicas duraderas en todo el mundo (Vorisek, 2020); en tanto, funcionarios del Fondo Monetario Internacional (FMI), señalan que muchos países se enfrentan a crisis múltiples: una crisis sanitaria, otra financiera y al derrumbe de los precios de las materias primas, factores que se retroalimentan entre sí, creando un círculo vicioso que se traducirá en más pobreza y mayor desigualdad.

La crisis sanitaria global desatada por la pandemia, conocida también como COVID-19, vino a profundizar la crisis económica que inició en 2008-2009 con el colapso del sistema financiero, que reventó en Europa y Estados Unidos, y del cual todavía no habíamos salido. Según datos del FMI (Figura 1), desde la década de 1990 las economías venían creciendo a niveles aceptables, hasta que llegó la primera crisis del siglo XXI (2008-2009), la cual se logró sortear en 2010, para luego entrar en una fase de lento crecimiento, con una marcada tendencia decreciente, hasta llegar a 2019, año en que apareció la crisis sanitaria del COVID-19 a nivel global y en menos de tres meses nos ha llevado al desastre económico.

Lo que queda claro en la actual coyuntura económica global es que existe una profundización de la crisis económica, ya que las viejas locomotoras que impulsaban el crecimiento, Europa y Estados Unidos en su momento, y actualmente China e India, se han desenganchado de ese papel y en el corto plazo la economía global va en picada, arrastrando el bienestar de más de 170 países. El FMI estima que entre 2020 y 2021 la contracción económica podría rondar los nueve billones de dólares, cifra mayor a la que representan en conjunto las economías de Alemania y Japón (Gopinath, 2020).

México en los tiempos del COVID-19

México no es ajeno a la pandemia del COVID-19, ni al descarrilamiento económico. Ante este fenómeno, las autoridades optaron por informar diariamente sobre la crisis sanitaria y adoptaron una política gradual de confinamiento, mientras otros países aplicaron políticas de shock, cerraron inmediatamente sus fronteras, parali-

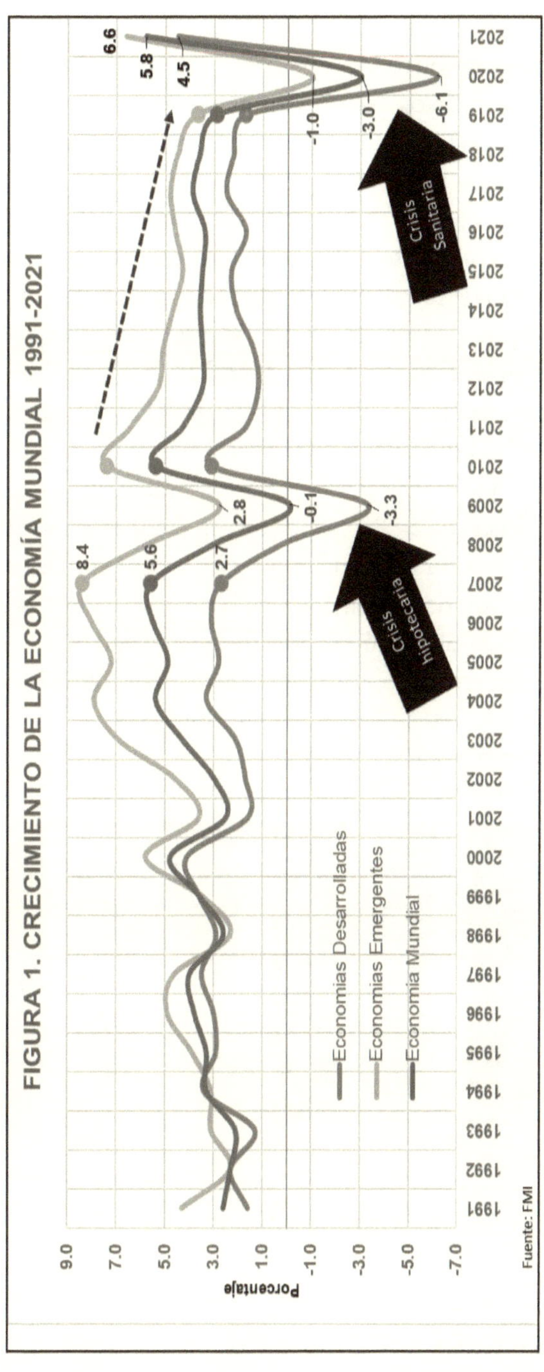

FIGURA 1. CRECIMIENTO DE LA ECONOMÍA MUNDIAL 1991-2021
Porcentaje
6.6
5.8
4.5
-1.0
-3.0
-6.1
8.4
5.6
2.7
2.8
-0.1
-3.3
Crisis Sanitaria
Crisis hipotecaria
Economías Desarrolladas
Economías Emergentes
Economía Mundial
9.0
7.0
5.0
3.0
1.0
-1.0
-3.0
-5.0
-7.0
1991
1992
1993
1994
1995
1996
1997
1998
1999
2000
2001
2002
2003
2004
2005
2006
2007
2008
2009
2010
2011
2012
2013
2014
2015
2016
2017
2018
2019
2020
2021
Fuente: FMI

zaron negocios e industrias y hasta aplicaron medidas de fuerzas como el toque de queda.

La Organización para la Cooperación y el Desarrollo Económico (OCDE), estimó que en México el impacto inicial de los paros parciales o totales en distintos sectores productivos, como medidas adoptadas para contener la pandemia, equivale al 30 por ciento de su Producto Interno Bruto (PIB) a precios constantes, el tercero más alto del Grupo de los 20 (G-20), después de Grecia (34 por ciento) y Japón (31 por ciento). La OCDE va más allá de las proyecciones realizadas por el FMI, el Banco Mundial (BM), la Comisión Económica para América Latina y el Caribe (CEPAL), la Secretaria de Hacienda y Crédito Público (SHCP) y el Banco de México (BANXICO), y prevé dos escenarios: si México enfrenta un segundo rebrote, la producción caería en 8.6 por ciento en 2020, pero si hay uno solo, la economía se contraería un 7.5 por ciento. La estimación más optimista, por decirlo de alguna manera, la tiene la Secretaria de Hacienda, que proyecta una disminución de la actividad económica de 3.9 por ciento, sin embargo, todas las demás proyecciones están en un rango que va de -6.0 a -7.5 por ciento (Figura 2).

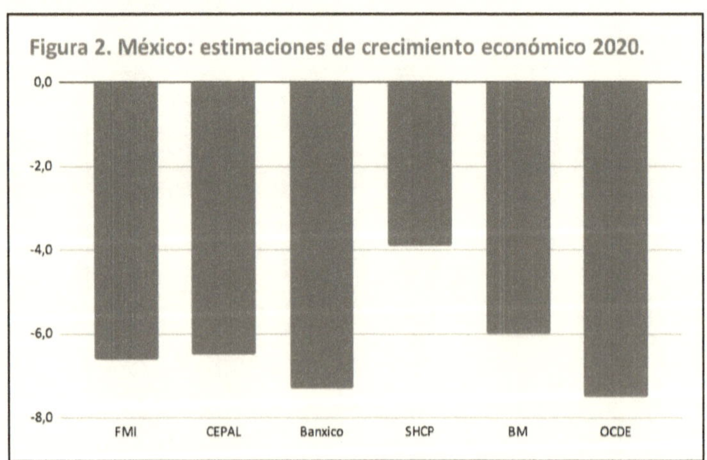

Fuente: elaboración propia con datos de las instituciones.

Ante la aparición de la crisis sanitaria del COVID-19, México puso en operación una amplia gama de medidas fiscales, financieras y monetarias. No obstante, si bien el margen fiscal es limitado, dada la gravedad de la recesión estaría justificado adoptar medidas adicionales que contribuyan a mitigar aún más las dificultades y permitan impulsar la recuperación. Dichas medidas deberían centrarse en proporcionar ayudas económicas a los trabajadores afectados, tanto del sector formal como informal, así como en evitar que desaparezcan empresas viables (OCDE; 2020). La OCDE está convencida de que la inversión privada será fundamental para lograr la recuperación del empleo, pero recomienda reducir la carga fiscal y la incertidumbre regulatoria.

En pocas palabras, en términos económicos México se verá muy afectado por la pandemia. Si desde la década de 1980 el país ha mostrado un lento crecimiento económico, el COVID-19 lo hundirá en una recesión superior a las sufridas durante la crisis de la deuda de 1982-1983, cuando decreció en -4.4 por ciento; la crisis financiera del Efecto Tequila de 1994-1995, cuando su producción cayó en -6.3 por ciento; y la crisis hipotecaria de 2008-2009, periodo en el que decreció en -5.3 por ciento.

Una revisión de las principales variables macroeconómicas nos permite observar más de cerca la magnitud de la profunda recesión: además de la caída del PIB, solamente en el mes de abril se perdieron más de 500 mil empleos en el sector formal, los ingresos por turismo disminuyeron como nunca antes, se registran salidas de capitales, existe volatilidad en el tipo de cambio, se han roto múltiples eslabones de las cadenas productivas y de valor, se experimentó una caída en el precio del petroleo, hay una baja en el intercambio comercial y se pronóstica una contracción de las remesas provenientes de Estados Unidos, asociadas al confinamiento y la disminución de la actividad económica en ese país.

Por su parte, la Producción Industrial (PI) registró una variación de -25.1 por ciento en abril de 2020 respecto del mes previo, mientras que en mayo de 2020 las ventas de las cadenas agrupadas en la Asociación Nacional de Tiendas de Autoservicio y Departamentales (ANTAD) reportaron un descenso nominal anual de -19.0 por ciento.

En términos de empleo, los datos duros indican que en los primeros cinco meses del año se perdieron 838 mil 272 puestos de trabajo (que reresentan el -4.1 por ciento del total), de los cuales el 70.0 por ciento (586 mil 748 empleos) son permanentes, mientras que el 30 por ciento restante (251 mil 524 empleos) son eventuales. Desde una perspectiva social, todo esto se ha traducido en un aumento de la pobreza, más desempleo, un incremento de la informalidad y mayor inequidad, es decir, menor bienestar para la sociedad.

Panorama complicado para las economías estatales

En 2019, según el Instituto Nacional de Estadística y Geografía (INEGI), 18 estados registraron caídas en la actividad económica y 14 tuvieron crecimiento, entre los cuales solamente dos superaron la barrera del 4.0 por ciento (Figura 3). Estos resultados nos permiten vislumbrar un panorama complicado al que deberán enfrentarse las entidades estatales en lo que resta de 2020 y también en 2021.

Muchos estados enfrentarán una situación muy compleja, particularmente en el sector comercial, por el cierre de negocios no esenciales, y el industrial, por el paro (parcial y total) de las plantas de producción. Los gobiernos de los estados de Baja California Sur (-7.7 por ciento), Tabasco (-5.5 por ciento), Oaxaca (-3.2 por ciento) y Zacatecas (3.1 por ciento), principalmente, con caídas o un bajo nivel de crecimiento, deberán redoblar sus esfuerzo por medio de la aplicación de políticas correctas y certeras para revertir un entorno desfavorable en el que habrá escasez de mano de obra, pérdida de ingresos, baja producción, mayor informalidad y pobreza.

En el caso de Baja California Sur, que en 2017 y 2018 ocupó el primer lugar nacional en la tasa de crecimiento, con doble dígito, en 2019 su economía descendió debido principalmente al desplome de la construcción (que cayó en -33.1 por ciento), uno de los sectores más importantes en la entidad por su vinculación con el turismo (Rosales, 2020).

Tabasco, en cambio, fue golpeado por la caída de las actividades del sector manufacturero, que disminuyó en -10.8 por ciento, y del sector primario, relacionado con la rama minera y petrolera, que cayó en -13.3 por ciento. Para el segundo semestre

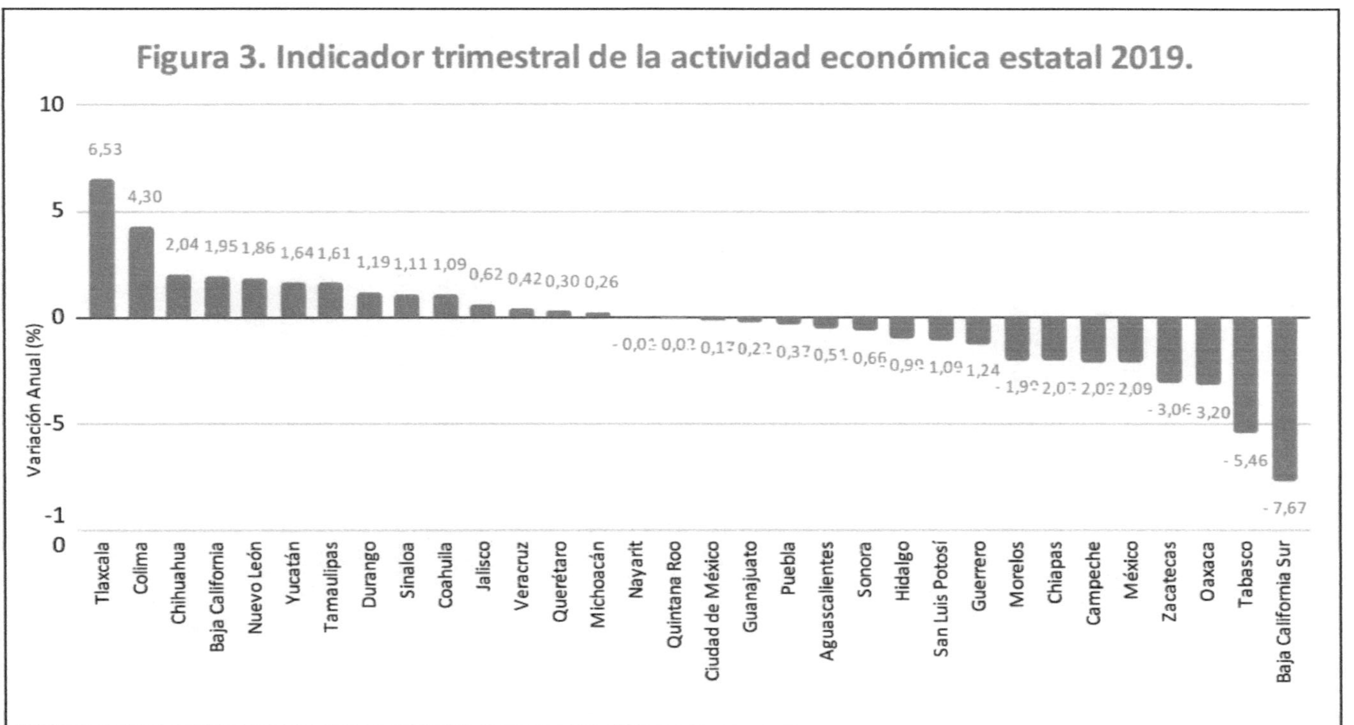

Fuente: Instituto Nacional de Estadística y Geografía.

de 2020, en ese estado se espera un empeoramiento de la situación económica, pues deberá de considerarse una baja en el precio de la mezcla mexicana de petróleo, que llego a cotizarse en -2.4 dólares por barril el 20 de abril.

Los dos principales núcleos económicos del país tambien están bajo el fuego cruzado de la pandemia. En 2019 la Ciudad de México registró un crecimiento económico de -0.2 por ciento, con una economía prácticamente estancada y con estimaciones del cierre de casi 44 mil negocios en este año; por su parte, en el Estado de México se prevé una caída productiva de -2.1 por ciento, alentada por una disminución de las actividades económicas secundarias estimada en -8.4 por ciento.

En el caso de las economías del bajío (Guanajuato, Aguascalientes y San Luis Potosí), que se convirtieron en motores económicos en sexenios anteriores, éstas ahora están enfrentando múltiples problemas, con una disminución en sus actividades productivas. En similar situación están las entidades donde se ubican conocidos centros turísticos, como Quintana Roo, Morelos y Oaxaca. Quizás estados pequeños como Tlaxcala y Colima podrán enfrentar en mejores condiciones al COVID-19, derivado de las buenas tasas crecimiento alcanzadas en 2019. Lo mismo sucedería con Chihuahua y Nueva León, que alcanzaron a crecer en 2.0 por ciento durante ese año.

Más allá de estos datos, el flanco más débil de las entidades estatales es su alta dependencia del gobierno central, ya que cerca del 65 por ciento de sus ingresos depende de las transferencias federales vía participaciones[1] y aportaciones,[2] sus ingresos propios bordean el 15.0 por ciento y complementan el 20.0 por ciento restante de su gasto con esquemas de deuda.

---

[1] Las participaciones son transferencias no condicionadas que otorgan un mayor margen de maniobra a los gobiernos locales para la cobertura de sus objetivos de gobierno y para satisfacer las necesidades de desarrollo.

[2] Las aportaciones federales son recursos condicionados que deben ser invertidos directamente en proyectos y programas definidos por la federación.

Si en el ámbito nacional se estima una caída de la producción para este año de entre -3.9 por ciento y -7.5%, por ciento, queda claro que la recaudación caerá a niveles histórico y, por tanto, las transferencias también lo harán en el mismo sentido. En ese contexto, los estados tendrán que adecuar su manejo financiero a las nuevas condiciones, salvo que aumenten sus ingresos propios y la federación, a través de la SHCP, les dé luz verde para aumentar el endeudamiento estatal.

Esto último es poco viable porque las entidades con mayor peso económico están altamente endeudadas y deberán apegarse a la Ley de Disciplina Financiera (LDF) de las Entidades Federativas y los Municipios[3] que impone condiciones para la solicitud de préstamos, entre las que destacan las reglas de disciplina financiera, el sistema de alertas y el registro público único.

Es bueno recordar que en México la escasez de ingresos no es nueva y que se remonta desde la época colonial hasta nuestros días; otro dato que hay que recordar es que, según Enrique Cárdenas, los ingresos fiscales se han sustentado casi exclusivamente en una sola fuente (la plata en los primeros años de la Colonia o, el petroleo, recientemente y, en menor medida el comercio exterior (Mendoza, 2011)).

El COVID-19 y las arcas municipales

El COVID-19 va a afectar de manera importante las finanzas municipales tanto por el lado de los ingresos como de los egresos.

---

[3] Los objetivos de la ley son: 1. Dar reglas claras y principios generales, a todos los Estados y los municipios, para que sus finanzas públicas sean sostenibles. 2. Que el financiamiento que contraten las entidades y los municipios sea para un uso específico y que además esté dentro de un plan de desarrollo estructurado y alineado con las fortalezas de cada región, y que su costo sea el más bajo posible y 3. Que se genere mayor transparencia sobre el uso de los recursos públicos, para que los gobiernos rindan cuentas a los ciudadanos.

Ante esta situación, los ayuntamientos se verán obligados a ser más creativos e innovadores en la generación de ingresos, principalmente de los propios, o recurrir al endeudamiento; posibilidad, ésta, cada vez más acotada por la LDF. Entonces, no tendrán otra opción que hacer más eficiente el manejo de sus recursos y mejorar la calidad de sus gastos, algo poco usual en este nivel de gestión.

Como se sabe, los municipios, como los estados, en su gran mayoría dependen de las transferencias del gobierno central, tanto de las participaciones, también conocidas como Ramo 28,[4] como de las aportaciones federales, identificada administrativamente como Ramo 33,[5] las cuales son definidas en la Ley de Coordinación Fiscal.[6]

Es en el rubro de las transferencias federales en donde el coronavirus va a tener un impacto mayor. A abril de 2020 los datos de la SHCP sobre los ingresos presupuestarios del sector público (ver Anexos, Cuadro 1) permiten asomarse y ver algunas cifras que son muy desfavorable para los estados y municipios.

---

[4] Se compone de los impuestos federales (IVA, ISR, Impuesto Empresarial a Tasa Única (IETU), Impuesto Especial sobre Producción y Servicios (IEPS), IEPS diesel y gasolina, importaciones, rendimientos petroleros, impuesto sobre automóviles nuevos (ISAN) y otros) y derechos federales (derecho ordinario sobre hidrocarburos y derechos de minería).
[5] Su característica principal es que son recursos etiquetados y forman parte del gasto programable. Es un mecanismo presupuestario diseñado para transferir a los estados y municipios recursos que les permiten atender demandas de gobierno en los rubros siguiente: educación, salud, infraestructura básica, fortalecimiento financiero y seguridad pública, programas alimenticios y de asistencia social e infraestructura educativa.
[6] Tiene como propósito coordinar el sistema fiscal de la federación con las entidades federativas, al igual que con los municipios y demarcaciones territoriales, para establecer la participación que corresponda a sus haciendas públicas en los ingresos federales, fijar reglas de colaboración administrativa entre las diversas autoridades fiscales, constituir los organismos en materia de coordinación fiscal y proporcionar las bases para su organización y funcionamiento.

Los ingresos petroleros se han derrumbados durante los primeros cinco meses del año en -41.9 por ciento, en términos reales; solamente en el mes de abril cayeron en -73.8 por ciento. Si bien de enero a abril los ingresos no petroleros se incrementaron en 9.0 por ciento, en el cuarto mes del año éstos disminuyeron en -7.6 por ciento, como resultado de una menor recaudación del impuesto sobre la renta (ISR) en -26.2 por ciento. A su vez, el impuesto a la importación siguió el mismo camino y bajó en -19.1 por ciento.

Como no podría ser de otra forma, el impacto de la crisis sanitaria del COVID-19 sobre la brusca caída del precio del petroleo, el despido de trabajadores y la paralización del sector productivo, está causando estragos en las finanzas públicas y de paso atentando contra los ingresos futuros de los estados y municipios que conforman el país.

Esta tendencia negativa en los ingresos será mayor en los próximos meses porque en abril la pandemia comenzaba a tomar fuerza y se prevé que entre julio y agosto se llegue al pico de contagios y la curva comience a aplanarse.

En lo que corresponde al gasto federalizado,[7] que incluye participaciones, aportaciones, subsidios y otras transferencias a estados y municipios (ver Anexos, Cuadro 2), para el periodo enero-abril se puede observar que el ramo 28 creció en 5.2 por ciento, mientras el ramo 33 lo hizo en 2.3 por ciento. No obstante, en abril las aportaciones se incrementaron en 21.5 por ciento, mientras las participaciones bajaron en -11.3 por ciento, debido a una menor transferencia del Fondo de Aportaciones para Nómina Educativa y Gasto Operativo (FONE), que disminuyó en -24.6 por ciento.

El impacto de la epidemia del COVID-19 en las finanzas federales se dará tanto en las participaciones como en las aportaciones, pero la sensibilidad mayor se ubicará en los impuesto federales, pues el Impuesto al Valor Agregado (IVA) y el Impuesto Sobre

---

[7] Del total del gasto federalizado, en los primeros cinco meses de 2020 el 51.7 por ciento correspondió a las participaciones y el 39.3 por ciento a las aportaciones federales.

la Renta (ISR) tienen una relación directa con el pago de contribuciones por empleo, consumo y producción de bienes y servicios. En una coyuntura como la actual, las personas buscan eludir o ,en el peor de los casos, evadir su contribución ante el fisco.

En el caso de las aportaciones federales, estos recursos son muy necesario para atenuar la crisis social mediante fondos para programas alimenticios, seguridad pública, educación e infraestructura. Los municipios deberán privilegiar proyectos pequeños y de gran impacto en la localidad, porque son las instituciones públicas que tienen mayor acercamiento con la ciudadanía.

En tanto, el financiamiento y las obligaciones de la entidades federativas, municipios y sus entes públicos se acercan a los 600 mil millones de pesos. Como puede observarse (Figura 4) en los últimos 20 años esta cifra se ha multiplicado por seis; no obstante, la deuda estatal y municipal ha entrado en una fase de lento descenso, ya que la LDF ha logrado acotar la busqueda de capitales para solventar los excesivos gastos en que se llegó a incurrir.

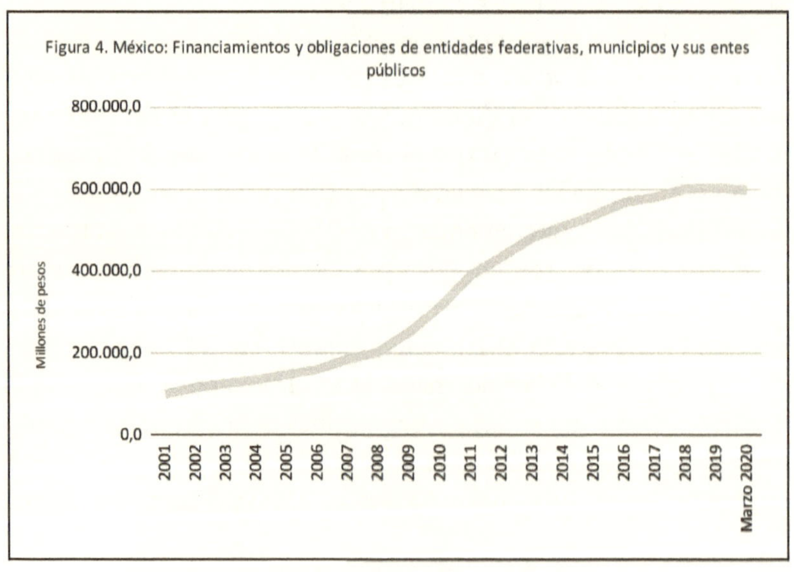

Fuente: Secretaría de Hacienda y Crédito Público.

Sin embargo, en el Estado de México al menos 40 ayuntamientos de los 125 que lo conforman, se han acercado al congreso local para solicitar la contratación de deuda, ya que señalan que están en "quiebra financiera" como resultado de que la recaudación local cayó en 97.0 por ciento y recibieron un 30.0 por ciento menos correspondiente a las participaciones federales.

Además, como si fuera poco, los ingresos propios que captan estos municipios han disminuido de forma importante, en algunos casos llegándo a representar el 3.0 por ciento de los ingresos totales, y en los municipios medianos y grandes hasta el 10.0 por ciento y el 15 por ciento, respectivamente.

Los estados de Jalisco, Chihuahua, Aguascalientes y otros, también están en la misma frecuencia que los municipios, y han solicitado más recursos o, en el peor de los casos, buscan endeudarse y aprovechar el bajo costo del dinero. Conforme pase el tiempo, esta situación crítica se volverá muy común en el país.

Ante este panorama las autoridades municipales tendrán que revisar y priorizar sus finanzas con la banca de desarrollo con el fin de definir si se hará un refinanciamiento colectivo, si habrá una reestructuración de deuda o se accederá a crédito por separado.

En lo social, CONEVAL creó el Visor Geoespacial de la Pobreza y la COVID-19 para los Municipios de México;[8] en ese sitio se puede observar que, con fecha de consulta al 21 de junio de 2020, en los municipios de alta pobreza extrema había menos casos positivos de coronavirus; en cambio, en los municipios con baja población en miseria extrema, existían más casos positivos de contagio (Figura 5).

---

[8] El Consejo Nacional de Evaluación de la Política de Desarrollo Social (CONEVAL) desarrolló el Visor Geoespacial de la Pobreza y la COVID-19 en los municipios de México, el cual ofrece un panorama amplio sobre el avance de la pandemia sanitaria en el territorio nacional y permite visualizar su vínculo con los espacios territoriales con mayor incidencia de pobreza.

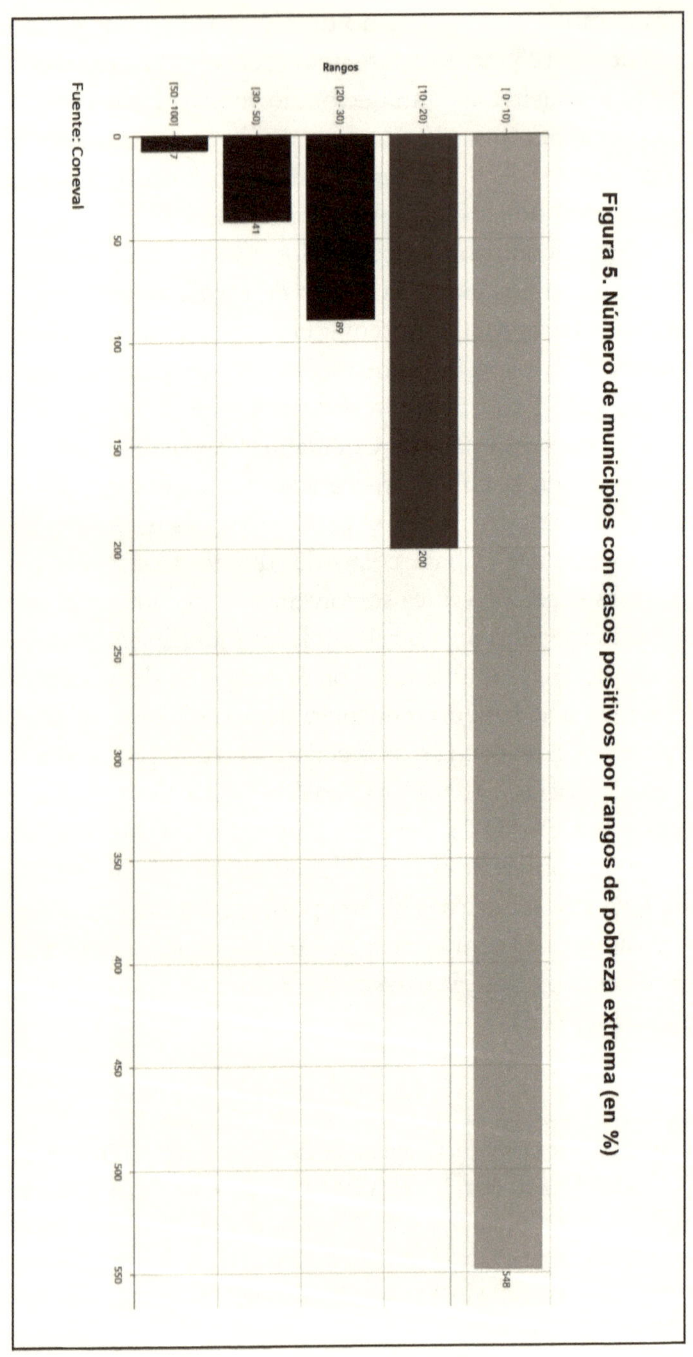

Figura 5. Número de municipios con casos positivos por rangos de pobreza extrema (en %)

Eso no significa que esos grupos de personas vulnerables estén libres de la pandemia. Sucede que estos municipios están en lugares muy alejado de las ciudades y los contactos con foraneos son muy escasos. Pero, por su misma situación de vulnerabilidad, cualquier contagio es muy peligroso pues no cuentan con los recursos ni el apoyo sanitario que se pueden tener en las ciudades. En muchos casos estos pobladores están indefensos y tienen condiciones muy precarias para enfrentar la crisis sanitaria tanto por el lado de las autoridades municipales como del de su condición alimentaria y nutricional.

El gran desafío

Está claro que 2020 será un pésimo año para las finanzas municipales. La SHCP notifico a los municipios que en marzo la recaudación federal participable había disminuido en -9.5 por ciento respecto a las estimaciones de la Ley de Ingresos, publicada en el Diario Oficial. Por su parte, la recaudación municipal se desplomo considerablemente, llegando en algunos casos a representar el 50 por ciento y en otros hasta el 80 por ciento.

Ante esta situación, primeramente, se tendrá que mirar la estructura programática-financiera y evaluar los gastos, lo cual llevará a reconducir programas, priorizar proyectos, reconsiderar metas, concesionar algunos servicios públicos y generar estrategías para satisfacer las demandas de la población. Adiós planes de desarrollo municipales.

En la estructura organizacional, se tendrán que evaluar las funciones del personal, realizar análisis de puestos con el fin de evitar la duplicidades de tareas, implementar nuevos esquemas de contratación sin violentar la Ley Federal del Trabajo, sistematizar trámites y hacer uso de plataformas digitales para el cobro de servicios.

La pandemia del coronavirus tomó desprevenidos a muchos municipios y organismos auxiliares y los recursos tuvieron que reorientarse para enfrentar la crisis sanitaria que llegó para quedarse por un buen tiempo. Es el momento para que nuestras autoridades municipales se vuelvan schumpeterianas,[9] "destructoras creativas", y keynesianas[10] con el fin de impulsar el desarrollo económico local.

---

[9] Joseph Schumpeter (1883-1950) nacido en la República Checa, fue un reconocido economista y politólogo austro-estadounidense. Su obra estuvo marcada por el estudio de la innovación y su impacto en los ciclos económicos. El académico destacó el rol del empresariado como creador de nuevos procesos y productos. Dichas invenciones permiten transformar los modelos de negocio en las diferentes industrias. A esto se le conoce como "destrucción creativa".

[10] John Maynard Keynes (1883-1946) economista británico, ejerció una gran influencia después del crac de 1929 e ideó una de las teorías económicas más conocidas, llamada keynesianismo. En su opinión, la debilidad del consumo privado y el desempleo solo podían solucionarse incrementando el gasto público en periodos de recesión, haciendo que el Estado incurriera en déficit para crear demanda adicional.

Anexos

CUADRO 1. INGRESO PRESUPUESTARIOS DEL SECTOR PÚBLICO 2019-2020

Millones de pesos

Concepto	Abril			Enero-Abril		
	2019	2020	Crec. real %	2019	2020	Crec. real %
Total	490.973,5	406.331,6	-19,0	1.786.348,6	1.869.254,8	1,5
Petroleros	84.355,1	22.588,0	-73,8	263.415,8	157.658,7	-41,9
Gobierno Federal	38.049,7	8.042,3	-79,3	152.923,6	97.843,9	-37,9
Pemex	46.305,4	14.545,8	-69,2	110.492,2	59.814,8	-47,5
No petroleros	406.618,4	383.743,6	-7,6	1.522.932,8	1.711.596,1	9,0
Gobierno Federal	338.450,8	311.675,2	-9,8	1.261.985,8	1.435.364,4	10,3
Tributarios	315.504,8	273.088,6	-15,3	1.173.501,2	1.277.818,0	5,6
Impuesto sobre la renta	204.305,3	154.041,6	-26,2	668.252,1	696.103,7	1,1
Impuesto al valor agregado	66.814,3	73.902,6	8,3	310.232,8	371.660,5	16,2
Impuesto especial sobre producción y servicios	34.229,7	34.869,2	-0,3	155.824,3	166.380,1	3,6
IEPS gasolinas y diesel	23.068,4	24.667,7	4,7	100.450,9	106.622,6	3,0
IEPS distinto de gasolinas y diesel	11.161,3	10.201,6	-10,5	55.373,4	59.757,5	4,7
Impuestos a la importación	5.187,2	4.287,0	-19,1	22.023,4	18.851,4	-17,0
Impuesto por la actividad de explor. y explot. de hidrocarburos	532,5	544,3	0,1	2.115,8	2.160,9	-0,9
Otros impuestos	4.435,7	5.444,0	20,2	15.052,9	22.661,4	46,0
No tributarios	22.946,0	38.586,6	64,6	88.484,6	157.546,4	72,7
Derechos	12.988,6	5.513,2	-58,4	41.891,2	44.888,9	4,0
Aprovechamientos	8.732,7	32.109,8	260,0	41.247,9	107.793,2	153,5
Otros	1.224,8	963,5	-23,0	5.345,5	4.864,3	-11,7
Organismos de control presupuestario directo	35.291,9	34.977,8	-3,0	134.218,7	143.084,1	3,4
IMSS	31.172,9	30.905,6	-2,9	120.806,9	129.187,0	3,7
ISSSTE	4.119,0	4.072,2	-3,2	13.411,8	13.897,1	0,5
Empresa productiva del estado (CFE)	32.875,6	37.090,6	10,4	126.728,3	133.147,6	1,9
Otros	0,0	0,0	n.s.	0,0	0,0	n.s.
Partidas informativas	n.d.	n.d.	n.a.	n.d.	n.d.	n.a.
Tributarios	315.547,1	273.116,8	-15,3	1.173.543,4	1.277.850,0	5,6
No Tributarios	175.426,4	133.214,9	-25,7	612.805,2	591.404,8	-6,4

Fuente: SHCP

CUADRO 2. GASTO FEDERALIZADO (PARTICIPACIONES, APORTACIONES Y OTROS SUBSIDIOS Y TRANSFERENCIAS A ESTADOS Y MUNICIPIOS

Millones de pesos

Concepto	Abril			Enero-Abril		
	2019	2020	Crec. real %	2019	2020	Crec. real %
Total	158.199,5	168.443,3	4,2	629.075,6	653.260,2	0,7
Participaciones (Ramo 28)	79.204,9	98.299,9	21,5	311.567,1	337.787,2	5,2
Ramo 33	57.539,7	52.153,4	-11,3	243.114,2	256.446,9	2,3
FONE	27.869,3	21.454,7	-24,6	120.537,4	128.974,6	3,8
FASSA	7.065,7	7.349,5	1,8	31.879,4	33.787,4	2,8
FAIS	8.309,8	8.576,8	1,0	33.239,4	34.307,2	0,1
FASP	720,3	742,4	0,9	2.881,1	2.969,7	0,0
FAM	2.228,5	2.311,3	1,5	8.914,1	9.245,2	0,6
FAFM	7.014,9	7.240,3	1,0	28.059,8	28.961,2	0,1
FAETA	498,2	522,4	2,7	2.271,7	2.377,7	1,5
FAFEF	3.832,9	3.956,0	1,0	15.331,4	15.823,9	0,1
Recursos para Protección Social en Salud	4.820,6	0,0	n.s.	26.188,9	0,0	n.s.
Subsidios	2.987,4	3.569,1	17,0	13.463,3	16.725,6	20,5
FIES	0,0	0,0	n.s.	0,0	0,0	n.s.
FEIEF	0,0	0,0	n.s.	3.332,3	2.641,9	-23,1
Otros	2.987,4	3.569,1	17,0	10.131,1	14.083,7	34,9
Convenios de Descentralización	13.646,9	13.863,8	-0,5	34.742,1	41.743,4	16,6
SAGARPA	0,0	1.997,6	n.s.	0,0	2.468,6	n.s.
SEP	13.168,5	11.427,4	-15,0	34.179,2	38.773,1	10,0
Semarnat (CNA)	478,5	438,8	-10,2	563,0	501,8	-13,5
Convenios de Reasignación	0,0	557,1	n.s.	0,0	557,1	n.s.

Fuente: SHCP

Bibliografía y referencias

Consejo Nacional de Evaluación de la Política de Desarrollo Social (CONEVAL) (2020). Visor Geoespacial de la Pobreza y la COVID-19 en los Municipios de México, CONEVAL. Disponible en: https://coneval.maps.arcgis.com/apps/dashboards/db5c233bb31f4c4189ded7d0edcacf9 [fecha de consulta 21 de junio de 2020].

Gopinath, Gita (2020). "El gran confinamiento: la peor desaceleración económica desde la gran depresión", Blog Diálogo a Fondo, Fondo Monetario Internacional. Disponible en: https://blog-dialogoafondo.imf.org/?p=13190 [fecha de consulta 5 de junio de 2020].

Mendoza, Alfonso (2011). *Las finanzas públicas locales en México. Herramientas de diagnóstico y respuesta en un entorno de crisis*, Miguel Ángel Porrua/UPAEP, México, 250 pp., prólogo de Enrique Cardenas Sánchez.

Organización para la Cooperación y el Desarrollo Económicos (OCDE) (2020). "OECD Economic Outlook", OCDE, junio. Disponible en: https://read.oecd-ilibrary.org/view/?ref=134_134137-jdwxum94tv&title=Perspectivas-economicas-OCDE-junio-2020oe.cd/il/33h [fecha de consulta 20 de junio de 2020].

Rosales, Rodrigo (2020). "Economías estatales, con un panorama complicado ante el COVID-19", *El Economista*. Disponible en: https://www.eleconomista.com.mx/estados/Economias-estatales-con-un-panorama-complicado-ante-el-Covid-19-20200430-0010.html [fecha de consulta 22 de mayo de 2020].

Vorisek, Dana (2020). "La COVID-19 (coronavirus) dejará secuelas económicas duraderas en todo el mundo", en *Voces*, Banco Mundial. Disponible en: https://blogs.worldbank.org/es/voces/la-covid-19-coronavirus-dejara-secuelas-economicas-duraderas-en-todo-el-mundo [fecha de consulta 12 de junio de 2020].